REFERENCE TO CRIMINAL TRIAL

刑事审判参考

中华人民共和国最高人民法院
刑事审判第一、二、三、四、五庭／主办

2014年第6集・总第101集

法律出版社
LAW PRESS・CHINA

2014年第6集·总第101集

刑事审判参考

编辑说明

《刑事审判参考》系最高人民法院刑事审判庭主办的业务指导和研究性刊物，自 1999 年 4 月创办以来，秉承立足实践、突出实用、重在指导、体现权威的编辑宗旨，在编辑委员会成员、作者和读者的共同努力下，密切联系刑事司法实践，为刑事司法人员提供了有针对性和权威性的业务指导和参考，受到刑事司法工作人员和刑事法律教学、研究人员的广泛肯定和欢迎。

《刑事审判参考》作为最高人民法院用以指导全国各级人民法院刑事审判工作的唯一刊物，由最高人民法院刑事审判第一、二、三、四、五庭共同主办，最高人民法院沈德咏副院长担任编辑委员会主任，李少平、南英、黄尔梅副院长和刘学文专委担任副主任。南英副院长担任主编，各刑事审判庭庭长担任副主编。

根据《刑事审判参考》主编会的决定，自 2012 年始，《刑事审判参考》由原 32 开改版为特 16 开。改版后的《刑事审判参考》仍为双月刊，全年共出版六集，设有以下栏目：

【指导案例】选择在认定事实、采信证据、适用法律和裁量刑罚等方面具有研究价值的典型案例，详细阐明裁判理由，为刑事司法工作人员处理类似案件提供具体的指导和参考。

【立法、司法规范】刊登与刑事司法工作密切相关的法律、行政法规、部门规章、司法解释及其他规范性文件。

【刑事政策】最新的刑事司法政策，如最高人民法院院领导在刑事审判工作会议上的讲话、刑事审判工作会议讨论的问题等。

【审判实务释疑】最高人民法院刑事审判庭解答在刑事审判工作中具有普遍指导价值的法律适用问题。

【司法理论前沿】摘要刊登近期刑事理论界、实务界最新研究成果，及时跟踪研究刑事审判中出现的新问题，为刑事司法人员提供最新理论参考。

【经验交流】地方司法机关制定的刑事司法规范性文件及其背景说明；地方各级人民法院在刑事审判工作中对于某些问题的处理政策和意见等。

【实务探讨】针对刑事司法工作中必须解决的疑难、复杂问题，刊登相关学者与司法人员的研究文章，为刑事司法工作人员提供解决相关问题的思路。

【大案传真】刊登在社会上影响较大的案件的有关裁判文书，及时传递大要案、热点案件的审判信息。

【疑案争鸣】针对实践中发生的疑难案例，对其中争议问题进行分析，给读者提供参与交流探讨的平台，推动相关问题的深入研究。

【裁判文书评析】选择典型裁判文书进行评析，展现法官智慧，指出不足，促进裁判文书制作水平的不断提高。

最高人民法院刑事审判第一、二、三、四、五庭

目　录

【指导案例】

非法证据排除专栏

指导案例

[第1038号]

文某非法持有毒品案

——如何审查判断是否存在刑讯逼供等非法方法收集证据的情形以及审查起诉阶段未审查排除侦查阶段刑讯逼供取得的有罪供述,继续获取的不稳定有罪供述是否应当排除

一、基本案情

被告人文某,男,1963年6月28日生。2013年2月21日因吸食毒品被送戒毒所行政拘留15日(未执行完毕),同年3月8日因涉嫌犯运输毒品罪被逮捕。

某区人民检察院以被告人文某犯运输毒品罪,向某区人民法院提起公诉。

被告人文某辩称,其在侦查阶段的有罪供述系侦查机关刑讯逼供的结果,其行为不构成运输毒品罪。

辩护人基于以下理由提出被告人文某的行为不构成运输毒品罪:(1)本案言词证据存在矛盾;(2)本案存在特情引诱;(3)侦查人员实施了刑讯逼供取证行为,公诉机关提供的相关证据应当作为非法证据予以排除。

某区人民法院经公开审理查明:

1.关于审判前供述取得合法性的审查

被告人文某在公安机关共作出四份有罪供述,分别是2013年2月20日、2月21日在某派出所两份,2月26日、4月10日在某看守所两份。

文某及其辩护人提出相关供述系侦查人员刑讯逼供所致，并提供如下材料、线索：(1)提交的照片显示文某进看守所时脸有浮肿、眼睛青紫；(2)看守所出具的健康检查笔录，载明文某入所时"双眼青紫，左头部痛，自述系在派出所被吊飞机和被按在地上所致"；(3)文某曾于2013年2月22日、26日两次到当地某医院就诊，其中2月22日的病历载明患者"头部外伤后头痛3天，约3天前头部撞伤"。

经庭审先行调查，公诉人当庭宣读和出示了下列证据：

(1)某医院的两份病历。该两份病历证明，2013年2月22日、2月26日文某确有至某医院就诊的事实，其中2月22日的病历载明文某头部外伤后头痛3天，约3天前头部撞伤。

(2)戒毒所提供的健康检查表、派出所提供的谈话笔录、文某亲笔说明。某戒毒所出具的健康检查表载明，文某于2013年2月21日入所时"双眼有青紫，有情况说明"；文某自书情况说明一份，载明"本人文某眼睛伤系正常的碰撞，自己撞到的，脚有痛风"；某派出所出具的谈话笔录证明，文某在戒毒所期间未受到打骂、体罚等。

(3)公安机关出具的情况说明。该情况说明载明：2013年2月19日晚，民警抓获文某，因天色已晚在现场未发现文某眼部有伤。后将文某带至某派出所审查，发现眼部有伤。文某当时自称是同月18日自己撞到眼部所致。2月21日文某因吸毒被送至戒毒所执行行政拘留。入所检查时，戒毒所民警发现文某眼部有伤，遂询问其伤情原因。文某依然称是自己撞到眼部所致，并亲笔写下情况说明。

(4)公安机关出具的另一份情况说明。该情况说明载明：侦查人员就本案审讯过程制作过全程同步录音录像，但因主办人员于2013年4月调离且其电脑已报废，故该录音录像资料灭失。

(5)公诉机关分别于2013年3月4日、3月6日和5月7日对文某所做的三份讯问笔录。其中3月6日的笔录内容证明文某向公诉机关反映被刑讯逼供的情形，其余两份内容为有罪供述。

在对上述证据当庭质证过程中，被告人文某及其辩护人提出，文某的亲笔说明系因被逼迫所写，且根据上述证据不能排除文某被刑讯逼供的可能。

而公诉机关认为,根据文某本人所写情况说明,结合其他证据,可以证明文某的外伤与刑讯逼供无关;按照法律规定,文某所犯罪行尚未达到必须要进行全程录音录像的条件,且目前该录像已灭失;文某在审查起诉阶段的有罪供述能够证明其运输毒品犯罪事实。

2. 非法持有毒品事实

2013 年 2 月 19 日晚,文某在某小区某号楼门前被公安机关抓获,其随身携带的 2 小包毒品及身边雪地上的 2 大包毒品被查获。经鉴定,4 包毒品均含有甲基苯丙胺成分,经称重,4 包毒品分别为 0. 29 克、0. 14 克、25. 06 克、25. 05 克,合计 50. 54 克。

某区人民法院认为:(1)关于审判前供述取得合法性的审查。首先,关于文某在侦查机关所作的有罪供述的合法性审查。文某自 2013 年 2 月 19 日被抓获至同月 26 日进入看守所期间,多份证据证明其有眼睛青紫,面部肿胀的外伤。文某在入所体检及公诉机关提审时均进行了反映,而公诉机关为论证侦查机关证据收集的合法性仅提供了文某自书的情况说明、侦查机关出具的情况说明,未能提供同步录音录像等更有力的客观证据。根据现有的证据及线索,不能排除文某的伤情系侦查人员刑讯逼供所致的可能,故对文某在侦查机关所作的供述笔录应当依法予以排除。其次,关于文某在公诉机关三份有罪供述笔录的合法性审查。文某在侦查、审查起诉阶段的有罪供述具有连贯性,既然侦查阶段的有罪供述应当依法予以排除,那么公诉机关在审查起诉阶段的取证亦应依法予以排除。更何况文某在审查起诉阶段亦未形成多次稳定的供述,且文某当庭供述的犯罪事实与审查起诉阶段的供述存有反复,其关于其在审查起诉阶段所作有罪供述笔录系在害怕打击报复且未细看的情况下完成的辩解,具有一定合理性,故其在审判前的所有供述都应依法予以排除。(2)关于文某非法持有毒品的事实部分。文某非法持有甲基苯丙胺 50 克以上,其行为构成非法持有毒品罪。首先,公诉机关指控文某犯运输毒品罪,在排除了文某庭前供述后,剩余证据尚无法形成证据锁链证明文某运输毒品的犯罪事实,故指控文某犯运输毒品罪的证据不足,不予采纳。其次,文某作为吸毒人员被公安机关抓获时现场查获毒品甲基苯丙胺 50 克以上,有文某当庭的供述及公安机关的扣押物品、文件清单,称量记录,物证检验报告,毒品照片等证据相互印证。现有证据尚无法证明涉案的50.54克冰毒是用于贩卖或者是自己吸食,故对文某的行为应当以非法持有毒品罪论处。(3)关于本案可能存在特情引诱辩护意见的审查。根据公安机关提供的情况说明,证人陈某并非特情人员,且本案是否存在特情,与定罪量刑并无直接关系。该辩护意见与事实和法律不符,故不予采纳。据此,依照《中华人民共和国刑法》第三百四十八条、《中华人民共和国刑事诉讼法》第五十四条之规定,某区人民法院以被告人文某犯非法持有毒品罪,判处有期徒刑七年,并处罚金人民币一万元。

一审宣判后,被告人文某未提起上诉,检察院亦未抗诉,该判决已发生法律效力。

二、主要问题

1. 如何审查判断是否存在刑讯逼供等非法方法收集证据的情形?

2. 审查起诉阶段未审查排除侦查阶段刑讯逼供取得的有罪供述,继续获取的不稳定有罪供述是否应当排除?

三、裁判理由

在立法、司法政策理念大转型的环境下,司法实践中,辩方提出非法证据排除申请的案件日益增加。但由于涉及深层次体制及非法证据排除规则自身设计等因素,证据经法院审查或者调查后被作为非法证据排除的案件相对较少,经非法证据排除后影响定罪量刑的案件更是少之又少。本案系人民法院依法办理的一起非法证据排除案件,庭审过程中切实严格贯彻体现了"六刑会"关于"以庭审为中心"、"以审判为中心"的政策精神,对进一步改进和完善非法证据排除制度,推进防范冤假错案机制制度建设具有重要意义。下文围绕以下两个主要问题展开分析论述:

(一)不能排除以非法方法收集的证据应当坚决依法排除

1. 辩方能够提供涉嫌非法取证的线索或者材料的,可以依法申请启动非法证据排除程序。刑事诉讼法第五十六条第二款规定:"当事人及其辩护人、诉讼代理人有权申请人民法院对以非法方法收集的证据依法予以排除。

申请排除以非法方法收集的证据的,应当提供相关线索或者材料。"《最高人民法院关于适用〈中华人民共和国刑事诉讼法〉的解释》(以下简称《刑事诉讼法解释》)第九十六条进一步明确了当事人申请所需提供的线索、材料包括:涉嫌非法取证的人员、时间、地点、方式、内容等。其中所谓"材料"是指被告人出示的血衣、伤痕、伤痕照片、医疗证明、伤残证明、同监人证言等能够证明存在刑讯逼供等非法取证事实的证据材料;所谓"线索"是指可以显示刑讯逼供等非法取证事实确实存在的比较具体的事实,如关于刑讯逼供的时间、地点、方式、人员等信息。本案辩方即提供了伤痕照片、医疗证明及入所健康检查笔录等线索材料,用以证明其在公安机关侦查阶段受到打、踢、反剪双手等方式逼取供述。根据刑事诉讼法第五十六条的规定,法庭审理过程中,根据辩方提供的线索材料,审判人员认为可能存在以非法方法收集证据情形的,应当对证据收集的合法性进行法庭调查。本案中,法院在辩方提供上述线索后,即产生了对证据收集合法性的怀疑,并开庭专门就该事项进行了法庭调查。

2. 法院经审查对证据收集合法性有疑问的应当进行调查,不能排除存在以刑讯逼供等非法方法收集证据情形的,应当将该证据依法予以排除。根据刑事诉讼法第五十七条、第五十八条的规定,证据收集合法性的证明责任在于公诉机关,如果证据不能达到确实、充分的程度标准,不能排除非法取证合理怀疑的,对相关证据应当依法予以排除。

本案被告人文某于2012年2月19日被抓获,20日因涉嫌运输毒品犯罪被立案,21日因吸毒被送戒毒所行政拘留,26日被送看守所执行刑事拘留。在此期间,对证据收集合法性问题的反向证据有:(1)伤痕照片。案卷材料中,拍摄的当时作为犯罪嫌疑人的文某三面免冠照片,能看到其脸部、眼角等处有明显淤青痕迹。(2)医院急诊病历。2月22日上午10时30分,文某被送医院就诊,病历载明:"头部外伤后头痛3天,伤者约3天前头部撞伤"。而3天前即抓捕当天2月19日。医院的体征查体为"双眼睑肿胀青紫",诊治项目为"螺旋CT平扫(头颅)",后配药氯霉素滴眼液。2月26日下午3时许,文某因高血压被送医院进行常规心电图检查。(3)健康检查表。2月21日某戒毒所出具的健康检查表载明文某"双眼青紫",2月26日某看守所出具的健康检查表载明文某"双眼青紫,左头部痛,自述在派出所被吊飞机和被按在地上所致"。(4)文某的辩解。在审查起诉阶段,其于3月6日向公诉机关反映,其被抓获当晚及次日,被公安人员打耳光、吊飞机、按在地上打,并描述了两位侦查人员的体貌特征。在庭审中,文某再次反映了挨耳光、蜡烛油滴脚背脚跟等受刑讯逼供的情形,并反映自书说明是在侦查人员恐吓环境下所写,在审查起诉阶段其仍害怕公安人员报复,以及2月26日其系因看守所不收押才去医院就诊的。

2010年"两高三部"联合制定的《关于办理刑事案件排除非法证据若干问题的规定》(以下简称《非法证据排除规定》)第十一条规定:"对被告人审判前供述的合法性,公诉人不提供证据加以证明,或者已提供的证据不够确实、充分的,该供述不能作为定案的根据。"对照该规定,公诉机关证明取证合法性的证明标准,必须达到"确实、充分",而本案公诉机关提供的证明取证合法性的正向证据,无法达到"确实、充分"的标准:(1)文某进入某戒毒所时的自书情况说明。该说明载明"本人文某眼睛伤系正常的碰撞,自己撞到的,脚有痛风"。该情况说明系在某戒毒所体检发现文某双眼青紫后所作。从形式看,系在同一张纸上先由侦查人员书写"文某眼睛红肿,其本人称是于2013年2月18日自己不小心撞到的,眼睛无大碍",再由文某另起一行书写;从内容看,文字明显不通顺,不排除外部因素干扰;从理由看,将自己撞伤尤其是双眼撞伤不尽合理;从主体看,与取证合法性关系较为疏远的戒毒所尚且因被拘留人员有外伤痕迹而要求有书面说明,而与本案关系更为密切的侦查机关却从未有该方面的要求。(2)侦查机关关于伤势原因的情况说明。该情况说明载明2月19日晚将文某抓获带至某派出所时才发现其有伤,文自称是18日自己撞到眼部所致。将其送至戒毒所执行行政拘留,其在回答伤势原因时也称是自己所撞。然而,关于文某自称眼部受伤系自身所致的内容,并未在任何一次讯问笔录中得到体现。(3)侦查机关关于录音录像资料的情况说明。该情况说明仅载明侦查人员就本案审讯过程制作过全程同步录音录像,但因主办人员于2013年4月调离且其电脑已报废,故该录音录像资料已灭失。由于案发地公安机关有对所有刑事案件全程同步录音录像的惯例,只是区分是否属于大要案而决定是否另行刻录光盘。该情况说明以主办人员调离、电脑报废作为录音录像资料灭失的理由难以令人信服。(4)戒毒所出所谈话笔录。该笔录只能证明文某于2月21日至26日在某戒毒所期间未受到戒毒所民警的打骂、体罚,并不能排除侦查期间受侦查人员的刑讯逼供。

综上分析,本案在被告人文某能够提供确切伤情的证据,且提出其有罪供述系侦查人员刑讯逼供所致的情况下,公诉机关未能提供确实、充分的证据证明侦查机关取证的合法性,不能排除侦查机关系以刑讯逼供的方法获取被告人有罪供述的合理怀疑,故该有罪供述应当依法予以排除。

值得注意的是,根据《刑事诉讼法解释》第一百零一条的规定,公诉机关提交的取证过程合法的说明材料不能单独作为证明取证过程合法的根据。因此,实践中,为了证明取证的合法性,公诉机关、侦查机关除了提交取证过程合法的材料之外,一般还会提供被告人自己所作有罪供述过程的说明材料,如被告人自己书写的有关伤势形成的解释性说明。在此情况下,能否认定取证过程的合法性,我们认为,需要根据庭审具体情况,依法审查被告人自书的解释性说明在内容上是否符合常理,形成的时间、环境以及内容是否一贯、稳定。本案中,文某较早时间段自书的伤势情况说明(第一份材料),与其在脱离办案单位即将进入监管场所时所作的说明并不一致。然而,根据后一份自书伤势情况说明,文某在监管场所这一办案民警、监管民警多人在场的复杂环境体检时,其自述伤势系遭刑讯逼供所致。显然,文某就伤势形成原因前后矛盾的解释,不能作为侦查机关、公诉机关取证过程合法性的辅证材料。同时,因为文某不具有取证合法性的证明义务,故不能基于其对伤势形成原因解释不清就作出对其不利的判断。

(二)审查起诉阶段未审查排除侦查阶段刑讯逼供取得的有罪供述,继续获取的不稳定有罪供述亦应依法予以排除

对于被告人在侦查、审查批捕、审查起诉各阶段所作的多次有罪供述,如果前一阶段的有罪供述被作为非法证据排除后,后一阶段的有罪供述是否一并排除,理论界和实务界主要存在分阶段排除和一体化排除两种意见。分阶段排除意见认为,检察机关与公安机关系不同主体,且法律赋予了检察机关调查取证权,因此,即使在侦查阶段被告人的有罪供述系侦查人员逼供

所致,只要在审查起诉阶段不存在刑讯逼供等非法取证行为,则审查起诉阶段取得的被告人供述的效力不应受到公安机关刑讯逼供的影响,不应当一并排除。一体化排除意见认为,根据现实国情,不能寄希望于犯罪嫌疑人、被告人准确区分侦查人员和公诉人员,其在遭受刑讯逼供后,可能会对所有司法人员产生惧怕心理,从而违背意愿作出有罪供述。因此,如果公安机关刑讯逼供在先,则检察机关所取得的被告人的有罪供述亦应一并排除。

我们认为,是分阶段排除还是一体化排除,不能"一刀切",而应结合案情视具体分析而定。判断后一阶段的有罪供述是否具有可采性,应当以刑讯逼供等非法方法对被告人所造成的心理影响是否得到一定程度的消除为标准。如果辩方提出被告人在后一阶段的有罪供述系因侦查机关在前一阶段实施刑讯逼供而导致其害怕后一阶段被继续刑讯逼供的,公诉机关应当提供前一阶段的刑讯逼供对被告人造成的心理影响在后一阶段各次讯问中已经消除的证据。对公诉机关不能提供证据证明前一阶段的刑讯逼供对被告人造成的心理影响在后一阶段各次讯问中已经消除的,后一阶段的有罪供述亦应当依法排除。具体理由分析如下:

1. 从法律评价分析,对同一主观心理支配下的行为内容应当作相同评价。这种情形类似于基于同一主观故意支配下实施相同行为,在刑法上作同一评价。被告人基于同一肉体或者精神折磨等原因作出的重复性有罪供述,亦应作相同的性质评价。侦查阶段有罪供述被判定为非法证据,性质相同的重复有罪供述也应判定为非法证据。

2. 从行为人的心理分析,不消除恐惧心理影响继续取证实质上是侵犯基本人权的延续。尤其是行为人在向检察机关反映其被刑讯逼供的痛苦遭遇后,非但未获得检察机关的积极回应,反而继续让其作有罪供述,一定程度上让行为人感觉公诉机关与侦查机关是同一条战线的,其心理包袱不是减轻了而是加重了。

3. 从相关规定分析,后一阶段的有罪供述应当作为非法证据予以排除。公检法分工负责、相互制约是刑事诉讼法的基本原则。根据刑事诉讼法第五十四条第二款、第五十五条关于检察机关审查起诉或者接到控告举报时应当调查核实的规定,无论是基于诉讼职能,还是基于法律监督职能,检察机关都有义务进行非法证据的核查。根据《刑事诉讼法解释》第一百零三条第一项的规定,一审法院对辩方提出的排除非法证据请求没有审查,且以该证据作为定案根据的,二审法院应当对证据收集的合法性进行审查并作出排除或者不排除的处理。由此规定可知,如果不能排除证据收集的非法性,对相关证据的证明资格、证明力亦应当予以否定。另从国家赔偿法第二十一条关于刑事赔偿义务机关的规定分析,对于侦查、审查批捕、审查起诉、庭审等各阶段,总是由最后作出错误司法行为的司法机关承担赔偿责任。因此,后一阶段(最终生效)司法机关有义务、有责任承担证据审查义务。在被告人提出前一阶段存在刑讯逼供的情况下,后一阶段的司法主体不但有义务审查相关证据,而且在继续实施讯问之前有义务审查被告人是否消除恐惧心理。

被告人是否消除侦查人员刑讯逼供所造成的恐惧心理,是非常复杂的判断过程。司法实践中,司法主体往往借助以下程序性的行为进行分析认定:

(1)排除非法证据申请权利的告知。如根据《刑事诉讼法解释》第九十七条的规定,人民法院向被告人及其辩护人送达起诉书副本时,应当告知其有权申请排除非法证据。(2)排除非法证据程序启动的告知。在辩方提供线索材料后,承办人对取证合法性产生疑问进而启动调查程序时,可以通过书面、口头方式告知犯罪嫌疑人(被告人)。尤其是对于履行诉讼监督职能的检察机关而言,给予控告举报人回复是必要的程序环节。(3)排除非法证据结果的告知。根据《刑事诉讼法解释》第一百条、第一百零二条第二款的规定,法庭经审查对证据收集合法性没有疑问的,应当当庭说明情况和理由;法院对证据收集合法性进行调查后,应当将调查结论告知控辩双方。结果告知的程序要求也应当适用于审查起诉阶段。

刑事诉讼法规定,采用刑讯逼供等非法方法收集的犯罪嫌疑人、被告人供述,应当予以排除。在侦查、审查起诉、审判时发现有应当排除的证据的,应当依法予以排除,不得作为起诉意见、起诉决定和判决依据。本案中,被告人文某在审查起诉阶段即向公诉机关反映被刑讯逼供的情形,公诉机关对此未予依法审查,而是继续对被告人进行了三次讯问。且之后三次供述不稳定,在审查起诉阶段形成的两份有罪供述笔录与庭审供述存在矛盾。

人民法院综合审查判断相关取证过程证据,认为不能排除文某在侦查、审查起诉阶段的认罪供述系以非法方法收集,故依法予以排除。

值得强调的是,人民法院在依法排除非法证据后,应当综合其他证据就被告人的行为定性以及处罚进行审查判断。本案中,被告人文某系吸毒人员,在依法排除文某的有罪供述后,现有证据尚无法证明涉案的50.54克甲基苯丙胺是出于贩卖的唯一目的,故某区人民法院结合其庭审有效供述和其他扣押清单等间接证据,以非法持有毒品罪定罪处罚是正确的。

(撰稿:最高人民法院刑二庭　刘晓虎

审编:最高人民法院刑二庭)

[第 1039 号]

李志周运输毒品案

——如何把握证据收集合法性的证明标准，以及排除非法证据后案件的处理方式

一、基本案情

被告人李志周，男，汉族，1983 年 12 月 15 日出生，无业。2012 年 8 月 17 日因涉嫌犯运输毒品罪被逮捕。

江西省萍乡市人民检察院以被告人李志周犯运输毒品罪，向萍乡市中级人民法院提起公诉。

被告人李志周辩称，其没有参与指控的犯罪事实，对同案被告人易洪涛运输毒品的事实不知情，不构成犯罪。

萍乡市中级人民法院经审理查明：2012 年 7 月 9 日晚，易洪涛（同案被告人，已判刑）向“老三”（在逃）联系购买毒品，并将其之前所欠的人民币 6 000元购毒款通过被告人李志周汇给“老三”。同日 23 时许，易洪涛、李志周驾驶车牌号为赣 JW6969 的黑色别克轿车从江西省萍乡市前往湖南省郴州市。7 月10 日，二人在郴州市“老三”处购得毒品后驾车返回萍乡市。当日 20 时许，二人驾车行至萍乡市达金大酒店时被公安人员抓获。公安人员当场从二人驾驶的车辆中查获白色塑料封口袋包装的白色结晶颗粒 2 包，净重 196.86 克，经鉴定检出甲基苯丙胺成分；红色片剂 988 片，净重 88.9 克，绿色片剂 10 片，净重 0.9 克，经鉴定检出甲基苯丙胺和咖啡因成分。

该案审理过程中，被告人李志周提出，其在派出所接受讯问期间遭到刑讯逼供，并提供相关线索、材料，申请排除其所作供述。萍乡市中级人民法院经审查认为，公安人员可能存在以刑讯逼供方法收集被告人供述的情形，

依法启动证据收集合法性调查程序。公诉机关出示相关办案说明等材料证明取证合法性。萍乡市中级人民法院经审理认为,现有证据不能排除被告人供述是公安人员采用刑讯逼供方法收集的,对有关供述应当予以排除。但关于指控被告人李志周的运输毒品事实,仍有同案被告人的供述、相关证人证言以及当场从李志周身上查获的毒品等证据予以证实,起诉书指控的犯罪事实清楚,其他证据确实、充分。

萍乡市中级人民法院认为,被告人李志周违反国家毒品管理规定,非法运输毒品甲基苯丙胺196.86克、甲基苯丙胺片剂89.8克,其行为已构成运输毒品罪。李志周在运输毒品共同犯罪中起次要作用,系从犯,应当减轻处罚。据此,依照《中华人民共和国刑法》第三百四十七条第二款第一项、第二十五条第一款、第二十七条之规定,萍乡市中级人民法院判决如下:

被告人李志周犯运输毒品罪,判处有期徒刑十年,并处罚金人民币五万元。

宣判后,被告人李志周不服,向江西省高级人民法院提起上诉,辩称其受到公安人员刑讯逼供;公安人员并非从其身上搜查到毒品,而是从车内搜查到毒品,其自始至终都不知情,更没有参与毒品犯罪。

江西省高级人民法院经公开审理认为,虽然被告人李志周的供述被认定为非法证据,依法应当予以排除,但在案其他证据足以认定其运输毒品的犯罪事实。原判认定事实清楚,证据确实、充分,定罪准确,量刑适当,审判程序合法。依照《中华人民共和国刑事诉讼法》第二百二十五条第一款第一项之规定,裁定驳回上诉,维持原判。

二、主要问题

如何把握证据收集合法性的证明标准,以及排除非法证据后案件的处理方式?

三、裁判理由

本案一审过程中,被告人李志周辩称其在侦查阶段遭到刑讯逼供,申请排除其所作的有罪供述。李志周提出,其在派出所接受讯问时,有一名年龄较大、约40岁模样的侦查人员脱下黑色皮鞋,用鞋跟殴打李志周头部,致李志周头部出血，一名年龄只有十多岁的人帮李志周用卫生纸按住头部止血，但止不住，李志周被迫作出有罪供述。李志周的辩护人提出，《看守所入所人员身体检查表》显示，李志周入所时曾接受体检，体检表载明，“头顶见血迹，衣服大片血迹，头部肿痛”，证实李志周入所前头部有明显伤痕。但该体检表的“体表检查”一栏记载“有伤。自述在楼梯上碰伤”；“备注”一栏又记载“自述昨天下午抓捕时头部撞在铁栏杆上”。该两处记载对李志周在何处受伤的描述自相矛盾，不能证明李志周是在抓捕时被撞伤的。综合上述线索、材料，不能排除李志周是在进入看守所前遭受刑讯逼供导致头部受伤，其在侦查阶段的有罪供述应当被认定为非法证据，依法应予排除。

对于被告人李志周及其辩护人提出的排除非法证据申请，以及提供的相关线索、材料，一审法院经审查认为，本案可能存在以刑讯逼供方法收集被告人供述的情形，依法启动了证据收集合法性的调查程序。对一审法院的上述行为，可以从以下两个方面进行解决。

（一）如何把握证据收集合法性的证明标准

刑事诉讼法第五十七条第一款规定：“在对证据收集的合法性进行法庭调查的过程中，人民检察院应当对证据收集的合法性加以证明。”第五十八条规定：“对于经过法庭审理，确认或者不能排除存在本法第五十四条规定的以非法方法收集证据情形的，对有关证据应当予以排除。”

根据上述规定，人民检察院对证据收集合法性事实的证明，应当达到证据确实、充分的证明标准，即排除存在刑事诉讼法第五十四条规定的以非法方法收集证据的情形。主要理由如下：一方面，证据是认定案件事实的基础，对证据收集合法性的审查是判断该证据能否作为定案依据的关键。如果据以定案的证据在合法性方面存疑，那么以之为基础指控的犯罪事实显然也达不到“证据确实、充分”的证明标准。对证据收集合法性事实的证明标准与刑事案件定罪的证明标准在本质上是一致的。另一方面，强调公诉机关对证据收集合法性的证明应当达到证据确实、充分的证明标准，有助于规范侦查取证行为，落实不得强迫自证其罪原则的要求，减少刑讯逼供及其他非法取证情形的发生，切实保障人权，防范冤假错案。

人民检察院可以通过多种方式证明取证的合法性，例如，可以出示讯问笔录、体检笔录，播放讯问过程同步录音录像，或者提请法庭通知侦查人员或者其他人员出庭作证。本案中，为证明证据收集的合法性，公诉人当庭出示了以下证据：江西省莲花县看守所出具的《说明》，萍乡市公安局安源分局出具的情况说明、关于李志周等人被抓获的情况和审讯情况的补充说明，安源分局后埠派出所出具的情况说明、办案说明，安源分局缉毒大队出具的易洪涛贩毒案抓获情况及审讯情况说明、办案说明、说明，又对参与审讯的陈翔、陶平华、许渤等13名侦查人员逐一进行了询问，提取了证人证言，13名侦查人员也均出具了情况说明，声明在审讯中无刑讯逼供行为。

需要强调的是，上述证据材料数量虽多，但本质上都是办案单位和办案人员的说明材料，根据《最高人民法院关于适用〈中华人民共和国刑事诉讼法〉的解释》第一百零一条第二款的规定，此类说明材料不能单独作为证明取证过程合法的根据。对于能够证明证据收集合法性的关键证据，如讯问过程的同步录音录像、被告人李志周出入派出所的监控视频等，公诉机关未能提供。

一审法院经审查认为，对于被告人李志周供述收集的合法性，公诉机关未能提供确实、充分的证据予以证实，本案不能排除存在刑事诉讼法第五十四条规定的以非法方法收集供述的情形，对李志周的供述，依法应当排除。主要理由如下：(1)根据《看守所入所人员身体检查表》的记载，李志周头部受伤的事实可以得到确认，控辩双方对此均无异议。现有证据证实，李志周头部伤情是在抓获当时至进入看守所前的时间段内形成的。李志周入所前后表现异常，在入所前均在讯问笔录上签字捺印，入所后在涉及其可能承担刑事责任的讯问笔录上均未签字捺印。(2)针对李志周提供的在派出所接受讯问时遭到刑讯逼供导致头部受伤的具体线索，办案单位所作的李志周头部伤情系抓捕时反抗所致的解释缺乏证据支持：一是一同在现场被抓捕的易洪涛、廖婷证明三人均无逃跑、反抗的行为；二是办案民警均称抓捕当时没有看见李志周受伤。(3)公诉机关提供的证明取证合法的证据材料，均是办案单位和办案人员出具的说明材料，不能单独作为证明取证过程合法的根据。(4)对于能够证明取证合法的关键证据，公诉机关未能提供。例如，李志周出入后埠派出所的监控视频未能提供；讯问李志周的同步录音录像未能提供;第一次讯问笔录中没有记载李志周受伤的情况;抓获情况及审讯情况说明中也没有李志周受伤的反映。据此,公诉机关提供的证明取证合法的证据未能达到确实、充分的证明标准,一审法院依法排除李志周的有罪供述,是依法有据的。

(二)排除非法证据后案件的处理方式

非法证据排除规则解决的是特定证据能否作为诉讼证据使用的证据资格问题。非法证据排除应与案件的实体处理区分开来,针对证据收集合法性的争议,之所以建立独立的调查和裁判程序,并要求法庭先行调查并当庭作出裁决,就是要与案件的实体处理剥离。排除了非法证据,并不意味着案件一定要宣告无罪,还应综合审查其他在案证据,依法认定案件事实。

排除非法证据后,基于其他在案证据的情况,案件的处理大致可分为三种情形:案件事实清楚,证据确实、充分,依法能够认定被告人有罪的,应当作出有罪判决;证据不足,不能认定被告人有罪的(排除的是据以定罪的关键证据),应当作出证据不足、指控的犯罪事实不能成立的无罪判决;案件部分事实清楚,证据确实、充分的,应当依法认定该部分事实并作出相应处理(实践中排除非法证据的案件多属此种情形)。

本案中,虽然被告人李志周的有罪供述被法院认定为非法证据,并依法予以排除,但其他在案证据仍能够证明李志周实施了公诉机关指控的运输毒品犯罪行为。例如,搜查笔录及扣押物品清单、照片证实,办案民警系从坐在汽车后座的李志周手中持有的黑色布袋中搜出涉案毒品;证人廖婷的证言、同案被告人易洪涛的供述均证实李志周对此次去湖南联系毒品事宜是明知的,且实施了运输毒品的行为;等等。上述证据足以认定被告人李志周有运输毒品的主观目的,并在易洪涛安排下参与实施了具体的运输毒品行为。

综上分析,人民法院认定被告人李志周的行为构成运输毒品罪是正确的。

(撰稿:最高人民法院刑三庭　管延青

江西省萍乡市中级人民法院　余向阳　李　斌

审编:最高人民法院刑三庭　罗国良)

[第 1040 号]

尹某受贿案

——如何审查被告人在侦查阶段不同期间所作供述的合法性

一、基本案情

被告人尹某,男,1954 年 11 月 14 日出生,原某市烟草公司办公室主任科员、副主任。2013 年 8 月 14 日因涉嫌受贿罪被逮捕。

某区人民检察院以被告人尹某犯受贿罪,向某区人民法院提起公诉。

某区人民法院经公开审理查明:2002 年 12 月,被告人尹某被任命为某市烟草公司(国有企业)办公室副主任,2009 年 12 月被免去办公室副主任职务,改任主任科员。2008 年 6 月至 2010 年 8 月间,尹某在担任该公司办公室副主任、主任科员期间,利用其负责该公司卷烟物流配送中心项目基建、装修等具体事项协调工作等职务上的便利,先后 5 次非法收受某室内成套装饰有限公司顾某某、某实业有限责任公司冯某某贿赂的人民币(以下币种同)共计 23.5 万元。

某区人民法院认为,被告人尹某身为国有企业中从事公务的人员,利用职务之便,非法收受他人财物共计 23.5 万元,为他人谋取利益,其行为构成受贿罪,依法应当判处十年以上有期徒刑或者无期徒刑。依照《中华人民共和国刑法》第一百六十三条第三款,第三百八十五条第一款,第三百八十六条,第三百八十三条第一款第一项、第二款,第九十三条第二款,第六十四条之规定,某区人民法院判决如下:

1. 被告人尹某犯受贿罪,判处有期徒刑十一年,并处没收财产人民币五万元。

2. 追缴被告人尹某受贿所得人民币二十三万五千元。

一审宣判后，被告人尹某基于以下理由提起上诉：(1)本案侦查机关的全部侦办过程严重违反法律程序；(2)侦查机关采用刑讯逼供，通过威胁、恐吓、利诱取得上诉人及关键证人的言词证据，系非法证据，一审法院未予排除；(3)一审定案证据不能排除合理怀疑，判决认定的事实不清、证据不足，应当依法宣告本案无罪。

某中级人民法院经公开审理查明：原审判决认定上诉人尹某身为国有企业中从事公务的人员，利用职务上的便利，非法收受他人财物，共计23.5万元，为他人谋取利益的事实，有原审法院经过当庭质证后所认定的证据予以证实。

某中级人民法院认为，原审判决认定上诉人尹某犯受贿罪的定罪和量刑事实清楚，证据确实、充分，适用法律正确，量刑适当，诉讼程序合法，应予维持。关于上诉人尹某及其辩护人提出的上诉理由和辩护意见，经查：(1)侦查机关在立案后对上诉人尹某的刑事拘留、逮捕决定均严格按照刑事诉讼法的规定作出，并由公安机关执行，且讯问过程中均告知了相关诉讼权利和义务，并进行了同步录音录像，并无违法取证行为。(2)2013年7月28日某区人民检察院对上诉人尹某立案后即向其告知了有核对笔录、对侦查人员的违法行为提出控告等诉讼权利。尹某就受贿事实作过数次稳定供述，而且其曾详细供述在2008年至2009年间收受顾某某、冯某某等人贿赂后从最初的惶恐不安到逐渐心安理得，直至无所顾忌；在接受侦查机关调查后害怕、不敢面对现实、抱有幻想等心理历程。该供述自然客观、真实可信。一审庭审中，公诉人当庭播放了该区人民检察院立案后在看守所对尹某所作第一份讯问笔录的同步录音、录像，视频资料显示尹某神态自然，回答流畅，侦查人员没有非法取证的行为；2010年8月20日该区人民检察院人民监督员找尹某谈话时，其亦明确表示办案人员对其公正文明，讯问行为没有违反法律和有关纪律。(3)2008年至2010年期间，上诉人尹某在所在单位新办公大楼和物流配送中心基建和装修工作中，全权代表公司行使有关职权，负责基建、装修方面的具体事项的协调工作，虽无最终决策审批权，但其在工程追加投资方案的初步研究及上报、工程决算等方面为冯某某提供帮助，使其避免因工程量清单中缺项而造成数十万元的经济损失；在施工单位推荐过程中，其介绍顾某某顺利承接到卷烟物流配送中心部分新增项目装修工程，尹某因此收受二人贿赂共计23.5万元。尹某的供述虽有反复，但其在立案后的数次有罪供述与证人顾某某、冯某某的多次稳定证言在行受贿的时间、地点、数额、原因、现金包装以及承接工程情况等细节上能相互印证。据此，依照《中华人民共和国刑事诉讼法》第二百二十五条第一款第一项之规定，某中级人民法院裁定驳回上诉，维持原判。

二、主要问题

如何综合判断被告人在侦查阶段不同期间所作供述的合法性？

三、裁判理由

在职务犯罪中，侦查机关介入侦查之后往往需要通过初查程序，才能决定是否立案并进行更加深入的调查取证。由于职务犯罪的特殊性，在司法实践中对当事人言词证据依赖程度较高，尤其当被告人供述、证人证言不稳定的情况下，如何对侦查机关在不同侦查阶段取得的言词证据进行甄别，需要综合多方面因素进行审查判断。

本案中，根据检察院移送的案卷材料，被告人尹某因涉嫌犯受贿罪于2013年7月25日至9月22日共接受侦查机关调查12次。其中7月25日至28日3时，在侦查机关的指定办案地点接受2次调查，并制作2份询问笔录，尹某亲笔书写了《思想认识》3份，以上证据材料为侦查机关初查阶段所取得。28日上午立案后，尹某于当晚20时在该地点接受讯问1次，如实供述了自己的全部犯罪事实。7月29日至9月22日，在某市看守所接受9次讯问，其间时供时翻。其中，作有罪供述6次，翻供3次。该部分证据为正式立案侦查后所取得。本案争议的焦点之一，即侦查机关在不同阶段所取得的证据效力，如何进行采信与排除。我们认为，需要结合全案材料进行甄别。具体分述如下：

（一）侦查机关在初查阶段收集的被告人言词证据要根据取证手段是否合法决定是否排除

1. 侦查机关在初查阶段合法收集的言词材料可以作为证据使用。根据刑事诉讼法第一百一十条的规定,人民法院、人民检察院或者公安机关对于报案、控告、举报和自首的材料,应当按照管辖范围,迅速进行审查,认为有犯罪事实需要追究刑事责任的时候,应当立案。本条中关于“审查”的规定,即是检察机关初查的法律依据之一。此外,最高人民检察院制定的《人民检察院刑事诉讼规则(试行)》对初查作了详细规定,即举报线索的初查由侦查部门进行。由此规定可知,侦查机关启动侦查以发现犯罪嫌疑为前提,并不以立案为必要前提。立案的实质是为强制侦查提供法律依据,而非启动侦查的前提。能够证明案件真实情况的合法材料,都可以被用作为证据或者证据辅助材料。初查阶段取得的被调查人言词证据材料,符合取证主体和办案程序的相关规定,具有合法性,调查当中无刑讯逼供等非法情形的,可以作为诉讼证据使用。

2. 侦查机关在初查阶段非法取得的证据应当予以排除。本案中,侦查机关在初查阶段使用的非法取证方式大致包括以下几类:

(1)侦查机关对犯罪嫌疑人采取疲劳审讯的方式。本案中,据被告人尹某称:其于7月25日晚进入侦查机关指定的办案地点接受调查,至28日上午立案之时,历时约72小时,没有离开过办案地点,并一直接受办案人员“车轮战”式的调查,每天睡眠时间不足4小时。另外,25日至27日,侦查机关没有制作一份调查笔录,也未移送25日至27日的同步录音、录像资料。据办案人员称,此段期间,其一直在对尹某进行思想教育。基于对上述情况的判断,办案法官内心产生较强确信,在该期间侦查机关采用了“疲劳战术”对尹某进行取证。

(2)侦查机关在初查时采用威胁、辱骂被调查人的方式。本案中,由于侦查机关没有移送25日至27日对尹某进行调查时的同步录音、录像,经过多方协调,办案法官在侦查机关指定地点观看了该期间的同步录音、录像,资料显示尹某在进入办案地点之后产生较强的抗拒情绪,经过多天的思想教育其仍未交代犯罪事实。其中,在27日17时至19时,办案人员对尹某有言语辱骂,并威胁其再不交代问题将把其家人带至办案地点一并调查等违规情况,以此给尹某造成较大的心理压力,迫使其尽快承认犯罪事实。

(3)侦查机关在初查过程中还存在其他不规范情形。对此,侦查机关未作出合理解释或者进行补正,具体表现在以下几个方面:首先,传唤及询问过程违反法定程序。刑事诉讼法第一百一十七条第二款规定:“……案情特别重大、复杂,需要采取拘留、逮捕措施的,传唤、拘传持续的时间不得超过24小时;不得以连续传唤、拘传的形式变相拘禁犯罪嫌疑人,并保证其必要的饮食和休息时间”。本案中,尹某从25日至28日一直在该办案地点接受调查,且侦查机关仅出具了25日、28日共2份《调查通知书》。可见,办案机关明显违反了刑事诉讼法第一百一十七条的规定。其次,询问笔录制作不完整。侦查机关仅向法院移送了尹某28日晚接受询问的笔录,而此前的询问,侦查机关认为,因尹某对自己的犯罪行为认识态度不端正,对尹某所进行的思想教育工作,与案件事实无直接关系,故未制作相关的询问笔录。最后,询问笔录制作未严格遵循实录原则。视听资料显示,办案人员在询问中较少出现敲击电脑键盘的动作,更多的是移动鼠标,甚至某些错别字在一份笔录之中多次出现,有复制、粘贴笔录之嫌。

因此,人民法院结合上述情况,无法确认侦查机关在初查阶段的取证行为具有合法性,故将此阶段取得的被告人尹某的言词材料作为非法证据予以排除。

(二)重复供述不因之前供述取证非法而当然排除

审理法院虽然将被告人尹某在侦查机关指定办案地点所作的有罪供述予以排除,但并不意味着此后所取得的言词证据必然违法。对于重复供述,有必要结合多方面因素进行综合审查判断:

1. 尹某处于意志相对自由空间,权利告知起到了“清洁阀”作用。相比侦查机关的办案地点而言,看守所是由不同国家机关或者部门管理的监管场所。行为人在看守所羁押期间,受到侦查机关的影响减弱,能接触到委托律师、同样被羁押的人以及其他人员,并与上述人员有思想、信息交流,对自身涉案情况有充分思考的时间,其意志相对更加自由。因而,司法实践中,翻供也多始于该阶段。本案中,尹某解释自己第一次翻供原因亦说明在该阶段其意志处于自由状态:其与同监室人员交流后,产生“受贿是两个人的事情,不承认谁拿自己也没有办法”的侥幸心理;在会见律师后,律师表示尹的妻子已经在找相关证人重新作证,并会对其作无罪辩护,使尹某的精神上受到莫大的“鼓舞”,

更加坚定了翻供的决心。此阶段,侦查机关采取了证据“清洁”措施。一是进行权利告知。案件于7月28日立案后,当日即告知了其有核对笔录、对侦查人员的违法行为提出控告等诉讼权利。二是人民监督员介入。8月20日检察院人民监督员在看守所会见尹某,针对侦查机关取证行为是否合法进行了询问,尹某表示侦查机关在讯问过程中无诱供、逼供行为,并在笔录上签字捺印。人民监督员是检察机关邀请的普通公民,其职责是监督职务犯罪中办案人员有无刑讯逼供、违法违纪情况,地位具有相对独立性和超然性。

2. 同步录音、录像资料完备,能完整反映讯问过程。尹某于7月28日晚被刑事拘留,次日9时被送往看守所羁押,在看守所中共接受9次讯问,包括人民监督员会见询问,均有完整的同步录音、录像资料,反映其精神状态以及表情均比较自然,思维清晰,语言表达流畅。办案人员在讯问过程中举止文明,没有诱供、逼供等行为。笔录制作上也遵循实录原则,对其供述进行同步电脑录入,少有点击鼠标的情况出现;在每次讯问结束后,均由尹某先核对笔录,亲自修改并签字捺印。

3. 犯罪细节供述详细,具有明显的个性特征。尹某对于收受顾某某、冯某某二人贿赂的时间、地点、数额、包装等细节均有自然的回忆过程和清晰的供述。尤其当在交代收受贿赂的过程时,尹某在没有受到任何提示或者发问的前提下,不由自主地对自己当时的心理状态进行了比较细致的描述,其承认第一次收受顾某某的一笔10万元的贿赂是终身难忘的,之后自己的心态从害怕、犹豫到心安理得,直至发展到无所顾忌、近乎疯狂。被调查后,自己害怕面对亲人、领导、同事,精神压力大所以一开始比较抗拒。如果没有亲身经历,普通人是很难将该种心情进行如此细致的描述的。办案法官可以将该细节作为尹某实施受贿犯罪成立的重要证据,以增强内心确信。

此外,本案中还存在证人反复翻证问题。案件中的一名关键证人顾某某于7月26日、29日在检察机关指定的办案地点接受询问时,两次交代了其向尹某行贿3次,共计11.5万元的事实。8月8日,顾某某主动至检察机关翻证。8月13日、9月12日再次接受侦查机关询问时又承认其向尹某行贿的事实,并书写了《思想认识》1份。9月29日,尹某的辩护人贺某某约顾某某在某茶楼进行询问,贺某某在对方不知情的情况下将双方的谈话进行了录音,录音资料反映顾某某否认其向尹某行贿的事实,但其拒绝在贺某某制作的证言笔录上签字捺印,事后贺某某将该录音和笔录一并向人民法院提供。12月20日,侦查机关就此事找顾某某进行询问,顾再次承认了其最初向尹某行贿的证言。

针对顾某某的证言在短时间内数次反复的情况,如何对上述不同时间、地点所作的证言进行甄别与采信,审理法院主要从以下几个方面寻求突破:(1)从取证形式合法性进行判断。侦查机关对顾某某的取证过程,均提供了完整的同步录音、录像,询问完毕后均由证人本人核对笔录后签名捺印;反观辩护人在取证中未经证人同意偷偷录音,询问笔录没有证人的签名捺印,违反正常的取证形式,不具有合法性,不能采信。(2)从翻证的原因进行合理性判断。顾某某在8月13日、9月12日接受侦查机关询问时承认,其翻证出于三方面的考虑:一是害怕自己受到刑罚处罚;二是妻子怕此事影响小孩子而提出跟自己离婚;三是尹某的家属多次来电希望其能翻证,自己也心生愧疚。由此可知,顾某某系在精神受到多重压力的情况下而违心地进行了翻证。同时,2014年1月4日,即一审开庭后次日,顾某某在参加由合议庭主持的公诉人、辩护人、证人出席的质证会议上明确表示:即使因行贿被追究刑事责任也不再改变所作的证言。(3)从证言的内容进行细节分析。虽然证人顾某某的证言存在一定反复,且未出庭作证,但是总体较为稳定,尤其是证言中对于向尹某行贿的时间、地点、金额、请托事项、现金包装等细节均有自然、详尽的描述,与尹某的供述能够相互印证。因此,一审法院认为,证人顾某某在侦查机关所作的证言具有较高的可信度,应当予以采信。

综上,面对侦查机关在不同阶段所取得的被告人言词证据,审理法院综合取证的时间、地点、供证笔录、视听资料等重要证据进行审查判断后,将被告人尹某在检察院办案地点的有罪供述作为非法证据予以排除,而对于其在看守所中的有罪供述予以采信,本案较好地体现了证据审查和认定的有关要求,值得借鉴和参考。

(撰稿:江苏省无锡市中级人民法院　范　莉　范　凯
江苏省无锡市人民检察院　梁　果
审编:最高人民法院刑二庭　刘为波)

经验交流

【编者按】

2013 年 7 月，我院成功申请到英国外交部主持的“人权与民主”项目资助，就“非法证据排除制度研究”子课题开展为期两年的调研活动。项目旨在对中英两国非法证据排除制度进行深入研究，以促进我国相关制度的改革和完善。

作为项目的重要活动内容，2013 年 11 月 3 日至 9 日、2014 年 6 月 15 日至 28 日，我院先后两次组成法官访问团赴英国考察交流。两次访问形成的翔实的考察报告，均立足于英国非法证据排除制度的立法渊源、制度规定、程序设置和运行机制等具体内容，对我国刑事诉讼领域如何贯彻执行非法证据排除制度具有重要借鉴和参考意义。第一次考察，注重理念上的借鉴和思考，以解决司法实践中对非法证据排除制度“有疑虑”“不敢用”“不会用”的问题，提出要正确认识非法证据排除制度的历史和现实价值，要注重惩罚犯罪与保障人权的平衡，要完善我国非法证据排除制度配套措施的规定，要依法用好非法证据排除制度。第二次考察，注重实务层面对非法证据排除制度的细化和完善，提出要完善侦讯制度，确保侦查取证程序规范有序；要明确强制排除和裁量排除两种模式；要强调人民检察院对证据合法性的把关职责；要坚持事实法律陪审一体机制。在比较和借鉴之间，两份考察报告内容和形式逐步渐进、深入，既有共性，又各有侧重。但鉴于两份考察报告在英国非法证据制度的介绍、启示思考部分有一定的重复，故将两份考察报告合并为一篇，形成以下考察报告。

英国非法证据排除制度考察报告

最高人民法院“英国非法证据排除制度”考察团*

应英国外交部邀请,2013年11月3日至9日和2014年6月15日至28日,刑五庭马岩副庭长、徐静副庭长分别率领最高人民法院“非法证据排除制度”考察团赴英国伦敦进行考察访问。这两次考察是最高人民法院与英国外交部合作的“非法证据排除制度研究”项目年度活动的重要内容。考察主要围绕英国的非法证据排除制度展开,考察团对英国相关制度的立法渊源、制度规定、程序设置、运行机制等有了进一步了解,在此基础上,结合我国刑事诉讼法的修改,对当前刑事诉讼领域如何贯彻执行非法证据排除制度作了深入思考。报告如下:

一、英国非法证据排除规则的出台背景及具体制度

(一)英国非法证据排除规则的出台背景

根据英国早期普通法,采用暴力、威胁等方法获取的“非自愿性”供述,不具有可采性。在1964年考里斯案件(Callis v. Gunn)中,大法官帕克指出,通过“压迫方式”取得的供述不具有自愿性;换言之,供述必须是自愿作出才具有可采性。然而,司法实践中,供述自愿性规则并未得到严格遵守。据英方专家赫斯特教授介绍,在30多年前(1984年《警察与刑事证据法》出台前),即使警方采用强迫或者暴力方法获取供述的行为确定无疑,法官有时也未能或者不愿认定上述事实。实践中,警方有时甚至会预先拟写供述,然后强迫犯罪嫌疑人签字。当然,警方从未承认存在这种做法。

---

* “英国非法证据排除制度”考察团主要由最高人民法院刑五庭派员组成。该考察报告主要由任能能、刘静坤、曾琳执笔,其中第三部分主要由刘晓虎执笔,全篇报告由马岩、徐静审核。

20 世纪 70 年代以来，英国刑事司法领域出现诸多错案，一些无辜者被错误定罪甚至被长期羁押，如 Guildford 四人组案、Bermingham 六人组案、Judith Ward 案、Bridgewater 四人组案和 Stefan Kiszko 案等，在当时都引起社会广泛关注。这些错案严重影响刑事司法的正当性，给警察机构带来了巨大冲击。为此，英国成立专门委员会进行深入调查。调查结果显示，导致错案的重要根源在于警方非法取证尤其是非法讯问。

基于对错案的反思，为规范警察的侦查权和取证程序，英国于 1984 年出台了《警察与刑事证据法》。该法的核心内容之一就是在立法上正式确立了非法证据排除规则。它的出台，在英国具有里程碑意义。随后，英国陆续出台了多个配套《执法守则》，进一步规范了警察取证程序。如《执法守则 C》（警察拘留、对待及讯问嫌疑人守则）对拘留记录、与外界联系、获取法律帮助、权利警告、讯问程序等作出具体规定；《执法守则 E》（会见嫌疑人的录音带操作守则）对讯问同步录音程序作出具体规定。这些守则的制定出台，使警方非法讯问的难度显著增加，也为法官依法排除非法证据提供了明确依据和具体标尺。

英国非法证据排除规则的法律渊源包括三个层面：一是《欧洲人权公约》，英国作为公约成员国，负有履行公约的义务。尤其是 1998 年《人权法》将公约整合入国内法，要求国内法院执行公约的相关权利条款。《警察与刑事证据法》有许多规定直接体现了《欧洲人权公约》的要求。二是《警察与刑事证据法》等制定法，具体规定了各类证据的排除规则和程序，是法院裁决证据可采性问题的直接法律依据，也是确保警察依法收集证据、检察官严格审查证据的法律标准。三是上诉法院的判例对《警察与刑事证据法》中许多规定尤其是原则性规定，作出了具体解释或者确立了可操作的标准，便于下级法院严格依法执行非法证据排除规则。

英国非法证据排除规则涵盖了各类证据，但针对不同类型的非法证据确立了强制排除和裁量排除两种模式。对《警察与刑事证据法》规定的采取压迫等手段获取的非法言词证据，实行绝对排除；对其他可能影响审判公正性的证据，则实行裁量排除。下面结合法律规定和判例，分别介绍各类证据的排除规则以及相应的排除方式。

(二)被告人供述证据的排除规则

《警察与刑事证据法》对“供述”的定义及其证据资格作出了明确规定。

关于“供述”的定义。《警察与刑事证据法》第82条第(1)款规定,“供述”是指被告人作出的全部或者部分不利于其的陈述,无论该供述是否是向执法人员作出,也无论该供述体现为言词还是其他方式。根据相关判例,认罪答辩可被视为供述,无罪辩解不是供述。

关于供述的证据资格。《警察与刑事证据法》第76条第(1)款(1)项规定,只要被告人供述与待证事实有相关性并且没有被排除,就可以被用作对其不利的证据。在刑事诉讼中,被告人供述作为直接证据,能够一步到位地证明案件事实,通常是定案的关键证据。但如被告人供述的自愿性缺乏保障,也极易因供述不可靠而导致错案发生。因此,供述证据的排除规则对于确保司法公正至关重要。

归纳起来,供述证据的排除规则主要涉及以下四种情形:一是根据《警察与刑事证据法》第76条第(2)款(a)项的规定,采用压迫方式获取的供述应当排除。二是根据该法第76条(2)款(b)项的规定,根据被告人供述当时的环境,相关人员的言行可能导致该供述不可靠,对该供述应当排除。三是根据该法第78条第(1)款的规定,法官综合考虑获取供述的情形,认为采纳该供述将严重影响诉讼的公正性,对该供述可以排除。四是根据普通法,法官为保障被告人免受不公正审判,可以基于裁量权排除相关供述。

上述四种情形的排除模式并不相同,对前两类供述实行强制排除,法官在决定排除时没有裁量权;对后两类供述实行裁量排除,法官需要基于公正审判的裁量权决定是否排除。具体分述如下:

1.通过压迫方式获取的供述

《警察与刑事证据法》第76条第(2)款(a)项规定,通过“压迫方式”获取的被告人供述应当排除。所谓“压迫”,根据该法第76条第(8)款的界定,主要包括“刑讯、非人道或者有辱人格的待遇以及使用暴力或者以暴力相威胁(无论是否达到刑讯程度)”。这一界定与《欧洲人权公约》第3条表述基本一致。上诉法院有关判例表明,实践中通常将“压迫”视作对讯问对象非常苛刻地对待。如1987年福灵案件(R. v. Fulling),上诉法院指出,对“压迫”的认定应当按照通常含义来理解。根据《牛津英文词典》的解释，“压迫”是指“以一种使人产生负担的、苛刻的或者错误的方式行使职权或者权力；不公正地、残忍地对待他人或者下级等；施以不合理或者不公正的负担”。

相关判例表明，压迫与警察不当讯问行为并不等同。不当讯问行为是否构成压迫，取决于其是否达到足以影响供述自愿性的程度。如 1990 年埃莫森案件（R. v. Emmerson），上诉法院认为，警察在讯问时提高嗓音并说一些脏话，表现出不耐烦、很生气的态度，并不构成压迫。但如不当讯问行为达到影响供述自愿性的程度，就将构成压迫。又如 1993 年帕里斯案件（R. v. Paris），被告人米勒遭到警察威吓，警察在讯问时出言辱骂和大声训斥，上诉法院认为，尽管警察未使用暴力，但很难想象警察还能采用其他更为敌意并且具有胁迫性的讯问方式，故这种讯问行为应当构成压迫。

实践中，法官在判断是否构成压迫时往往会考虑被告人的脆弱程度和经验。如 1992 年斯利格案件（R. v. Seelig），法官考虑到被告人斯利格作为经验丰富的银行家，其智商和情商较高，警察对斯利格的严厉讯问并非其不能承受，据此认定讯问行为不构成压迫。不过，采用类似方式讯问儿童或者老年人则可能被认定构成压迫。

2. 基于可能导致供述不可靠的言行所获取的供述

《警察与刑事证据法》第 76 条第（2）款（b）项规定，根据被告人供述当时的环境，相关人员的言行可能导致该供述不可靠的，对该供述应当排除。该情形需要考虑以下三个因素：一是供述是相关人员特定言行的结果；二是供述当时的环境；三是当时环境下相关人员言行可能导致供述不可靠。

第一，供述是相关人员特定言行的结果。根据相关判例，此处所指的相关人员既包括负责讯问的警察，也包括其他人员，但不包括供述者本人，因为法条中的“言行”和“导致”等表述应当理解为供述者外部因素对其供述产生的影响。如 1988 年戈登伯格案件（R. v. Goldenberg），被告人声称其在羁押期间接受讯问时毒瘾发作，为求释放而作出供述。上诉法院认为，被告人的言行包括心理状态不属于《警察与刑事证据法》第 76 条（2）款（b）项的调整范围。但如警察明知被告人吸毒而故意羁押以获取供述，则应当适用上述规定。

第二,供述当时的环境。根据相关判例,这些情况包括被告人当时的身体状况或者心理状况、被告人的精神状况(包括他的心理年龄、受诱导的可能性、精神是否紊乱等)、被告人是否适合接受讯问(是否受到吸毒、戒毒的影响)、是否有合适成年人在场等。其中,对精神状况的认定,法官应当参考专业医学证据,不能仅凭自身主观分析。如1988年艾维特案件(R. v. Everett),上诉法院认为,此类医学证据是判断供述当时环境的基础。

第三,当时环境下相关人员言行可能导致供述不可靠。对供述可靠性的判断需要立足个案具体情况。需要强调的是,法官在判断相关人员言行是否可能导致供述不可靠时,并不考虑供述自身的真实性,因为对证据真实性的判断属于陪审团职责范围。只要法官认为相关人员的言行可能导致供述不可靠,无论供述是否真实,都应当予以排除。如2011年罗伯茨案件(R. v. Roberts),被告人的雇主向被告人声称,只要其承认盗窃就不报警,被告人遂向雇主承认盗窃。但雇主随即报案,警方介入后,被告人并不认罪。上诉法院认为,由于被告人最初的供述存在明显诱供,可能导致供述不可靠,该供述应当排除。

3. 影响审判公正性的供述

《警察与刑事证据法》第78条第(1)款规定:"法官综合考虑包括取证环境在内的案件所有情形后,认为采纳检控方相关证据会严重影响诉讼公正的(原文直译为'诉讼公平'更为妥当,但基于我国法律用语习惯,本报告均表述为'诉讼公正'),可以对该证据予以排除。"该规定被视为《警察与刑事证据法》最重要的条款,也是实践中最常援引的条款,其适用范围比第76条更广。即使供述证据不能适用第76条有关强制排除的规定,法官仍然可以援引第78条的规定基于公正审判的裁量权予以排除。对该条规定的适用有以下几点需要说明:

第一,第78条规定的适用范围本身并不明确,法院通常持广义解释。根据相关判例,该条规定适用于检控方意图在审判中提出的所有证据,包括供述、缺席证人的陈述、同案被告人的认罪答辩、辨认证据以及非法搜查获取的证据等。

就供述证据而言,《警察与刑事证据法》及《执法守则》C、E、F等对讯问时有权获取律师帮助、警告和告知、合适成年人在场、讯问笔录、录音等内容作出明确规定。如果警察违反此类规定获取被告人供述,法官就有权裁量排除。除上述情形外,警察通过欺骗等不当讯问获取的供述也可能被法官裁量排除。如1988年马森案件(R. v. Mason),警察故意欺骗马森及其律师称,从犯罪现场的重要物证表面发现马森的指纹,受该虚假信息影响,律师建议马森回答警察讯问并对其是否涉案作出解释。上诉法院认为,警察通过这种欺骗方法获取的供述严重影响诉讼公正性,应当予以排除。

第二,法官在裁量决定是否排除特定供述时,需要均衡考虑对控辩双方的公正性。通常只有当警察"严重且实质性地"违反法律规则,才可能导致供述被排除,但也并非自动排除。所谓"严重且实质性地"违反法律规则,主要关注的是行为性质而不是行为次数。法官裁量的最终立足点是对被告人是否公正。关于具体裁量标准,上诉法院认为,如果被告人并未因警察违反法律规则的行为受到不良影响,法官就可能不会排除供述证据,因为即使警察并未违反法律规则,被告人仍然可能作出供述。如1990年沃尔什案件(R. v. Walsh),警察违反《警察与刑事证据法》第58条有关律师帮助的规定对被告人进行讯问。上诉法院认为,可以肯定沃尔什是否获取律师帮助将会导致其供述存在显著差异,如果其获取律师帮助,可能不会作出供述,因此该供述应当排除。相比之下,在1988年阿拉迪斯案件(R. v. Alladice)中,被告人承认自己足以应对讯问,并在接受讯问前得到适当警告,知晓警告含义及其享有的各项权利,其要求律师在场的理由是可以对警察讯问行为进行监督。上诉法院认为,该案即使律师在场,律师的建议也不会增加被告人对其权利的认知,警察违反法律规则的行为不会导致被告人供述存在显著差异,故无须排除该供述。

第三,在判断警察违反法律规则的行为是否属于"严重且实质性"的情形时,要考虑其是否具有恶意。根据相关判例,即使警察对法律规则的违反本身并不严重,但如其是基于恶意行事,也可能被认定为严重和实质性地违反法律规则。

第四,该条所称的公正性并不限于程序公正,如果证据是通过不公正手段获取的,也可能被排除。该条规定所涉及的公正审判权与《欧洲人权公约》第6条适用相同标准。

第五,法官基于该条规定裁量排除特定的供述证据,该结果并不能直接用于对警察的惩戒。

4. 基于普通法传统的考量影响公正审判的供述

《警察与刑事证据法》第82条第(3)款规定,本法并不妨碍法官基于裁量权排除特定的证据。根据普通法,法官在刑事审判中为确保公正审判,拥有排除特定证据的裁量权。《警察与刑事证据法》保留了这项权力,但由于实践中对该法第78条的适用范围作较为宽泛的理解,因此,法官很少再适用普通法上的裁量权。

除上述规则外,供述证据还有以下两个特殊的问题。

5. 排除特定供述后,后续的供述是否具有可采性

实践中,被告人通常作出多份供述,如果其最初供述被认定为非法证据,就影响到后续供述的可采性。如根据《警察与刑事证据法》第76条第(2)款(b)项规定,相关人员的言行导致某次供述不具有可采性,这就意味着,后续通过法定程序收集的供述可能因此受到"污染"(tainted),进而应当根据该条规定予以排除。同时,法官也可以基于公平审判的裁量权排除后续供述。

实践中,后续通过法定程序收集的供述是否受到之前非法讯问的"污染",取决于个案具体情况。如在1991年杰拉德案件(R. v. Gillard)中,上诉法院认为,法官需要注意审查最初讯问是否存在压迫、引诱、压力等情形,进而对后续讯问是否存在严重影响。在1994年伍德案件(R. v. Wood)中,上诉法院认为,法官需要审查最初非法讯问属于严重违法还是仅仅属于技术性违法。

根据相关判例,有些非法讯问性质比较严重,以至于之后即使严格遵守法定讯问程序也无法消除其影响,此种情况下就应当排除后续供述。如1994年尼尔案件(R. v. Neil),上诉法院认为,尼尔认为自己已经受制于最初供述,后续讯问的环境不足以促使其撤回最初供述,据此,法官应当行使裁量权排除后续供述。

究竟如何判断后续遵守法定程序的讯问是否消除最初非法讯问的影

响,2002 年兴格勒顿案件(R. v. Singleton)提出了二步式审查标准:第一,导致先前供述被排除的非法讯问情形是否具有根本性和持续性;第二,后续讯问是否充分保障被告人权利,促使其能够明智且独立地选择重复最初供述、撤回最初供述或者保持沉默。该案中,最初非法讯问情形并不具有持续性,兴格勒顿有充分理由和机会决定是否重复最初供述,因此,后续供述不应被排除。

6. "毒树之果"

根据英国早期判例,被告人供述被排除后,根据其供述获取的证据(主要指实物证据)仍然具有可采性,但是检控方不能表明该证据与供述之间的关联。《警察与刑事证据法》第 76 条第(4)~(6)款保留了上述规则。具体言之,尽管供述不具有可采性,但根据供述获取的证据具有可采性(不过,法官亦可基于公正审判的裁量权排除此类证据),同时,检察官不能声称该证据是根据供述所收集。对检察官举证的这种限制在实践中具有重要影响,因为如果特定的实物证据是在一个与被告人没有关联的地点所提取,这个证据本身并不具有多大的关联性或者证明价值。

如 1991 年 Lam Chi-Ming v. R. 案,法官裁定三名被告人的供述不具有可采性,但允许检察官出示以下录像证据,即被告人带领警察来到河边,通过手势指示将作案工具丢入水中某个地点。该录像证据表明,警察根据被告人的供述在水中该地点提取了作案工具。枢密院认为,上述证据根据《警察与刑事证据法》第 76 条第(4)~(6)款的规定不具有可采性。

(三)实物证据的排除规则

根据英国早期普通法,法官并不关心证据的获取方法。早期判例显示,对于实物证据,无论是窃来的还是非法搜查获取的,只要与待证事实相关,就具有可采性。但根据《警察与刑事证据法》第 78 条的规定,对于通过不当方式或者欺骗方式获取的证据,如果采纳该证据将严重影响诉讼公正性的,则对该证据应当排除。

对于非法搜查获取的证据,不适用强制排除,但法官可以基于《警察与刑事证据法》第 78 条裁量排除。在决定是否行使裁量权时,法官需要考虑采纳该证据对诉讼公正性的影响,分析警察是否恶意或者公然违反《执法守则》的规定,以及其他影响该证据质量的因素。一般认为,仅仅是非法搜查本身并不必然导致该证据被排除。

此外,警方通过非法方法获取证据,情节严重的,可能被视为滥用程序。如果法官认为无法确保被告人获取公正审判,停止诉讼有助于确保诉讼的公正性,就有权决定停止诉讼。不过,一旦法官认定存在滥用程序情形,就将停止诉讼,所以法官对此一般持慎重态度,这使目前辩护律师很少提出警方滥用程序的抗辩。

(四)通过诱惑(警察圈套)获取证据的排除规则

所谓诱惑侦查,一般是指警方卧底(或特情)诱使他人实施犯罪从而获取证据,然后基于该犯罪对该人提起指控。根据早期英国法,被告人如未被诱惑就不会犯罪的情况,并非正当辩护理由,法官也不能基于普通法上的裁量权排除此类证据。不过,近期判例指出,对此类证据可以裁量排除。如2001年鲁斯里案(R. v. Looseley),上议院认为,尽管警察圈套并非实质性辩护理由,但英国法已经对此提供了救济手段,即基于《警察与刑事证据法》第78条排除相关证据。

关于诱惑侦查的法律边界,相关判例明确,警察只能在怀疑某人即将实施犯罪或者已经参与犯罪时,才能基于获取证据的目的参与其中,不能仅为了追诉他人而诱使他人实施犯罪。例如警察可以装作吸毒者,诱使贩毒者向其贩卖毒品。但如果被告人此前从未贩毒,而是为与卧底警察达成其他生意而为卧底警察购买毒品,因卧底警察促使被告人实施了其原本不会实施的犯罪行为,故这种做法构成滥用程序,可能导致停止诉讼。

(五)非法证据的排除程序

英国实行陪审团审判制度,陪审团负责事实裁决,法官负责法律适用和量刑。为避免非法证据对陪审团认定事实产生不当影响,法官需要在陪审团不在场时裁决证据可采性问题。实践中,辩护方通常是基于《警察与刑事证据法》第76条和第78条申请排除特定证据。一般情况下,基于上述两条规定排除非法证据的程序是相同的,但特定情形下也有一定差异。

1. 审查程序的选择

如果辩护方基于《警察与刑事证据法》第76条申请排除供述证据,就应当在检控方出示该证据前向法官提出排除申请。法官通常会中止诉讼，举行专门的“预先审核程序”（voir dire），即所谓“审判中的审判”（以下简称“审中审”），在陪审团退席的情况下确定证据可采性。

如果辩护方基于《警察与刑事证据法》第 78 条申请排除特定证据（主要是供述证据），法官既可以举行预先审核程序，也可以选择首先审查检控方案件材料，包括辩护方提出异议的证据。在选择具体的审查程序前，法官可以询问辩护方意图在预先审核程序中解决的争议问题。如果争点仅仅是取证环境，通常就需要举行预先审核程序。如果辩护方意图反驳检控方所称的“案件所有情形”（第 78 条规定的条件）的某些部分，法官就可能认为该问题将导致预先审核程序过于冗长，且可能涉及一些需要在后续审判阶段解决的问题，此种情况下，为确保公平审判，就不再举行预先审核程序。

基于辩护策略的考虑，辩护方也可以选择不通过预先审核程序对证据可采性提出挑战，而是在陪审团审判过程中直接对证据的证明力提出质疑，即因特定证据是非法获取，缺乏可靠性，故陪审团不应采信。同时，即使辩护方申请排除特定证据，法官经过预先审核程序决定采纳相关证据，辩护方仍然可以在陪审团审判过程中对该证据的证明力提出质疑，辩称该证据缺乏可靠性，陪审团不应采信。

2. 证明责任

法官基于辩护方申请对证据合法性进行审查的程序，主要是指预先审核程序，其中关键问题之一就是证据合法性的证明责任。

根据《警察与刑事证据法》第 76 条第（3）款的规定，辩护方基于该法第 76 条第（2）款提出排除证据申请，法官举行预先审核程序后，检控方需要举证证明供述证据的取得并未违反该条规定。辩护方无须承担证明责任，但实践中辩护方通常会结合自己的主张提供相关证据。实际上，如果警方取证行为明显违反《执法守则》，辩护方是否提供证据并无实质影响。需要强调的是，法官在该程序中主要是审查警察取证的合法性而非辩护方提供的证据。

如果被告人选择在预先审核程序中提供证据，就可能要接受交叉询问。交叉询问并不涉及供述真实性问题。无论法官采纳还是排除特定证据，检控方都不得在之后的陪审团审判过程中出示被告人在预先审核程序中的陈述。如果法官决定采纳特定供述,被告人随后在陪审团审判过程中作证,检控方可以指出其证词与预先审核程序中的陈述存在矛盾。如果被告人否认其在预先审核程序中的陈述,检控方可以提交相关记录予以反驳。

对于辩护方基于《警察与刑事证据法》第78条提出的排除证据申请,证明责任并不十分明确。第78条本身并没有要求检控方举证反驳采纳特定证据可能严重影响诉讼公平性。但这并不意味着应当由辩护方承担证明责任。在2001年R.(Saifi)v. Governor of Brixton Prison案中,上诉法院指出,法官基于第78条规定行使裁量权的过程不涉及证明责任问题。在大多数案件中,辩护方向法官提出排除特定证据申请,此种情况下,说服法官对该问题作出裁决的责任就应当由辩护方承担,如同正当防卫的辩护一样。

3.裁决结果

预先审核程序结束后,法官需要对证据可采性作出裁决。如果法官裁决特定证据不可采,检控方就不得在后续审判中出示该证据;反之则可以出示该证据。法律并未明确要求法官就证据合法性的裁决结果向陪审团作出解释。但实际上,根据《欧洲人权公约》第6条的规定,法官有义务对其裁决说明理由。如果法官对此作出简要裁决,不仅有利于被告方据此决定是否提出上诉,也有助于上诉法院对初审法院的裁决理由进行审查。上诉法院在判例中也鼓励法官就证据合法性的裁决说明理由,具体包括认定的事实、控辩双方的主张、需要考虑的争点以及是否排除证据的理由等。

如果经过预先审核程序,特定供述证据被采纳,进而被提交给陪审团,但陪审团对证据可采性存在质疑,法官不能再基于《警察与刑事证据法》第76条启动预先审核程序,但可以指示陪审团不考虑该供述,或者指示陪审团注意可能影响供述证明力的因素,或者在无法对陪审团作出适当指示的情况下解散陪审团。具体指示要点如下:如果陪审团认为该供述是通过压迫方式获取,或者根据被告人供述当时的环境,相关人员言行可能导致该供述不可靠,在作出裁决时就不应当考虑该证据。

4.上诉程序

根据1968年《刑事上诉法》、1987年《刑事司法法》和2003年《刑事司法法》等的相关规定,对法官就证据可采性所作裁决,控辩双方可以提出上诉。当然,辩护方也可以将证据可采性问题作为部分上诉理由,连同其他上诉理由一起,主张定罪裁决“不安全”。即使辩护人未能在审判中对证据可采性提出质疑,被告人也可以证据可采性问题为由提出上诉,但前提是被告人确实因此受到不当影响。

根据判例,上诉法院通常不会对初审法院行使裁量权的做法进行干涉,但如果初审法院行使裁量权时适用了错误的原则,或者基于已有证据无法得出相应结论,上诉法院也需予以纠正。据此,法官基于裁量权对证据可采性作出裁决,控辩双方上诉后,上诉法院也需要审查法官行使裁量权的做法是否适当。

根据相关判例,上诉法院对初审法官基于《警察与刑事证据法》第78条行使裁量权的做法进行审查时,可以参照所谓“合理性原则”。具体言之,法官在行使裁量权时必须遵守法律规定,关注应当考虑的事项,不得考虑其他无关事项。如果法官未能遵守这些规则,其行使裁量权的做法就是不合理的。

如果初审法官未能行使裁量权,根据相关判例,上诉法院可以扮演初审法官角色,决定是否行使裁量权。如1991年霍登·辛普森案(R. v. Howden Simpson),初审法官基于辩护方申请,仅仅基于《警察与刑事证据法》第76条对供述证据可采性作出裁决。尽管初审未涉及第78条,但上诉法院结合案件情况,仍然基于第78条对该问题作出裁决。

如果初审法官错误采纳供述证据,同时案件中缺乏其他定案证据,上诉法院将会撤销定罪。如果除去不可采的证据,案件中还存在其他不利于被告人的重要证据,上诉法院就需要考虑定罪是否“安全”,并基于《刑事司法法》作出相应处理。

二、英国非法证据排除规则的主要成效及突出特点

关于英国非法证据排除规则实行状况,考察团没有专门调查和研究。但从考察团了解的情况看,英国非法证据排除规则在实践中实行比较顺畅,并未面临外部阻力或障碍。各层级法院受访法官均表示,法官有权依法排除非法证据,法官对证据可采性作出裁决,以及对案件最终裁判,都不会受

到外界压力影响。各位受访大律师也表达了类似看法。

(一)主要成效

考察团通过考察了解到,除有《警察与刑事证据法》及配套《执法守则》作为依据外,非法证据排除规则的贯彻实行及其在防范错案方面的重要功能,与相关配套制度密不可分。反过来,非法证据排除规则的实行,也推动了刑事司法制度改革与完善。

1. 警方的反应及侦查制度改革

英方专家西蒙高级警官是伦敦警察局前任负责人,其结合从警30多年的经历,指出:"非法证据排除规则的确立,连同其他规范侦查取证的法律制度,促使侦查人员不得不改进取证的方法,提升专业化程度。"

自从1829年罗伯特·皮尔爵士确立"满意决定警务"的九条原则以来,英国警察始终注意责任制和效率。其中有两条原则尤其值得强调:一是警察应当始终维护与公众的关系,实现警察与公众不分彼此的历史传统(第7条原则);二是警察应当始终严格依据其职责采取行动,永远不得滥用司法权力(第8条原则)。但20世纪70年代以来,诸多错案连续曝光,警察机构面临巨大冲击。在此背景下,英国出台了一系列旨在规范侦查权和取证程序的法律。如1984年《警察与刑事证据法》、1985年《公共犯罪法》、1996年《刑事诉讼与侦查法》、1998年《人权法》、2000年《调查权监管法》和2003年《刑事司法法》等,上述法律对逮捕权、拘留条件、法律帮助权、讯问条件、警告、证据开示等作出明确而又严格的规定。

面对社会情势变化和法律要求,警察机构不断提高侦查的职业标准。据西蒙警官介绍,目前英国的专业化侦查标准共分四级,警察经过专业培训和考核后,被评定为相应等级。只有较高级别的警察才能从事杀人、洗钱等重大案件的侦办,即对重大案件开展具体的侦查、讯问、现场勘查等专业工作。

对于重大案件专案组,因涉及资源配置和绩效问题,故设有相应的标准和管理规范。以谋杀案件为例,通常由一名高级警官负责指挥侦查,另由一名更高级别的警官负责监督(其角色是审查把关者),负责提供讯问策略和专业建议。专案组的每一项重要决定都要制作备忘录,记录决定的理由。履行监督职责的高级警官定期审查侦查进展情况,确保侦查人员按照《执法守则》的规定要求收集证据,并在必要时与检察官联络听取法律意见。通过这种规范化、专业化的侦查工作,尽可能避免非法取证情形的发生,确保侦查工作规范、有序进行。

同时,警方非常重视对侦查人员进行专业培训。为了防范非法取证,最有效的方式就是提高警察的职业化水平。培训工作不仅强调严格执法,认真执行相关法律规范尤其是《执法守则》,而且要求充分利用法律提供的有力武器。例如,1994 年《刑事司法与公共秩序法》规定,在特定情形下,可以从被告人的沉默中得出推论。警方在培训时就会强调,要在法律规定框架内,精心设计讯问策略和问题,依法获取供述证据,如果被告人保持沉默,就要争取从中得出不利于其的推论。值得注意的是,警方也非常重视对警察出庭作证的培训。实践中,警察出庭作证在英国是非常常见的。考察团在中央刑事法院旁听一起案件,恰逢警察出庭作证。该案中,因警察在某次讯问时未能注意录音设备出现故障,导致该次讯问没有录音,只有警察所作的简要笔录。辩护律师对此提出质疑,警察出庭对相关情况作出说明,并回答辩护律师针对笔录记载内容提出的问题。

随着英国侦查制度改革的推进,警方的讯问程序变得更加规范完善。为学习这一制度成果,考察团访问了希斯罗警察局。警局安排了一场模拟演习,让考察团成员见证了警察从抓捕嫌疑人到羁押讯问的全过程。从嫌疑人进入警局时登记起到获取律师帮助再到监控下的讯问,每一个环节都非常规范有序。如有非法讯问甚至刑讯逼供情形,必然会留下相应的证据或线索。此种背景下,警方对口供的态度也发生了根本性变化。重大案件很少依赖口供,主要是将口供作为寻找其他证据的线索。

2. 皇家检控署的反应及检控制度改革

在英国传统的司法制度中,警察既负责侦查,也负责起诉。这种制度的弊端日益显见。为了规范制约警察权力,理论界和实务界对在刑事诉讼中增加一道审查程序的呼声日渐高涨。在这种背景下,1985 年《犯罪起诉法》规定由皇家检控署负责起诉工作。皇家检控署于 1986 年正式成立,共有 13 个地区办公室。皇家检控署负责对可能提起公诉的案件向警方提出建议,审查警方提交的案件,在重大复杂案件中决定具体指控,为出庭作准备以及出庭提起公诉。

参与座谈的英方专家肯尼迪是皇家检察署前负责人。据其介绍,2013年,皇家检控署共有6840名职员,包括2300余名皇家检察官、4100余名调查人员和行政管理人员,还有大约400名工作人员提供信息技术、财政和人力资源服务。其中,有92%的工作人员直接参与或者支持公诉工作。

为确保检察官公正、准确地作出指控决定,1994年英国制定了《皇家检察官守则》。根据《皇家检察官守则》第4条的规定,检察官作出起诉决定前,需要经过两个阶段的审查:一是证据审查。即检察官必须确信有充分证据表明对每个被告人的每项指控已有"现实的定罪预期"。如果案件没有达到证据标准,无论犯罪多么严重,都不得提起指控。二是公共利益审查。即提起公诉是否符合公共利益。

肯尼迪检察官提示,实践中检察官在进行证据审查时,通常会关注证据在法庭上是否具有可采性。由于供述是重要的定罪证据,故检察官需要熟悉有关供述可采性的法律规则,认真审查供述的可采性。如果发现供述的可采性可能遭到辩护方质疑,就会建议侦查机关尽量收集证明供述合法性的证据,包括拘留记录以及为嫌疑人进行体检的法医的陈述等。当然,如果检察官发现警察的取证行为"严重且实质性地"违反《执法守则》时,相关证据就极有可能被排除,不作为指控依据。此种情况下,如果其他证据不足以达到"现实的定罪预期",检察官就不能作出起诉决定。对此种情形,检察官通常会要求警察对其行为作出解释,必要时还将建议警察机构对违法取证的警察作出处罚。

需要强调的是,检察官依据《皇家检察官守则》进行证据审查和公共利益审查时,应当保持公正、独立和客观,不能受到任何不适宜或者不正当的压力影响。毫无疑问,检察官在起诉环节重视审查证据可采性,严格把握案件证据标准,有助于督促警方依法取证,也能够将达不到法定证明标准的案件隔离在审判程序之外,减少错案风险。

3.刑辩律师行业的反应

《警察与刑事证据法》确立非法证据排除规则后,刑事律师在辩护中更加关注证据合法性,如果发现警方取证违反《执法守则》,就会对证据可采性提出异议。一位受访大律师称,在其办理的刑事案件中,大约有75%的案件申请排除非法证据,其中有25%的申请得到法官采纳。案件越重大,事实、证据越复杂,律师对证据合法性的审查就越严格。同时他也指出,随着侦查取证规范化程度不断提高,警方违法取证情形越来越少,多数情况下申请排除的证据都不是主要证据,而且在一些案件中,律师对证据合法性提出异议后,如果检察官认可的,通常会主动撤回该证据。

部分律师提出,近年来法院对非法证据排除规则的态度较之前有所变化,一些法官更加注重查明案件真相,一旦认为非法取证行为不影响证据的可靠性,就不再倾向于行使裁量权予以排除。当然,这与整个政治环境的变化和公众对司法的态度有一定关系。

在英国,整个刑事司法行业的交流比较频繁。一些大律师可以出庭代表控诉方指控犯罪,也可以在短期内出任法官审判案件。基于这种独特的职业交流,大律师有机会深入了解起诉、审判工作的内在特点,进而提高辩护工作的水平。但是一些警察机构对大律师担任检察官的做法持谨慎态度,主要是担心大律师们熟悉侦查、起诉的流程和规则,可能不利于日后的指控工作。

4.法官的态度

无论是最高法院的大法官,还是中央刑事法院的法官,抑或县法院的法官,都一致认为,法官的职责就是依法审判,确保审判的公正性,对于采用侵犯人权方式获得的供述,以及严重影响公正审判的证据,应当予以排除。在陪审团审判制度下,为避免陪审团受到非法证据不当影响,法官通常需要通过预先审核程序解决证据可采性问题。非法证据排除规则使审判程序变得更加精细化。

在初审法院层面,为确保庭审顺利进行,提高庭审质效,《刑事司法法》和《刑事诉讼与侦查法》设立了"预备听审程序"(preparatory hearing)。在陪审团宣誓审判之前,法官可以命令启动预备听审程序,要求控辩双方明确争点,整理证据,并在该程序中解决证据可采性问题。据参与座谈的琳达法官介绍,在该程序中控辩双方可就证据合法性的裁决时间达成一致,既可在庭前解决,也可在庭审中解决。如果在庭审中解决,则检察官不能在陪审团在场时出示相关证据，只能通过预先审核程序在陪审团退席时作出处理。尽管英国实行控辩式审判，但作为一般要求，法官在审查证据时，如果发现存在非法证据，但辩护律师没有注意或者没有提出质疑，就通常会善意地提示辩护律师，或者提示陪审团注意相关证据的可靠性。

对法官就证据可采性问题作出的裁决，控辩双方可以提出上诉，上诉法院需要对初审法官的裁决进行审查。对于法律规定的裁量排除证据情形，不同法官基于对案情和证据的考虑，可能作出不同的裁决。但只要法官合理行使裁量权，其裁决结果就是可以接受的，上诉法院通常会予以认可。琳达法官指出，只有当初审法官行使裁量权缺乏合理性时，上诉法院才会撤销其对证据可采性所作的裁决。

对于非法证据排除规则的定位，最高法院的大法官们认为，法官排除非法证据的目的不是为了惩戒警察，而是为了给当事人提供法律救济，确保被告人接受公平的审判。因此，法官对证据可采性问题作出裁决时，既要确保诉讼的公正性，又要以证据的可靠性作为重要标准，尤其是基于公正审判的裁量权排除证据的情形，总体上要立足个案的具体情况作出判断和处理。

5. 独特的刑事纠错制度

英国通过非法证据排除规则等制度防范错案的同时，也很重视错案识别和纠正。作为一项全新制度，1995年《刑事上诉法》设立了刑事案件复查委员会。委员会由11名以上委员组成，多数委员都具有丰富的司法或者律师工作经历。委员会现有工作人员100余人，其中包括11名委员，43名调查负责人。现任主席理查德·福斯特之前曾担任检察署署长。据其介绍，委员会负责处理的案件多是严重犯罪，如谋杀、强奸、毒品或者恐怖活动犯罪等。

从委员会近年来复查的案件情况看，平均每两个星期就会发现一起错案。究其原因，除证据自身存在的问题外，可能与陪审团对证明标准的把握有一定关系。由于陪审团无须对事实裁判结论说明理由，所以很难判断陪审团所认定的事实是否达到排除合理怀疑的证明标准。此外，委员会纠正的大多数案件都是早期陈年旧案，当时由于缺乏DNA鉴定技术，加上法庭对取证程序要求不甚严格，所以错判可能性比现在要高。

据委员们介绍,委员会工作流程主要分三个环节。第一个环节是案件受理环节,即决定申请复查的案件是否达到法定收案标准。根据法律规定,只有当事人提出新证据或者新主张,显示出原先定罪或者量刑不当,应由上诉法院重新审查时,委员会才能受理案件。实践中,最初是由调查负责人对申请复查的案件进行审查。如果调查负责人经审查认为达不到受理案件标准,对于简单案件,可以由该调查负责人审查后直接驳回申请;对于复杂案件,如果调查负责人不是很有把握,就需要组成审查小组共同审查,由该小组决定是否受理案件。审查小组由三名委员组成,初始调查负责人是当然的审查小组成员,其他两名委员在其他委员中随机抽选。据委员们介绍,目前统计的1600多件申请复查的案件,有60%不符合收案条件,有40%进行了初步审查,最终有20%进行了复查。

第二个环节是复查案件。委员会受理案件并决定复查后,除调查已有的案卷材料外,根据法律规定,还可以向英国任何公共机构收集信息材料,也可以在必要时委任警察机构高级警官协助调查。这种复查工作完全是中立进行,不受外界干涉和影响。

第三个环节是对案件作出处理。如果认为案件中的新证据或者新主张很重要,应当由上诉法院复查,委员会就可以决定将案件发回上诉法院,反之则驳回当事人申请。委员会决定发回上诉法院的案件,通常会制作一份类似裁判文书的报告,详细说明发回理由和依据。据委员们介绍,委员会复查后发回上诉法院的案件,有75%的案件被上诉法院推翻,或者改判或者撤销定罪。就谋杀案件而言,1998年至今委员会发回上诉法院的案件共有127件,有72件案件被上诉法院推翻。

委员会调查人员介绍了两起典型的复查案件。一起是被告人海伦谋杀案。这是2005年一起聚众斗殴引发的案件,多人在街头斗殴致一人死亡,有两名证人声称看到海伦是杀人凶手,海伦归案后不能提供不在场的证据。庭审中,一名证人说不能确定当日看见海伦,另一名证人说可能看到海伦作案,但不能完全确定,最终海伦被定罪。委员会受理案件后,经复查发现,被告人海伦只是与另一个名叫海伦的人同名而已,经复查调取的海伦手机照片能够显示其案发时不在现场,最终委员会决定将该案发回上诉法院。上诉法院认为定罪证据不足,决定撤销定罪。

另一起案件是被告人某甲谋杀案。1982年,某甲被指控性侵犯和谋杀一名女性被害人。证人在发现被害人尸体的地点见到过被告人,但被告人始终不认罪,否认自己去过现场。警方搜查被告人房间时发现了一件带血的夹克,被告人承认夹克是自己的,但辩称上面的血迹是自己流的鼻血,因当时没有DNA技术,故未能确定血迹的来源。最终某甲被定罪并被判处终身监禁。2002年,某甲向委员会提出复查申请,主张自己是无辜的,委员会受理案件后调取了当时警方提取的物证夹克,将该夹克上的血迹提交实验室进行DNA鉴定,结论显示夹克上的血迹是被害人所留,最终委员会驳回了被告人的申请。

刑事案件复查委员会作为一种独特的制度设计,在纠正错案方面发挥了十分重要的作用。据委员们介绍,目前挪威、苏格兰已经设立类似的委员会,还有一些国家前来考察,计划设立类似的委员会。

(二)突出特点

由于法律传统、诉讼模式等因素的影响,每个国家的法律制度都有其内在特色,非法证据排除制度也是如此。英国的非法证据排除制度,深刻体现了普通法传统、陪审团制度和法院权威性等因素的烙印。归纳起来,主要有以下突出特点:

1.强制排除与裁量排除相结合,适应司法实际需要

对于非法证据,过于强调程序公正而实行强制排除,或者过于强调实体公正而拒绝排除,都是不妥当的。英国《警察与刑事证据法》坚持强制排除和裁量排除相结合的基本原则,能够兼顾实体公正和程序公正,实现各种不同的诉讼价值。

第一,对于采用压迫方法(包括刑讯、非人道或者有辱人格的待遇以及使用暴力或者以暴力相威胁等方法)获取的供述,因严重侵犯被告人基本人权,故《警察与刑事证据法》规定实行强制排除,这既能充分体现对人权的法律保护和救济,也与相关国际人权公约的要求相契合。

第二,对于相关人员言行可能导致供述不可靠的供述,因证据缺乏可靠性,故《警察与刑事证据法》规定实行强制排除,这有助于确保案件质量,避

免错案发生。

第三,对于可能严重影响诉讼公平性的各类证据,需要立足个案情况均衡考虑对控辩双方的公平性,进而决定是否排除,故《警察与刑事证据法》规定实行裁量排除,这体现了法官固有的公平审判裁量权,也与相关国际公约的规定相吻合。

第四,对于非法实物证据以及"毒树之果",因实物证据对于定案十分重要,且可靠性不存在问题,为获得公正的审判结果,《警察与刑事证据法》规定实行裁量排除,由法官立足个案情况均衡考虑是否影响诉讼的公平性。这一点反映出英国法与美国法存在的差异。美国规则的主要目的是惩戒警察,而英国规则的理念是为当事人提供法律救济并确保审判的公平性。

上述强制排除和裁量排除相结合的排除模式,体现出对不同类型非法证据的区别对待,符合司法公正的内在要求,值得认真研究和借鉴。

2. 制定法与判例相衔接,便于司法实践操作

《警察与刑事证据法》作为制定法,对非法证据及其排除的相关规定较为原则,尤其是有关裁量排除的规定不具有直接操作性。在缺乏立法解释和司法解释的情况下,判例就成为制定法必要且有益的补充。

英国属普通法国家,奉行遵循先例原则,上级法院有关非法证据认定标准、裁量排除考虑因素等问题所作的判例,不仅是下级法院的办案依据,也对警察、检察官和律师有直接指导意义。

这种制定法与判例相衔接的规范体系,能够在保持制定法相对稳定的同时通过判例不断丰富和完善法律内容,更好地适应司法实践需要。我国虽不实行判例制度,但目前推行的案例指导制度与之有异曲同工之效。为更好地发挥指导性案例的功能,可以适当借鉴普通法的经验。

3. 证据可采性与事实裁决分离,解除法官裁判压力

英国实行陪审团审判制度,法官负责审理案件中的法律问题,其中包括证据可采性问题,而事实认定则由陪审团负责。这种明确的审判职责分工,将证据可采性问题与最终的事实认定分离开来。

实践中,法官首先对证据可采性作出裁决,然后再由陪审团基于适格证据作出事实裁决,并且陪审团无须对事实裁决结果说明理由。这种制度设

计,解除了法官的事实裁判压力,使法官能够超脱地裁决证据可采性问题。这也是英国法官能够严格执行非法证据排除规则的重要制度基础。

4. 独立的证据可采性裁决程序,确保诉讼公平公正

证据可采性问题,与诉讼公正性和实体公正密切相关,往往是控辩双方争议焦点。为避免陪审团受到非法证据污染,有关证据可采性的裁决需要在陪审团退席时,通过独立程序进行,即所谓的"预先审核程序"。这种程序设计主要是为了适应陪审团审判制度的需要,但通过证明责任、证明标准等制度,也有助于规范证据可采性问题的审理。

在预先审核程序中,控辩双方可以发表各自观点,提交一方证据材料,进行充分论辩。法官基于法律规定,结合控辩双方的证据材料和辩论情况,依法对证据可采性作出裁决。这使裁决结果更容易得到控辩双方接受。同时,如果控辩双方不服,也可以有针对性地提出上诉。我国虽不实行陪审团审判,但这种相对独立的证据可采性审查程序,也有借鉴意义。

5. 法官具有较高权威,其他配套制度提供充分保障

证据合法性问题与程序公正和实体公正紧密相关,且有较强专业性,对法官司法能力要求较高,同时也要求法官具有一定权威性。在英国,法官被视为法律领域的权威,执掌公平正义,在公众心目中威望很高,控辩双方都会尊重法官决定,下级法院也十分尊重上级法院的裁决。这使法官依法对证据合法性作出裁决时,并不会面临外部压力。

同时,非法证据排除规则出台后,警察机构、检控机构、律师行业都会按照法律要求开展工作,尤其是警察和检控机构,通过持续深入改革,不断规范侦查取证和起诉程序。这些配套制度的完善,固化了非法证据排除规则改革成果,提高了刑事法治整体水平。在非法证据排除规则基础上,如何推动建立相关配套制度,值得我们认真研究。

三、启示和思考

通过此次考察交流,我们感到英国在非法证据排除方面有一些特色鲜明的做法,值得我们在今后的工作中予以重视和适当借鉴。

(一)在理念上,要正确认识非法证据排除制度的意义

英国为规范警察取证行为、防范冤错案件,推动了非法证据排除制度的

立法进程。虽然经历过曲折、遭遇过抵制，但经过不断修正、逐步调整，这一制度在司法实践中越来越少地被诉求，成效是显著的。我国现今的情况与英国建立非法证据排除制度之初的情况有类似之处。

我国1979年刑事诉讼法曾就非法取证问题作出原则性禁止规定："严禁刑讯逼供和以威胁、引诱、欺骗以及其他非法的方法收集证据。"1996年刑事诉讼法对此予以确认，最高人民法院、最高人民检察院各自关于适用刑事诉讼法的司法解释也都对此进行了重申。但这些规定都过于原则和简单，缺乏可操作性，实践中很少有根据司法解释认定为非法言词证据并予以排除的情形。近年来发生的多起冤错案件也集中暴露出非法取证的危害及非法证据未能得以有效排除的弊端。为推动这一问题的解决，2010年，最高人民法院会同有关部门制定了《关于办理刑事案件排除非法证据若干问题的规定》，首次对办理刑事案件排除非法证据作了系统规定，初步相对完整地构建起我国的非法证据排除规则。2012年修改的刑事诉讼法吸收了2010年非法证据排除文件的内容并有所发展，从立法上对非法证据排除制度作出重大完善，对确保刑事案件质量，有效防范冤错案件十分重要。2013年7月，中央政法委印发《关于切实防止冤假错案的规定》，就严格遵守法律程序制度，坚守防止冤错案件底线作出更加具体的规范要求。2013年10月，最高人民法院印发《关于建立健全防范刑事冤假错案工作机制的意见》（以下简称《防范冤假错案意见》），明确规定"采用刑讯逼供或者冻、饿、晒、烤、疲劳审讯等非法方法收集的被告人供述，应当排除。除情况紧急必须现场讯问以外，在规定的办案场所外讯问取得的供述，未依法对讯问进行全程录音录像取得的供述，以及不能排除以非法方法取得的供述，应当排除"，进一步在实践层面细化非法证据排除规定。

刑事证据制度的改革与发展不是一个就证据论证据的问题。首先，该制度的建立是历史发展的必然。非法证据排除规则作为现代法治国家普遍采用的一项基本证据规则，既是一国刑事法治民主、公正、科学程度的重要标杆，也是一国人权保障和法治文明程度的"试金石"。将非法证据排除规则纳入我国刑事诉讼程序，弥补了我国证据制度的缺失，是推动我国刑事诉讼制度民主化、法治化、现代化的必然选择。其次，该制度的完善有一个渐进过程。刑事非法证据排除规则的建构是一场深刻的变革,涉及理念和制度的方方面面,必然存在着一个逐步调整、不断完善的过程,不可能一夜之间一步到位。从英国的实践看,其非法证据排除规则已经存在并发展了一百多年,至今仍存在争议。因此,要建立起完善的非法证据排除制度,充分发挥制度的预设作用,仍有很长的路要走,不能操之过急。最后,该制度的影响将是深远的。非法证据排除制度意义重大。它不仅体现着一个国家的刑事司法理念,还折射着社会的思想意识和价值观念。在我国当前司法环境下,非法证据排除制度所应发挥的作用主要是遏制刑讯逼供等非法取证现象。但是,长远看来,该制度设立的价值远不止于此,其最终必将引导刑事诉讼走向程序与实体并重,从"查明事实"转变为"证明事实",从"侦查中心主义"转向"庭审中心主义"。

非法证据排除制度在定位上,要注重惩罚犯罪与保障人权的平衡。文明进步的刑事诉讼不仅要求有效地惩罚犯罪,而且要求在切实保障人权的前提下惩罚犯罪。审查认定、排除非法证据就是为了更准确地指控犯罪,实现惩罚犯罪和保障人权的双重价值目标。英国的非法证据排除制度与美国较为极端地侧重于保障人权不同,在非法证据自由裁量、"毒树之果"、非法物证排除等问题上的做法较为温和,更适应我国实际,易为我国所接受。值得肯定的是,我国2012年修改后的刑事诉讼法在非法证据的处理问题上,向程序正义和保障人权作出了重大倾斜,在制度层面较好地体现了这种平衡。如采用强制性排除和自由裁量的排除相结合的模式、确立若干"可补正的排除"规则等,对于程序上的瑕疵采取区别对待的原则,既有效抑制程序违法,也避免过于苛求而导致放纵犯罪的消极后果。

制度构建和观念转变相辅相成。没有保障人权的思想,与保障人权相关的证据制度不可能建立起来;即使建立起来了也不可能得到有效贯彻实施。就刑事法官而言,确保案件质量,坚决守住防范冤错案件的底线,首先必须要牢固树立人权保障的理念。要严格执行非法证据排除规则的相关规定,充分发挥该规则的预设作用,并以此倒逼侦查机关提高对取证手段合法性的认识,最终实现对侦查机关采取非法手段取证的一般预防。其次要坚决摒弃有罪推定、宁错毋漏、宁枉毋纵等错误执法观,真正把保障人权放在与惩罚犯罪同等甚至更为重要的位置,高度重视维护被告人的合法权益,切实做到“有罪则判,无罪放人”。当然,实践中也要避免矫枉过正,防止走向另一个极端。要在平衡正当程序与犯罪控制两种价值的基础上,审慎而稳健地推进、落实我国非法证据排除制度。

(二)在制度上,要建立证据制度和完善刑事诉讼程序

1. 错案防范重在完善侦讯制度,确保侦查取证程序规范有序是关键

在英国,对被告人是否定罪由陪审团决定,而陪审团在作出是否定罪结论时,无须陈述理由。姑且不论陪审团成员是否具有法律专业背景,是否具有审查认定事实的专门经验,单就只陈述结论而不陈述理由这一做法,既容易导致认定事实不严谨,对陪审团成员的约束力不够;又无法让被告人知悉原委,从而无法准确提出上诉理由。然而,即便存在这一制度缺陷,但相比世界上其他国家,英国的错案并不突出,特别是在 1984 年《警察与刑事证据法》出台后。我们认为,这与英国注重侦查程序规范具有紧密关联。绝大多数冤假错案的根源在于刑讯逼供,防范了刑讯逼供就基本意味着防范了冤假错案,而防范刑讯逼供最重要的途径在于不断推进侦查程序的规范化。在英国,为确保供述自愿性和合法性,警察机构推行了讯问同步录音录像制度,该制度对减少口供证据合法性争议发挥了重要作用。尽管警方最初也对推行讯问同步录音录像制度持抵制态度,但随着时间推移,警方已经充分认识到遵守讯问规则,推行讯问同步录音录像等制度,不仅是对犯罪嫌疑人合法权益的保护,也是对警察自身的保护,以至于一些警察机构希望对所有案件犯罪嫌疑人的讯问都进行同步录音录像,“在镜头下讯问”已经成为警方普遍欢迎的工作方式。我们认为,英国侦查程序的规范制度为我们当下司法制度建设能提供以下借鉴意义:

非法证据排除的起点在侦查阶段。侦查工作规范化、透明化,能够避免不必要的猜测和争议。我国刑事诉讼法虽然明确了侦查人员出庭作证的义务,但司法实践中,即使侦查人员出庭也难以承认自己实施了非法取证行为,往往导致侦查人员与被告人各执一词,相关事实难以查清。而制定和完善“侦押分离”以及侦查讯问全程录音录像等相关配套措施,才是解决问题的根本之策。我国刑事诉讼法和相关规范性文件已经初步确立讯问同步录

音录像制度，但推广还不够，有必要借鉴国外经验积极全面推行该项制度。具体要做到以下几点：

第一，进一步规范侦查讯问程序。中央政法委印发的《关于切实防止冤假错案的规定》明确要求："讯问犯罪嫌疑人、被告人除情况紧急必须现场讯问外，应当在规定的办案场所进行；犯罪嫌疑人被送交看守所羁押后，讯问应当在看守所讯问室进行并全程同步录音或者录像。侦查机关不得以起赃、辨认等为由将犯罪嫌疑人提出看守所外进行讯问。"上述规定有必要进一步贯彻落实。同时，有必要进一步规范讯问时间方面的要求，禁止疲劳审讯；进一步规范重大刑事案件讯问全程同步录音录像制度；探索建立重大刑事案件讯问时律师在场制度。

第二，完善侦查阶段预审职能，建立侦查取证监督机制。刑事诉讼法规定，公安机关经过侦查，对有证据证明有犯罪事实的案件，应当进行预审，对收集、调取的证据材料予以核实。目前侦查阶段预审职能弱化甚至缺失的现象严重，为督促侦查人员依法取证，有必要完善预审职能。借鉴英国做法，预审人员不仅应当进行事后的证据合法性审查，更应当对侦查取证的合法性进行同步监督；发现非法取证情形，应当依法纠正。同时要明确预审人员的法律职责，如果因故意或者严重过失未能纠正非法取证行为，未能发现非法证据的，应当依法追究责任。

第三，加强侦查人员专业培训，提高取证人员职业化水平。有必要借鉴英国做法，实行侦查人员专业等级制度，要求命案等重大刑事案件由适格的侦查人员负责开展侦查、讯问、现场勘查等工作。同时要加强对侦查人员取证程序和出庭作证等方面的培训，确保其胜任出庭作证的要求。

第四，明确侦查阶段排除非法证据的程序。《公安机关办理刑事案件程序规定》规定，在侦查阶段发现有应当排除的证据的，经县级以上公安机关负责人批准，应当依法予以排除。该规定并未明确具体的排除程序。虽无相关统计，但仅凭公安机关自查自排非法证据，难度较大。有必要增加犯罪嫌疑人、辩护人在侦查阶段申请排除非法证据的程序，该申请应向侦查机关预审部门提出。对侦查机关处理结果不服的，有权向同级人民检察院申诉。人民检察院对申诉应当及时进行审查，认为可能存在以非法方法收集证据情形的,应当要求公安机关进行说明,公安机关应当作出书面说明。

2. 严格执行非法证据排除规则,明确强制排除和裁量排除两种模式是关键

在英国,针对不同类型的非法证据确立了强制排除和裁量排除两种模式。对《警察与刑事证据法》规定的采取压迫等刑讯手段获取的非法言词证据,实行绝对排除;对其他可能影响审判公正性的证据,则实行裁量排除。归纳起来,供述证据的排除规则主要涉及以下四种情形:一是根据《警察与刑事证据法》第76条第(2)款(a)项的规定,采用压迫方式获取的供述应当排除。二是根据该法第76条(2)款(b)项的规定,根据被告人供述当时的环境,相关人员的言行可能导致该供述不可靠,对该供述应当排除。三是根据该法第78条第(1)款的规定,法官综合考虑获取供述的情形,认为采纳该供述将严重影响审判的公正性,对该供述可以排除。四是根据普通法,法官为保障被告人免受不公正审判,可以基于裁量权排除相关供述。上述四种情形的排除模式并不相同,对前两类供述实行强制排除,法官在决定排除时没有裁量权;对后两类供述实行裁量排除,法官需要基于公正审判的裁量权决定是否排除。

在我国,党的十八届三中全会发布的《关于全面深化改革若干重大问题的决定》明确要求,严格实行非法证据排除规则。根据中央改革部署,有必要在刑事诉讼法和相关规范性文件基础上,进一步优化完善非法证据排除规则,同时建立健全相关配套实施制度,以严格实行非法证据排除规则为切入点,进一步明确证据规格、证明责任和证明标准,统一公检法各机关对上述问题的认识,有效遏制非法取证,确保办理刑事案件的质量。我国刑事诉讼法和相关规范性文件虽然已经确立非法证据排除规则,但其中有些规定仍然比较原则,一些法官尤其是基层法官在理解和运用时仍然面临一定困难。因此,有必要进一步明确和细化。

(1)区分非法证据的类型以及相应的排除方式

借鉴英国的经验,对于不同类型的非法证据,有必要适用不同的排除方式。

首先,基于对基本人权(宪法权利)的法律保护,刑事诉讼法规定,对于采用刑讯逼供等非法方法收集的言词证据,实行强制排除。在此基础上,为

确保供述的自愿性,有必要增加规定:对于采用非法的威胁、引诱、欺骗方法收集的供述,依法予以排除。如果此类非法讯问方法影响到供述可靠性,就应当依法排除。

其次,对于严重违反法律规定收集的证据,有必要区分情形处理:对于严重违反法定程序收集的实物证据,实行裁量排除,刑事诉讼法对此已有具体规定;对于严重违反法定程序收集的言词证据(包括在规定的办案场所外讯问取得的供述、未依法对讯问全程录音录像取得的供述),《防范冤假错案意见》要求实行强制排除。立足目前的司法实践,此类"严重且实质性地"违反法定程序收集证据的情形,无法确保供述可靠性,应当实行强制排除,但有必要进一步明确相应的例外情形。

最后,对于收集程序、方式存在瑕疵的证据,实行裁量排除,无法补正或者作出合理解释的,不得作为定案的根据。"两高三部"《关于办理死刑案件审查判断证据若干问题的规定》对此已有明确规定。

(2)明确非法言词证据的认定标准

实践中,围绕非法证据的认定,争议最多的当属非法言词证据,尤其是被告人供述。与英国规则相比,我国有关供述证据的排除规则仍有需要完善之处。

第一,对冻、饿、晒、烤和疲劳审讯的界定。《防范冤假错案意见》将冻、饿、晒、烤和疲劳审讯界定为非法取证方法,需要进一步明确冻、饿、晒、烤有程度上的要求,同时明确疲劳审讯的含义。借鉴英国《执法守则》的规定,有必要从单次讯问时长、能否在夜间讯问、讯问期间给被讯问人多长休息和饮食时间、两次讯问的时间间隔等方面作出规定。

第二,对精神层面的非法讯问方法的界定。最高人民法院司法解释规定,"采用其他使被告人在肉体上或者精神上遭受剧烈疼痛或者痛苦的方法,迫使被告人违背意愿供述的",应当认定为此处的"等非法方法"。有必要明确此类非法方法与"威胁、引诱、欺骗"之间的关系。

第三,对重复性供述的处理。如果被告人及其辩护人主张,没有第一次遭受刑讯逼供的影响,被告人不会作出后续的重复性认罪供述,因此申请法院排除所有的认罪供述,人民检察院就需要提供证据证明,第一次刑讯逼供对被告人所造成的影响在此后的各次讯问中已经消除,否则就将影响到所有认罪供述的可采性。借鉴英国做法,有必要明确重复性供述的排除标准。

第四,对“毒树之果”的处理。英国对“毒树之果”的规定与美国不同,更加偏重考虑证据可靠性问题,但两国的处理方式都与陪审团制度密切相关,无法直接借鉴。对非法讯问获取的实物证据是否排除,有必要采取更加务实的态度,即使排除也有必要参照刑事诉讼法对非法实物证据的排除规则,即实行裁量排除,同时需确立相应的例外情形。

(3)规范审判阶段对非法证据的排除程序

英国因实行陪审团审判,故在庭审阶段需要通过预先审核程序(即“审中审”)的模式处理证据可采性问题。我国虽不实行陪审团审判,但证据合法性属证据资格问题,仍然有必要通过专门程序处理。刑事诉讼法和相关规范性文件已经初步确立非法证据排除程序,但实践中仍面临一些问题,有必要进一步完善,可以适当借鉴英国做法。

第一,庭前会议对排除非法证据申请的审查及处理程序。庭前会议环节,控辩双方可以对证据合法性问题交换意见。人民法院对证据合法性存在疑问的,应当要求人民检察院补充证据。人民检察院认为排除非法证据后在案证据达不到法定证明标准的,可以申请撤诉。

第二,庭审中对排除非法证据申请的处理方式和效力。法庭经审查对证据收集的合法性没有疑问,可以驳回被告人及其辩护人的申请。如无新线索或者材料,再次提出申请的,法庭可直接驳回申请。当事人对处理结果不服的,可以在上诉程序中提出异议。

第三,庭审阶段启动证据合法性调查程序的时间和要求。“两高三部”《关于办理刑事案件排除非法证据若干问题的规定》要求对证据合法性问题先行调查,最高人民法院司法解释规定,根据具体情况,可以在法庭调查结束前一并调查。鉴于证据合法性涉及证据资格问题,有必要限定法庭调查结束前一并调查的情形。需要强调的是,对于被告人及其辩护人提出的排除非法证据申请,如果法庭经审查对证据收集的合法性没有疑问,决定不启动专门的调查程序,可以对该证据进行宣读、质证。如果法庭决定启动专门的调查程序,那么,无论是先行调查还是法庭调查结束前一并调查,都必须首先解决证据的合法性问题,不能先对证据进行宣读、质证。

第四,人民检察院对证据合法性的举证要求。为减少法庭排除非法证据的裁判压力,需要进一步明确人民检察院举证证明取证合法性的要求。同时,在现有司法解释规定的基础上,有必要明确侦查人员应当出庭的情形、出庭作证的要求以及不履行相关职责的法律后果。对于证据合法性面临的争议,由侦查人员出庭说明情况,应当成为一种常态。

第五,法庭对证据合法性调查结果的处理方式。最高人民法院司法解释规定,人民法院对证据收集的合法性进行调查后,应当将调查结论告知公诉人、当事人和辩护人、诉讼代理人。有必要明确法庭对排除非法证据申请的处理方式、告知调查结论的时间和方式等。

第六,二审人民法院对排除非法证据申请的处理方式。最高人民法院司法解释规定,二审人民法院在特定情形下可以对证据收集的合法性进行审查,并依法作出处理。有必要明确人民检察院、被告人能否单独以证据合法性争议提出抗诉、上诉,以及控辩双方二审期间提出之前掌握的证据材料能否采纳等。

需要强调的是,现阶段一些法官尤其是基层法官对适用非法证据排除规则积极性不高,在实践中对非法证据排除规则的运用有畏难情绪。有必要通过发布典型案例和加强培训等方式加强对下指导,提高法官对非法证据排除规则重要性的认识,确保各级法官了解国外非法证据排除规则的经验和做法,理解我国非法证据排除规则的规定和精神,在实践中熟练运用非法证据排除规则,进而充分发挥非法证据排除规则的预期功能,提高办案质量,有效防范冤假错案发生。

3. 强调人民检察院对证据合法性的把关职责,将具有重大错案风险的案件隔离于审判之外是关键

英国设立皇家检控署后,改变了由警察一并负责侦查和起诉的做法。皇家检察署强调客观公正地提起诉讼,严格审查证据合法性,严格把握起诉标准。英国的实践表明,起诉作为审判之前的程序把关环节,对有效预防重大错案风险,具有十分重要的作用。

《人民检察院刑事诉讼规则(试行)》(以下简称《检察院规则》)规定了审查批准逮捕、审查起诉环节,人民检察院对证据合法性的审查和处理程序,以及对当事人及其辩护人、诉讼代理人申请排除非法证据的程序。但实践表明,人民检察院未能充分发挥证据合法性和案件质量的把关职责,与刑事诉讼法的要求仍有一定差距。

第一,人民检察院应当加强对证据合法性的审查,不能将非法证据作为起诉的依据。排除非法证据后在案证据达不到确实、充分证明标准的,依法不能起诉。同时,《检察院规则》规定,办案人员在审查逮捕、审查起诉中经调查核实依法排除非法证据的,应当在调查报告中说明。被排除的非法证据应当随案移送。有必要删除"被排除的非法证据应当随案移送"的规定。

第二,人民检察院有必要加强对羁押必要性的审查。对被告人辩称遭到刑讯逼供,提出无罪辩解的案件,人民检察院应当就羁押的必要性进行严格审查,制作书面审查意见。对不需要继续羁押的,应当建议释放或者变更强制措施。

第三,《检察院规则》规定,对于提起公诉的案件,被告人或者辩护人对讯问活动的合法性提出异议,并提供相关线索或者材料的,人民检察院可以将讯问录音、录像连同案卷材料一并移送人民法院。有必要修改为"人民检察院应当将讯问录音、录像移送人民法院",便于人民法院审查供述的合法性。

第四,根据刑事诉讼法的规定,人民检察院在提起公诉后应当全面移送与证据合法性有关的证据材料。实践中一些人民检察院仍然有选择性地移送证据材料,有必要规定上述做法的法律后果。

4. 坚持事实法律陪审一体机制,确保人民陪审员公正客观独立是关键

英国的陪审团制度,暴露出越来越大的问题。首先,定罪不仅涉及事实的认定,还涉及对犯罪构成要件的理解。在陪审团设立之初的年代,犯罪以自然犯罪为主,事实比较简单。但随着经济犯罪、行政犯罪、职务犯罪案件的比重越来越大,对定罪的理解也越来越复杂。这对以自然感情为主,相对缺乏法律理性的群体而言是个严峻的考验。同时,长年的司法经验积累必定对事实的审查认定具有极大的帮助,相比没有办案经验的非法律群体,法官更有洞察真相的经验;质言之,更具有防范冤假错案的能力。其次,陪审

团作出决定时无须陈述理由，又不能对有关证据的来源及合法性刨根问底，故其对事实的了解注定有限。尽管“审中审”后，法官会对陪审团作出某种指示，但这种指示毕竟不能过多透露证据合法性抗辩的内容，这就必然导致部分陪审团成员会在云里雾里，最终在表态时形成跟风式的结论。再次，由于实行事实审、法律审分离，法官在写判决书时，仅就量刑部分进行表述。这就决定了判决书不可能给公众提供完整的信息。即使是定罪事实与量刑事实存有冲突，公众也难以察觉，由此也决定了公众监督力度的有限性。最后，陪审团制度为法院减轻了压力，但其也会带来巨大的人力、物力、财力负担。特别是遇到陪审团成员必须更换或者其他特定事由，法官必须从头重新审理案件。一个在我们看来比较普通的案件，可能需要审理一两年，这既劳民伤财，也对被告人的权利保障有一定的损害。

当前，我国正在大力推行人民陪审员制度。我国的人民陪审员不同于英国，不单独负责事实审，法官仍然主导参与。这种制度的好处在于，既融入了民众的直觉理解，又融入了职业群体的专业理解，在大众化、职业化之间寻求出比较折中的途径，不偏不倚，不左不右，更符合大流。值得注意的是，前段时间，部分地方法院在推行陪审制度问题上，无上限地增加人民陪审员在庭审人数中的比例。这样的做法，值得进一步研究。在我国，人民陪审员制度容易流于形式，即陪审员未真正参与到庭审，在庭审中发表意见的时候容易受法官意见左右，这是当前最大的问题，我们必须在具体实践中有力克服。此外，既然随机抽取是陪审员公正、独立的重要制度保证，那么随机抽取法官也必然进一步成为法官公正、独立办案的制度保证。我们认为，可以借鉴英国的做法，随机抽取办案人员，包括法官和陪审员，这一点望早日纳入刑事司法制度改革内容。

（三）在执行中，要依法用好非法证据排除制度

法律的生命在于实施。任何一项司法制度都不可能尽善尽美，总会有自身内部结构的缺陷和外部运行环境的困扰，即使是在非法证据排除制度贯彻得比较好的英国，也同样存在这个问题。但是，非法证据排除制度依然在英国司法制度中获得了强大的生命力，关键就在于司法层面的良好运用。

在我国现有司法制度框架内，将写在纸面上的非法证据排除制度转化

为行动中的法律，赋予其鲜活的生命，关键在实施。首先，要敢用。毋庸讳言，受诉法院面临一些事实不清、证据不足、存在合理怀疑、内心不确信的案件，特别是对存在非法证据的案件，法院在放与不放、判与不判、轻判与重判的问题上往往面临巨大的压力。一些有争议的案件之所以能够办成“铁案”，正是法院敢于坚持无罪推定等科学司法理念，排除各种干扰，依法独立行使审判权的结果。非法证据排除是防范冤错案件的重要法律制度，作为裁判机关，法院要敢于适用这项制度。对于被告人及其辩护人提出排除非法证据申请的，或者法院在审理过程中发现可能存在以非法方法收集证据的，要不怕麻烦、不畏难，该启动非法证据排除程序的要依法启动。其次，要善用。只有用好非法证据排除制度，才能体现制度的价值，真正实现“努力让人民群众在每一个司法案件中都感受到公平正义”的目标。一方面，要严格贯彻证据裁判原则。严格执行法定证明标准，依法审查各类证据。经审理，确认或不能排除以非法方法收集证据情形的，对有关证据应予以排除。不仅要从形式上予以排除，也要防止排除的证据仍促进形成内心确信。对排除非法证据后，在案证据达不到确实、充分证明标准的，应依法作出无罪判决。另一方面，要坚持以审判为中心，依法独立行使审判权。要强化审判中心意识，刑事诉讼各环节都要以审判为中心，围绕审判中事实认定、法律适用的标准和要求进行指控和辩护。在工作层面与公检机关相互配合的同时，对具体案件的处理要充分发挥审判标准对侦查、起诉工作的制约与引导作用。最后，要总结。英国是判例法国家，在非法证据排除规则成文化的历程中，通过判例确立的司法规则在司法实践中不断得到检验、完善和升华，既维护了司法权威，保障了司法公正，也有效确保了非法证据排除规则的可操作性、可预测性。我国虽已实行案例指导制度，但已发布的指导性案例还没有针对非法证据排除问题的。从统一法律适用、维护司法公正角度，有必要加强这一领域的案例指导工作。

四、结语

这两次考察，使我们收获很多。在增进中英双方刑事司法领域的理解和互信的同时，考察团对于英国非法证据排除制度有了更加清晰和直观的认识，这对于我们汲取积极有效的司法经验非常重要。考察他国法律制度，落脚点在于吸收精华,为我所用。中国和英国分属不同法系,法律传统和法治基础有很大的差别,在对我国非法证据排除制度细化、完善的过程中,要尊重我国基本国情,注重非法证据排除规则的现实可行性,不能简单照抄照搬。同时,囿于考察时间和访问单位有限,大家也感到对于英国非法证据排除制度的认识还不够全面,今后有必要继续就该问题进行深入交流。

(作者单位:最高人民法院刑五庭、刑三庭、刑二庭)

指导案例

[第1041号]

许小渠过失以危险方法危害公共安全案

——食品销售人员对亚硝酸盐未尽妥善保管义务导致亚硝酸盐混入食品中出售,致人伤亡的行为如何定性

一、基本案情

被告人许小渠,男,1969年11月5日出生,个体经营户。2013年9月18日因涉嫌犯过失以危险方法危害公共安全罪被逮捕。

江苏省宿迁市宿豫区人民检察院以被告人许小渠犯过失以危险方法危害公共安全罪,向宿豫区人民法院提起公诉。

被告人许小渠对指控的犯罪事实无异议,但辩称自己并非故意,属于意外事件,请求从轻处罚。

宿迁市宿豫区人民法院经公开审理查明:被告人许小渠在江苏省宿迁市湖滨新区某农贸市场从事预包装、散装食品销售。2012年12月30日上午,许小渠在店内准备用亚硝酸盐(俗称硝卤精)调配硝卤水,因忙于其他事务而将亚硝酸盐遗留在经营区域。店内其他销售人员误将亚硝酸盐混入白糖销售箱,销售给张某忠、蔡某珍等人。当日下午,被害人唐某兰在食用张某忠所购买的混有亚硝酸盐的白糖后,发生亚硝酸盐中毒,经抢救无效死亡。2013年1月8日,被害人蔡某珍食用先前购买的混有亚硝酸盐的白糖后,发生亚硝酸盐中毒。经鉴定,被害人唐某兰系亚硝酸盐中毒死亡;被害人蔡某珍的损伤构成轻微伤。案发后,许小渠主动到公安机关投案,并如实供述了上述事实,并赔偿被害人唐某兰亲属人民币(以下币种同)16.6万元,赔偿被害人蔡某珍4.4万元,且获得了唐某兰亲属及蔡某珍的谅解。

宿迁市宿豫区人民法院认为，被告人许小渠作为食品经销商，对其购进的亚硝酸盐未尽到妥善保管义务，以至于其店内员工误作白糖向多人销售，致一人死亡、一人轻微伤，其行为构成过失以危险方法危害公共安全罪。公诉机关指控其犯过失以危险方法危害公共安全罪的罪名成立。许小渠主动向公安机关投案，并如实供述自己的罪行，系自首，可以从轻或者减轻处罚。许小渠积极向被害人或者被害人亲属赔偿经济损失，并获得了谅解，酌情可以从轻处罚。根据被告人许小渠的犯罪情节、悔罪表现，结合所在社区意见，依照《中华人民共和国刑法》第一百一十五条第二款，第六十七条第一款，第七十二条第一款，第七十三条第二款、第三款之规定，宿豫区人民法院以被告人许小渠犯过失以危险方法危害公共安全罪，判处有期徒刑二年，缓刑三年。

宣判后，被告人许小渠未提出上诉，检察机关亦未抗诉，该判决已发生法律效力。

二、主要问题

食品销售人员对亚硝酸盐未尽妥善保管义务导致亚硝酸盐混入食品中出售，致人伤亡的行为如何定性？

三、裁判理由

本案在审理过程中，对被告人许小渠的行为，主要形成四种不同观点：第一种观点认为，许小渠主观上没有故意或者过失，其行为虽然造成了危害后果，但系不能预见的原因引起的，属于意外事件，不负刑事责任。第二种观点认为，亚硝酸盐属于毒害性物质，许小渠的行为构成过失投放危险物质罪。第三种观点认为，许小渠的行为致一人死亡，构成过失致人死亡罪。第四种观点认为，许小渠的行为构成过失以危险方法危害公共安全罪。

我们同意第四种观点，许小渠的行为构成过失以危险方法危害公共安全罪。具体理由如下：

（一）被告人的行为不属于意外事件

根据刑法第十六条的规定，行为在客观上虽然造成了损害结果，但不是出于故意或者过失,而是由于不能预见的原因所引起的,是意外事件。意外事件虽然在客观上造成了损害结果,但其损害结果是由于不能预见的原因引起的,行为人主观上既无犯罪故意,也无犯罪过失,因而缺乏构成犯罪和负刑事责任的主观依据,不认定为犯罪。

本案中,被告人许小渠所保管的亚硝酸盐属于剧毒物质,食入0.2~0.5克即可引起中毒甚至死亡,许小渠作为一名长期从事预包装、散装食品销售的人员,特别是经常从事用亚硝酸盐调配硝卤水的工作,对亚硝酸盐的危害性应当是明知的。根据相关法律、法规的规定,妥善保管是许小渠应尽的法定义务。同时,亚硝酸盐在外观上与食盐、白糖相似,容易造成混淆,而许小渠销售的食品中恰恰有散装白糖,根据许小渠的认知能力和经营情况,特别是基于其对危险物品的保管和监督店内人员所产生的义务,其应当预见到将亚硝酸盐放在食品销售区,可能造成亚硝酸盐与白糖混淆的危险后果,却没有预见到,最终导致亚硝酸盐被当作白糖对外销售,产生了危害后果。因此,许小渠对自己行为的危害性是应当能够预见的,不属于意外事件。

(二)被告人的罪过形式是犯罪过失

罪过是指行为人在实施犯罪时对自己行为将引起的社会危害结果所持有的心理态度。它是犯罪主观方面的主要内容,反映了行为人的主观恶性。罪过分为犯罪故意与犯罪过失。

犯罪故意是指明知自己的行为会发生危害社会的结果,并且希望或者放任这种危害结果的发生。本案中,被告人许小渠并不明确知道自己的行为会发生危害社会的结果,对这种结果既未呈现出积极追求的心理状态,也未呈现出容忍或者放任的不积极追求状态,故被告人的罪过形式不是犯罪故意。犯罪过失是指应当预见自己的行为可能发生危害社会的结果,因疏忽大意而没有预见,或者已经预见而轻信能够避免,以致发生这种结果。犯罪过失,主要有疏忽大意的过失和过于自信的过失两种。本案中,被告人的行为属于疏忽大意的过失。

疏忽大意的过失是一种无认识的过失,即行为人应当预见到自己的行为可能发生危害社会的结果,因疏忽大意而没有预见,以致发生了危害结果的心理态度。疏忽大意的过失包含了两个构成要素:一是行为人有预见的义务,该义务不仅包括法律、条令、职业与业务方面的规章制度所确定的义务,还包括日常生活准则所提出的义务。本案中,被告人作为食品销售的业主其本身就有义务预见有毒物质出现在食品销售区域的危害。二是行为人因疏忽大意没有预见,没有预见是指行为人在实施行为的当时没有想到自己的行为可能发生危害社会的结果。本案中,如果被告人想到亚硝酸盐会被业务员当作白糖出售就绝对不会将亚硝酸盐放在食品销售区。

(三)被告人的行为不构成过失投放危险物质罪、过失致人死亡罪

过失以危险方法危害公共安全罪、过失投放危险物质罪、过失致人死亡罪,罪过形式均是过失且都有可能发生了致人死亡的结果,但被告人许小渠的行为不构成过失投放危险物质罪和过失致人死亡罪。过失投放危险物质罪,要求被告人有过失投放的行为,即行为人主动实施了一定的行为,导致危险物质混入食物中,他人进食后中毒,产生危害后果,如在日常生活中将农药与饮用水放在一起,做饭时误将农药当作水,造成多人中毒伤亡的后果等。本案被告人只是在调配硝卤水的过程中拿出亚硝酸盐后,没有及时将这种危险物质放回、保管好,客观上并没有实施投放的行为,是其他店员在不知情的情况下将亚硝酸盐混入白糖中出售的,投放的行为并非许小渠所实施,故不能构成过失投放危险物质罪。过失致人死亡罪侵犯的客体是公民个人生命健康,危害的对象具有特定性,本案被告人的未妥善保管行为发生在食品销售流通领域,其食品向不特定的公众进行销售,一旦将危险物质混入食品中,会对社会公共安全造成威胁,这种威胁针对不特定多数人,而非特定的个人,故不能构成过失致人死亡罪。

(四)被告人的行为构成过失以危险方法危害公共安全罪

过失以危险方法危害公共安全罪,是指过失以放火、决水、爆炸、投放危险物质以外的其他危险方法,致人重伤、死亡或者使公私财产遭受重大损失的行为。本罪侵犯的客体是公共安全;客观方面表现为行为人过失以放火、决水、爆炸、投放危险物质以外的其他危险方法,致人重伤、死亡或者使公私财产遭受重大损失;主体为一般主体;主观方面为过失。本罪中的"其他危险方法"是指与放火、决水、爆炸、投放危险物质等方法危害性相当的方法,而不是泛指一切对公共安全具有危害性的方法,即该方法应当具有"大规

模”和“杀伤性”。“大规模”是指该方法一经实施就可能危害到多数人或者不特定的人，“杀伤性”是指行为后果严重，该方法能够造成致人重伤、死亡或者使公私财产遭受重大损失的后果。

本案中，如前所述，被告人许小渠对危害结果的发生在主观上具有过失，客观上实施了对亚硝酸盐未尽到妥善保管义务，将其遗留在食品销售区域的行为。许小渠的未妥善保管行为发生在食品销售流通领域，对社会公共安全造成了潜在的和现实的威胁，该行为构成刑法上的“其他危险方法”。该行为危害到不特定多数人的生命健康，并最终导致一死一轻微伤的严重后果，符合过失以危险方法危害公共安全罪的构成要件。原审法院综合考虑许小渠的自首情节、积极赔偿、认罪悔罪态度，对许小渠以过失以危险方法危害公共安全罪判处有期徒刑二年，缓刑三年的判决是适当的。

（撰稿：江苏省宿迁市宿豫区人民法院　袁　震　郭　奎
审编：最高人民法院刑四庭　陆建红）

[第 1042 号]

翁士喜非法经营案

——未经许可在城区违法搭建商铺并以招商为名收取租金的行为如何定性

一、基本案情

被告人翁士喜,男,1975 年 1 月 24 日出生,北京四喜投资管理有限公司法定代表人。2011 年 3 月 8 日因涉嫌犯合同诈骗罪被逮捕。

北京市人民检察院第二分院以被告人翁士喜犯合同诈骗罪,向北京市第二中级人民法院提起公诉。

被告人翁士喜及其辩护人提出如下辩解、辩护意见:(1)翁士喜不负责办理购物广场手续,基于相信方孔岳能够办理相关手续而参与购物广场的建设和招租,无诈骗的主观故意,且未实施诈骗行为,其行为属于民事纠纷,不应认定构成犯罪;(2)翁士喜积极主动退款弥补商户损失,如果认定翁士喜构成犯罪,建议法庭对翁士喜从轻处罚。

北京市第二中级人民法院经公开审理查明:2010 年 1 月至 10 月间,被告人翁士喜伙同方孔岳(另案处理),违反《中华人民共和国建筑法》、《中华人民共和国土地管理法》等相关规定,以北京岳腾基业投资顾问有限公司(以下简称岳腾基业公司)、北京岳腾基业投资顾问有限公司(以下简称岳腾基业第一分公司)的名义,在北京市通州区新华大街甲 256 号院内违法搭建商铺,在未经审批,亦未向工程所在地县级以上人民政府建设行政主管部门申请领取施工许可证的情况下,对外招租,承诺定期开业,与王玉俐等 350 余名商户签订租赁合同并收取租金、履约保证金等,非法经营额共计人民币(以下币种同)1 300 余万元,严重扰乱市场秩序。在受到政府相关部门查处后，翁士喜等人陆续退还商户钱款。经统计，至案发尚有 10 名商户共计 558 740元未退还。2011 年 2 月 17 日，翁士喜被抓获归案。

北京市第二中级人民法院认为，被告人翁士喜伙同他人违反国家规定，在无规划审批手续，未向工程所在地县级以上人民政府建设行政主管部门申请领取施工许可证的情况下搭建违章建筑并对外招商，扰乱市场秩序，情节严重，其行为构成非法经营罪。北京市人民检察院第二分院指控翁士喜构成犯罪的事实清楚，证据确实、充分，但指控犯合同诈骗罪的罪名有误，应予纠正。鉴于翁士喜在非法经营行为受到政府相关部门查处后积极退赔商户损失，可以对其酌情从轻处罚。翁士喜的辩护人所提翁士喜不构成合同诈骗罪，且具有积极退赔情节，建议法庭对翁士喜从轻处罚的意见予以采纳。据此，依照《中华人民共和国刑法》第二百二十五条第四项，第二十五条第一款，第二十六条第一款、第四款，第五十二条，第六十一条以及《最高人民法院关于适用财产刑若干问题的规定》第二条第一款之规定，北京市第二中级人民法院以被告人翁士喜犯非法经营罪，判处有期徒刑三年，并处罚金人民币三十万元。

二、主要问题

未经许可在城区违法搭建商铺并以招商为名收取租金的行为如何定性?

三、裁判理由

在我国城镇化进程中，由违章建筑引发的刑事案件较为多发，在城区违法搭建商铺对外招商，承诺定期开业并收取租金，是其中一种比较典型的表现形式。对该类行为准确定性，对规范市场主体行为，维护市场经济秩序，具有重要意义。在本案审理过程中，对被告人翁士喜行为如何定性，存在两种意见：一种意见认为，翁士喜搭建的商铺系违章建筑，决定了招商行为必然受到政府查处，翁士喜未如实告知商户这些商铺无规划审批手续，还作出了定期开业的虚假承诺，骗取商户签订租赁合同，诱使商户自愿交付租金，给商户造成资金风险，其行为构成合同诈骗罪。另一种意见认为，翁士喜伙同方孔岳，违反国家规定，违章搭建商铺并对外招租，扰乱市场秩序，情节严重,其行为构成非法经营罪。

我们赞同后一种意见。理由如下:

(一)被告人没有诈骗的主观故意,不构成合同诈骗罪

犯罪构成是区分罪与非罪,此罪与彼罪的唯一标准。本案中,被告人翁士喜对商户隐瞒商铺无合法审批手续,行为具有一定的欺骗性,商户与被告人签订合同,并基于自愿将钱款交付于被告人,被告人的行为表面上疑似诈骗行为。但是,从刑法对合同诈骗罪的罪状规定分析,被告人要构成合同诈骗罪,必须"以非法占有为目的,在签订、履行合同过程中,骗取对方当事人财物"。即使行为人在签订、履行合同过程中实施了隐瞒事实真相的行为,但主观上并不以非法占有为目的,也不构成合同诈骗罪。本案中,翁士喜的行为表现为投入大量资金搭建违章建筑,组建经营班子,利用城管的监管漏洞完成商铺建设并对外招商,从经营当中的收支结余中获利。在与商户签订合同并收取租金后,翁士喜、方孔岳并无隐匿、转移财产或者逃匿行为,而是将收取的租金投入到经营当中;在受到政府相关部门查处后,翁士喜、方孔岳主动将剩余资金退还商户,并积极筹措资金退赔了商户的直接、间接损失(如装修投入),承担违约责任。综合上述案情分析,被告人虽然对商户隐瞒了商铺无合法审批手续的事实,承诺定期开业,即实施了部分欺骗行为,但其主观目的是"经营",而不具有非法占有商户所交纳租金的目的,不符合合同诈骗罪的主观构成特征。

(二)被告人未经许可擅自开工建售收取租金的行为构成非法经营罪

1. 被告人未经许可的行为违反了国家规定。从刑法第九十六条的规定可知,违反国家规定是指"违反全国人民代表大会及其常务委员会制定的法律和决定,国务院制定的行政法规、规定的行政措施、发布的决定和命令"。具体到非法经营罪而言,刑法第二百二十五条规定的"违反国家规定",是指违反上述法律规定中关于从事经营性活动的许可性规定。根据建筑法第七条、第八条的规定,建筑工程开工前,建设单位应当按照国家有关规定向工程所在地县级以上人民政府建设行政主管部门申请领取施工许可证,且申请领取施工许可证应当具备一些前置条件,如已经办理该建筑工程用地批准手续,在城市规划区的建筑工程已经取得规划许可证等。建筑法无疑属

于“国家规定”,因此本案被告人翁士喜未经合法审批,未申领施工许可证,违法搭建商铺的行为显然属于“违反国家规定”。

2. 被告人翁士喜的非法经营行为严重扰乱了市场秩序。区分翁士喜的非法经营行为属民事欺诈还是犯罪,还应对该行为的社会危害后果进行评价。首先,被告人翁士喜未经许可擅自开工建售收取租金的行为严重扰乱市场秩序。房地产开发、经营活动对社会影响重大,一直受到国家的严格管控,未经许可私自进行房地产开发、经营活动,不仅破坏了国家对房地产的管理秩序,也使其他从事此类业务的合法经营者直接面对低成本的违规经营活动的竞争,严重扰乱了房地产市场的正常经营秩序。其次,翁士喜还有其他违反国家规定的行为,如翁士喜伙同他人为违法招商成立的岳腾基业第一分公司不具备经营市场商铺的资格,招商过程中亦未就经营范围变更登记,违反了国务院颁布的公司登记管理条例。根据消防法第十五条的规定,公众聚集场所在投入使用、营业前,应当向场所所在地的县级以上地方人民政府公安机关消防机构申请消防安全检查,未经消防安全检查或者经检查不符合消防安全要求的,不得投入使用、营业。翁士喜伙同他人非法搭建的购物广场属于公众聚集场所,在投入使用前未依法申请消防检查,违反了该条规定。上述违反国家规定的行为,虽然不属于刑法第二百二十五条罪状中“违反国家规定”的行为,但该类行为越多,违反程度越重,就越体现出其扰乱市场秩序的严重程度。综合翁士喜在规划、工商、消防等手续均不具备的情况下,为实现“经营”目的,伙同他人先后两次非法招商,其行为属于严重扰乱市场秩序的非法经营行为。

3. 翁士喜违规开发、经营房地产的行为属于刑法第二百二十五条规定的“情节严重”。根据相关司法解释的规定,目前对非法经营行为是否属于“情节严重”主要依非法经营的数额或数量判断,如非法经营去话业务数额在100万元以上,非法经营报纸5 000份或者期刊5 000本以上,均属于“情节严重”等。本案中,被告人翁士喜在第一次非法经营受到政府查处后,并未停止其非法经营行为,相反,为实现其营利目的,再次伙同他人通过公开宣传与350余名商户签订租赁合同,收取商户缴纳的各项钱款,涉案数额达1 300余万元。在政府相关部门对翁士喜的非法经营行为进行查处期间,大量商户要求政府准许开业,发生多次大规模群体聚集、堵塞交通等事件,造成了恶劣的社会影响。虽然司法解释尚未规定非法经营市场商铺行为“情节严重”的数额或数量标准,但无论从本案的非法经营数额、涉案人数,还是所造成的社会危害性分析,翁士喜的非法经营行为的后果都已经远远超出了目前司法解释对其他类型非法经营行为规定的入罪条件,故对翁士喜的非法经营行为应认定为刑法第二百二十五条规定的“情节严重”。

综上,北京市第二中级人民法院认定被告人翁士喜的行为构成非法经营罪是正确的。

(撰稿:北京市第二中级人民法院　周　耀

审编:最高人民法院刑五庭　马　岩)

[第1043号]

王丹、沈玮婷非法经营、虚报注册资本案

——不具备证券从业资格的公司与具备资格的公司合作开展证券咨询业务，是否构成非法经营罪

一、基本案情

被告人王丹，男，1970年10月25日出生，系深圳市金海岸文化传播有限公司（以下简称金海岸公司）、深圳市金牛王信息科技有限公司（以下简称金牛王公司）、湖南智盈投资顾问有限公司（以下简称智盈公司）、湖南金诚资产管理有限公司（以下简称金诚公司）实际所有人。因涉嫌犯诈骗罪于2009年9月10日被逮捕。

被告人沈玮婷，女，1975年11月8日出生，系金海岸公司的法定代表人。因涉嫌犯诈骗罪于2009年9月10日被逮捕。

湖南省娄底市人民检察院以被告人王丹、沈玮婷犯非法经营罪、抽逃出资罪向娄底市中级人民法院提起公诉。

湖南省娄底市中级人民法院经公开审理查明：

2005年11月，被告人王丹、沈玮婷在广东省深圳市成立了金海岸公司，主要从事电视广告节目制作及电视台广告时段买卖业务。王丹在经营管理金海岸公司过程中，发现销售炒股软件并为股民提供有偿股票投资咨询可牟取暴利，便产生了开展相关业务的念头。2007年10月，王丹以金海岸公司名义开发了一套“金牛王智能决策选股软件”（以下简称金牛王选股软件），并办理了著作权登记，权属归公司。2008年4月15日，王丹、沈玮婷出资50万元在深圳注册成立了金牛王公司，王丹担任法定代表人、总经理。金牛王公司成立后，在未获得中国证监会批准，不具备经营证券业务资质的情

况下，王丹、沈玮婷等人以销售金牛王炒股软件为名，非法从事证券咨询业务，非法经营额共计4 526 546.20元。

因金牛王公司管理混乱，盈利不多，被告人王丹决定逐步停止该公司营业并到湖南省另立公司继续开展相关业务。2008年10月，王丹找人垫资200万元，注册成立了智盈公司；2009年3月，王丹又找人垫资200万元以陈某某（沈玮婷同母异父之兄）、沈慧某（沈玮婷之兄）的名义注册成立了金诚公司。2008年8月至2009年6月，王丹聘请若干人员为证券分析师进行股票分析，并以销售金牛王选股软件为名，在未获得中国证监会批准，不具备经营证券业务资质的情况下，开展非法证券咨询活动，其中智盈公司非法经营额计12 898 691.55元；金诚公司非法经营额计15 594 887.47元。为顺利通过电视台的资格审查，并掩盖自己不具备证券投资咨询资格的真相，王丹等人与有证券投资咨询资格的湖南金证投资咨询顾问有限公司、北京禧达丰公司签订了所谓的“战略合作协议”，以每年支付数十万元的高额投资顾问费为条件，将公司选聘的多名股评分析师的从业资格证书挂靠到这些公司，并借用这些公司的证券咨询资格证明用于自己股评节目的资格审查。

（虚报注册资本的犯罪事实略）

娄底市中级人民法院认为，被告人王丹、沈玮婷在增加深圳金海岸公司的注册资本时，采取欺诈手段虚报注册资本700万元，数额巨大且情节严重，其行为均构成虚报注册资本罪。被告人王丹、沈玮婷等人违反《中华人民共和国证券法》等有关法律规定，未经国家有关主管部门批准，非法经营证券业务，严重扰乱市场秩序，情节特别严重，其行为均已构成非法经营罪。据此，依照《中华人民共和国刑法》第二百二十五条第三项、第一百五十八条第一款等规定，判决如下：

1.被告人王丹犯非法经营罪，判处有期徒刑十二年，并处罚金人民币一百二十万元；犯虚报注册资本罪，判处有期徒刑一年，并处罚金十万元，数罪并罚，决定执行有期徒刑十二年六个月，并处罚金人民币一百三十万元。

2.被告人沈玮婷犯非法经营罪，判处有期徒刑六年，并处罚金人民币六十万元；犯虚报注册资本罪，判处有期徒刑一年，并处罚金人民币十万元，数罪并罚，决定执行有期徒刑六年六个月，并处罚金人民币七十万元。

一审宣判后，被告人王丹、沈玮婷等人提出上诉。王丹提出：成立深圳金牛王公司、湖南智盈公司、湖南金诚公司是为了销售金牛王智能决策选股软件，在销售软件过程中与有证券咨询资格的湖南金证投资咨询顾问有限公司（以下简称金证公司）等有合作协议，股评师也系合法挂靠，故不构成非法经营罪。王丹的辩护人提出：深圳金牛王公司所从事的确系软件销售业务，没有在电视等媒体做广告。王丹先后与湖南金证公司、北京禧达丰公司签订了咨询和资讯战略合作协议，将公司主要从事证券咨询的业务人员的证券咨询手续挂靠在金证公司与禧达丰公司，并支付了费用，故不构成非法经营罪。一审以非法经营罪对王丹判处有期徒刑十二年，显属因定性不当、适用法律错误，且量刑畸重。

被告人沈玮婷上诉及其辩护人提出：金海岸公司的经营范围是广告、电视节目制作等，接受智盈公司的委托制作节目符合国家政策，通过了相关卫视台审查的股评节目，属于业务范围；没有证据证实其参与了湖南智盈公司、湖南金诚公司的经营管理，故不构成非法经营罪。

湖南省高级人民法院经审理认为，被告人王丹虽然将张军等人的执业资格证挂靠在具备证券投资咨询资格的公司，但是由于张军等人并未在具备证券咨询资格的机构工作，依照相关规定仍然不得从事证券投资咨询业务，一审认定王丹属非法经营，法律适用准确，量刑并无不当。沈玮婷明知金牛王公司、智盈公司、金诚公司没有证券经营资格，却将王丹安排制作的股评节目通过卫星发送至电视台的相关栏目进行播放，帮助王丹实施了非法经营活动，构成共同犯罪，但原审对沈玮婷量刑过重。据此，判决维持一审对王丹的定罪量刑；对沈玮婷以非法经营罪改判有期徒刑四年六个月，并处罚金人民币六十万元，以虚报注册资本罪判处有期徒刑一年，并处罚金人民币十万元，数罪并罚，决定执行有期徒刑五年，并处罚金人民币七十万元。

二、主要问题

不具备证券从业资格的公司与具备资格的公司合作开展证券咨询业务，是否构成非法经营罪？

三、裁判理由

根据我国刑法第二百二十五条第三款的规定,未经国家主管部门批准非法经营证券、期货、保险业务,或者非法从事资金支付结算业务,扰乱市场秩序,情节严重的,构成非法经营罪。本案中,被告人王丹和沈玮婷利用不具备证券从业资格的公司与具备证券从业资格的公司合作开展证券咨询业务,是否构成非法经营罪,审理时存在争议,具体分述如下:

(一)刑法第二百二十五条第三款规定的证券业务的具体内容包括证券咨询业务

一种意见认为,我国刑法第二百二十五条第三款规定了未经国家有关主管部门批准非法经营证券业务属非法经营,但并未明确指出证券业务是否包括证券咨询业务,因此,根据法无明文规定不为罪的刑法基本原则,被告人王丹等的行为没有违反刑法禁止性规定,不构成非法经营罪。我们认为,应当根据刑法第二百二十五条关于罪状的表述方式并结合证券法等相关法律来理解该条文的含义。该条款的基本表述属空白罪状,所谓空白罪状,就是"没有具体说明某一犯罪的构成特征,但指明了必须参照的其他法律、法令"。因此,准确适用刑法第二百二十五条的前提便是考察与该条文关系密切的其他法律,本案即应考察证券法的相关规定。根据证券法第一百二十二条的规定,设立证券公司,必须经国务院证券监督管理机构审查批准。证券法第一百二十五条另规定,经国务院证券监督管理机构批准,证券公司可以经营证券投资咨询业务。换言之,设立证券公司和开展证券投资咨询业务,都需要经国务院证券监督管理机构批准。本案中,被告人王丹及其公司并未根据主管部门批准成立证券公司,当然更不可能依据证券监管部门的批准合法开展证券咨询业务。

(二)采取与有资格经营证券咨询业务的公司合作的方式不能规避应当接受证券业主管机构批准和监管的义务

本案另一个争议焦点是,没有资格经营证券咨询业务的公司采取与有资格经营证券咨询业务的公司签订合作协议,以没有资格经营证券咨询业务的公司名义从事证券咨询业务,该种做法能否视为合法经营证券咨询业务。我们认为,根据证券法第一百二十五条的规定,只有经国务院证券监督管理机构批准，证券公司才能经营证券投资咨询业务；无证券咨询资格的公司与具有证券咨询资格的公司之间的合作协议不能规避其应当接受审批和监管的义务。证券法对投资咨询业务所作的限制性规定，是为了维护广大投资者的利益，维护证券市场的健康发展。本案中，被告人王丹等利用智盈公司、金诚公司与有证券咨询资格的金证公司、禧达丰公司签订合作协议，并将自己公司选聘的多名股评分析师的从业资格证书挂靠到这些公司，借这些公司的证券咨询资格证明用于自己股评节目的资格审查。王丹、沈玮婷通过该合作方式以规避法律并牟取巨额利益，违背了证券法的立法目的，扰乱了正常的证券市场秩序，而其所获利益与从事证券咨询业务之间也存在必然的因果关系。如果刑法对这种规避证券监管的证券咨询行为不予以制裁，势必架空证券法对证券市场的规制和监管，助长无资格公司与有资格的公司勾结扰乱证券市场秩序的行为。

（三）未经批准开展证券咨询业务达到情节严重程度的才构成非法经营罪

刑法第二百二十五条规定，只有情节严重的扰乱市场秩序的行为才构成非法经营罪。这就是说，未经国家有关主管部门批准非法经营证券咨询业务的行为，并非一律认定为非法经营罪。我国刑法理论认为，刑法具有补充性。“补充性的基本含义是，只有当一般部门法不足以抑制某种法益侵害行为时，才由刑法禁止。”我国证券法第二百三十一条规定，对违反证券法构成犯罪的，依法追究刑事责任。本案中，被告人王丹和沈玮婷利用与有经营证券咨询业务的公司合作的方式，非法经营证券咨询业务，非法经营额近3 000万元。根据《最高人民检察院、公安部关于公安机关管辖的刑事案件立案追诉标准的规定（二）》的规定，未经国家有关主管部门批准，非法经营证券、期货、保险业务，数额在30万元以上的，或者违法所得数额在5万元以上的，应予追诉。据此，王丹、沈玮婷等人的行为应当认定为情节严重的非法经营行为，动用刑罚具有必要性和正当性。

（撰稿：最高人民法院刑一庭　曾　宏
湖南省高级人民法院　陈　健
审编：最高人民法院刑一庭　李　勇）

[第 1044 号]

黄光故意杀人、诈骗案

——打电话报警但未承认自己实施犯罪行为的是否认定为自首以及如何审查判断经鉴定属于被害人真实签名的保证书等书证的真实性

一、基本案情

被告人黄光,男,原系广东省阳春市八甲镇政府农办副主任。2012 年 1 月 17 日因涉嫌犯故意杀人罪、诈骗罪被逮捕。

广东省阳江市人民检察院以被告人黄光犯故意杀人罪、诈骗罪,向阳江市中级人民法院提起公诉。

被告人黄光对起诉书指控其以投毒方式杀害被害人龙利源的事实无异议,但辩称指控其诈骗龙利源钱财,不是事实。其辩护人提出:(1)黄光在阳春市公安局因涉嫌犯诈骗罪被刑事拘留后,如实供述了司法机关尚未掌握的其故意杀人犯罪事实,具有自首情节;(2)起诉书指控黄光诈骗罪的证据不足。保证书证明黄光与龙利源之间债务已经结清。

阳江市中级人民法院经公开审理查明:

(一)诈骗事实

被告人黄光担任广东省阳春市八甲镇人民政府农办副主任期间具体负责林业工作,经人介绍与广东省高州市源兴林业有限公司总经理龙利源(被害人,殁年 38 岁)结识。2009 年 9 月至 2011 年 12 月间,黄光谎称能帮助承包电站周边林木、向电站供应沙石和办理建筑企业资质证书,先后以需支付承包款、办事费、押金等名义骗取龙利源钱款共计人民币(以下币种同)135.5万元。

（二）故意杀人事实

龙利源发觉被骗，多次向被告人黄光索要钱款，黄光遂产生杀害龙利源的念头。2011年12月23日11时许，龙利源与生意伙伴黄文一起到阳春市八甲镇八甲火锅城预订了猫肉火锅，后打电话约黄光到八甲镇合路村委会查看山林。当日13时许，三人看完山林回到镇上，一起到八甲火锅城201包房就餐。等餐期间，黄光借故离开，到其轿车上取出事先准备的一包片状大茶药（钩吻，俗称"断肠草"，有剧毒），然后进入火锅城厨房假意试吃猫肉，又借故将店老板吴万夫妇支开。见厨房只剩自己，黄光取出部分大茶药放上漏勺，先将漏勺放进烹煮猫肉的火锅浸泡数分钟，再捞出大茶药倒掉冲走。猫肉火锅端上桌，龙利源、黄文和黄光开始食用。龙利源、黄文喝过汤说有苦味，黄光即谎称系猫胆破裂或者所配药材过多所致，还食用少量猫肉和火锅汤以遮掩真相。稍后，龙利源、黄文、黄光均出现中毒症状，被送到镇卫生院进行治疗和抢救。在医院期间，黄光打电话报警，但隐瞒了其投放大茶药的事实。龙利源因为食用过多大茶药而中毒太深经抢救无效当日下午死亡，黄文、黄光经抢救脱险。经鉴定，龙利源因钩吻中毒死亡。

阳江市中级人民法院认为，被告人黄光以投毒手段故意杀害一人，还以虚构事实的手段骗取他人财物135.5万元，数额特别巨大，其行为分别构成故意杀人罪和诈骗罪，依法应当并罚。该案后果严重，社会影响恶劣。据此，阳江市中级人民法院依照《中华人民共和国刑法》第二百三十二条、第二百六十六条、第五十七条、第六十四条、第六十九条之规定，阳江市中级人民法院判决如下：

被告人黄光犯故意杀人罪，判处死刑，剥夺政治权利终身；犯诈骗罪，判处有期徒刑十二年，并处罚金十万元；决定执行死刑，剥夺政治权利终身，并处罚金十万元。

一审宣判后，被告人黄光不服，向广东省高级人民法院提起上诉。黄光及其辩护人均基于以下理由请求二审对黄光所犯故意杀人罪从轻处罚和撤销诈骗罪认定：(1)被害人龙利源以暴力威胁方法向其催收已结清的70万元，从而引发了本案，龙有重大过错；(2)其有自首情节和防止危害后果扩大的犯罪中止行为；(3)其与龙利源之间书写的保证书是真实有效的，可以证实其与被害人之间的债务已经结清,其没有诈骗被害人的财物,不构成诈骗罪。

广东省高级人民经开庭审理查明的事实、证据与一审无异。

广东省高级人民法院认为,上诉人黄光以投毒方法故意杀人,致一人死亡,还以虚构事实的手段骗取他人财物135.5万元,数额特别巨大,其行为分别构成故意杀人罪和诈骗罪,依法应当并罚。黄光诈骗被害人巨款后,因为赌六合彩输钱、斥巨资购房等原因而不能归还诈骗被害人的巨款,便产生了在食物中投毒杀害被害人的想法,其作案动机卑劣;在被害人等发现食用的猫汤异常时,还说谎骗被害人等放心食用,在医院抢救被害人时,也拒不说明或者提示被害人所中毒的类型,足见其决意要杀害被害人;同时,黄光还罔顾其他无关人员的生命安全,其主观恶性极深。黄光的投毒行为造成被害人死亡,后果极其严重;本案社会影响恶劣。综上,黄光所犯罪行极其严重,依法应当判处死刑。原审判决认定的事实清楚,证据确实、充分,定罪准确,量刑适当,审判程序合法。据此,广东省高级人民法院依照《中华人民共和国刑事诉讼法》第二百二十五条第一款第一项、第二百三十五条之规定,裁定驳回上诉,维持原判,并依法报请最高人民法院核准。

最高人民法院经复核认为,被告人黄光虚构事实,骗取他人数额特别巨大的财物,其行为构成诈骗罪;诈骗后为杀人灭口,采用投毒方法故意非法剥夺他人生命,致一人死亡,其行为构成故意杀人罪,依法应当并罚。故意杀人犯罪性质恶劣,情节、后果严重,依法应当惩处。第一审判决、第二审裁定认定的事实清楚,证据确实、充分,定罪准确,量刑适当,审判程序合法。据此,依照《中华人民共和国刑事诉讼法》第二百三十五条、第二百三十九条和《最高人民法院关于适用〈中华人民共和国刑事诉讼法〉的解释》第三百五十条第一项之规定,最高人民法院裁定如下:

核准广东省高级人民法院(2013)粤高法刑四终字第61号维持第一审对被告人黄光以故意杀人罪判处死刑,剥夺政治权利终身;以诈骗罪判处有期徒刑十二年,并处罚金人民币十万元;决定执行死刑,剥夺政治权利终身,并处罚金人民币十万元的刑事裁定。

二、主要问题

1. 打电话报警但未承认自己实施犯罪行为的是否认定为自首?

2. 如何审查判断经鉴定属于被害人真实签名的保证书等书证的真实性?

三、裁判理由

(一)打电话报警但未承认自己实施犯罪行为的不构成自首

根据刑法第六十七条的规定,自首,是指犯罪以后自动投案,如实供述自己罪行的行为。自首的成立,必须同时符合自动投案和如实供述两个要件。综观本案全案,被告人黄光打电话报警但未承认自己实施的犯罪事实,不构成自首。

1. 黄光缺少自动投案的要件。自动投案,一般是指犯罪事实或者犯罪嫌疑人未被司法机关发觉,或者虽然被发觉,但犯罪嫌疑人尚未受到办案机关的调查、谈话、讯问,或者未被宣布采取调查措施或者强制措施、未被群众扭送时,主动将自己置于办案机关的合法控制下,接受审查与裁判的行为。就本案而言,被害人龙利源、黄文及黄光本人食用有毒猫汤后均呈中毒状,送往医院抢救。在医院,黄光打电话报警称三人食物中毒,要求出警。但报警时并未称其投毒,且自始至终没有告知或者提示医生三人系因服用大茶药而中毒,致被害人龙利源因抢救无效而死亡。如果黄光告知或者提示医生三人系因服用大茶药而中毒,或许龙利源不致死亡。而且,公安机关出警后,仍不能明确谁是投毒行为实施人,黄光的报警,并不必然将自己置于犯罪嫌疑人的地位。案件事实也表明,2011 年 12 月 23 日发生的中毒事件,龙利源当天就死亡,黄光当天报警,但公安机关直到经过大量调查工作,取得一定证据后,才于同月 30 日对黄光刑事拘留。从 23 日至 30 日的 7 天中,公安机关曾 4 次对黄光调查询问,但黄光均未如实交代其投毒杀人的事实。公安机关的 4 次调查,均属于排查性质,并未将黄光列为犯罪嫌疑人。因此,黄光的报警与公安机关将黄光作为犯罪嫌疑人采取强制措施之间没有关联性,黄光缺乏自动投案的要件。

2. 黄光的到案不属于视为自动投案的情形。自动投案,是犯罪人基于自己的意志积极主动地投案。但实践中存在许多非典型地反映行为人积极主动投案,却符合自首的立法宗旨的行为,对于此类行为,可以视为自动投案。最高人民法院 1998 年出台的《关于处理自首和立功具体应用法律若干问题的解释》规定了七种视为自动投案的情形。经过长期的司法实践,最高人民法院于2010年12月22日下发的《关于处理自首和立功若干具体问题的意见》,对视为自动投案的情形作了进一步补充和完善。从上述解释性文件可知,视为自动投案的情形,必须体现行为人投案的主动性和自愿性。

本案中,被告人黄光不具有主动性和自愿性的要件。公安机关对黄光刑事拘留时的案由是诈骗,并非故意杀人。黄光在刑事拘留后的第二天如实供述了投毒杀人的事实。表面看,似乎符合刑法第六十七条第二款的规定构成自首。[①] 但根据本案的实际情况,公安机关虽然以诈骗罪立案并拘留黄光,但实际上已经掌握了相当证据证明黄光实施了投毒杀人的行为。理由如下:(1)公安机关一直是围绕投毒案件开展前期调查的,这从刑拘之前对黄光的几次询问笔录中清晰可见。(2)在黄光供述投毒杀人罪行之前,侦查机关从火锅店业主及一同食用猫汤的黄文处获悉,龙利源在抢救期间情绪激动并用手指着黄光;黄光当天行为反常,并在厨房进出频繁,特别是在火锅城厨房消毒柜顶上提取了剩余的大茶药片。同时,证人提交了龙利源与黄光有经济往来的相关票据,据此确定黄光有投毒的重大作案嫌疑。也就是说,侦查机关在黄光交代之前就已经掌握了黄光投毒的事实,并掌握了相当的证据。(3)公安机关之所以未以故意杀人罪立案而以诈骗罪立案并拘留黄光,一方面由于黄光犯诈骗罪的证据已经收集得比较充分,而诈骗罪正是黄光故意杀人罪的前因;另一方面公安机关已将相关物证送检,但检验报告未出正式结果。为了防止黄光毁灭证据、逃跑,故先以诈骗罪立案侦查。综上,黄光在被以诈骗罪立案并刑事拘留后交代的投毒杀人犯罪,不属于交代公安机关尚未掌握的犯罪事实。

(二)经鉴定属于被害人真实签名的保证书等书证亦必须依照证据规则进行审查质证才能作为定案的依据

本案中,认定被告人黄光虚构事实,从被害人龙利源处骗取巨额款项的证据充分。首先,龙利源转款给黄光的证据充分。银行提供的转账单、查询

---

① 刑法第六十七条第二款规定:"被采取强制措施的犯罪嫌疑人、被告人和正在服刑的罪犯,如实供述司法机关还未掌握的本人其他罪行的,以自首论。"

存款通知书（回执）、银行凭条，高州市源兴林业发展有限公司提供的日记账、支付证明单、收据等书证证实龙利源以转账及支付现金的方式给付了黄光300多万元。一、二审就低仅认定135.5万元。黄光对其收到135.5万元也予以承认。其次，黄光虚构事实的证据充分。委托书、伪造的工程合作协议书、伪造的建筑企业资质证书、省住建厅和高州市住建局提供的证明、阳春市八甲镇政府提供的证明、黄光发给龙利源的短信等证据，证明黄光所称的工程项目不存在，建筑企业资质证书、工程合作协议书系伪造。龙利源所在公司的员工及龙利源的亲友等均证实，龙利源基于相信黄光虚构的上述事实将巨款交给黄光。最后，黄光巨额支出及参与六合彩赌博的证据充分，证明其从龙利源处取得款项后，不仅没有将其用于所谓的“项目”，也没有归还给龙利源的意思。

审理过程中，黄光辩称其和龙利源之间的债务已经结清。为证实此一事实，其前妻徐永洁在一审期间提交一份打印的保证书。内容如下：“本人与黄光同志之间的数目已于2011年11月20日结算清楚，除以前已还款外，本人尚欠黄光（人民币）叁拾贰万元整，定于2011年12月6日前还清，如未能按时还清，则每超期一天按所欠款项千分之五交滞纳金。特此保证。保证人：二〇一一年十一月二十日。”保证人处签有“龙利源”，还有手写字体“数目属实，保证书各存一份。黄光”和“数目已全部还清。本保证书作废。黄光”。

因保证书中“龙利源”的字迹经鉴定是龙利源所写。因此，该份保证书成为认定黄光的行为是否构成诈骗罪的关键。这一争议的焦点在于，该保证书上的签名经过痕迹鉴定系龙利源亲笔签名，且对鉴定程序、鉴定依据、鉴定方法及鉴定人的资质审查后，均没发现问题。一般情况下，真实签名的字据，其证明力极强，高于证人证言的证明力。但我们认为，即使签名为真的字据，也并非一定能成为认定案件事实的依据，必须从形式要件和实质要件进行审查，并结合案情和其他证据来判断其真伪和证明力。

1. 关于该保证书的形式要件。经过审查，该收据系黄光前妻徐永洁提供，但徐永洁不能说明该证据形成的来龙去脉。因此，对收据的真实性应当进行审查。该保证书的纸张形式也有可疑之处。依照黄光供述，“龙利源就自己去打了一张保证书，是打在一张A4纸上的，分上下两节，一式两份，我与他各取一份”。但从保证书原件看，与正常情况下将一张纸一分为二明显有异。A4纸的标准高度（长度）和宽度分别为297mm×210mm。如果一分为二，则每张高度（长度）和宽度分别为148mm（左右）×210mm。但该保证书为173mm×210mm。由此推论，如果龙利源手上有另一份保证书，则规格为124mm×210mm。这种两分法与一般人在正常情况下的做法有明显不同。并且，该份保证书的下行处几乎没有空白处。既然是一式两份，那么在黄光所称的另一份保证书上的内容与徐永洁提供的保证书的内容应该是相同的。徐永洁提供的保证书，其内容占了A4纸五分之三面积，且下行处无空白，在另一份仅占A4纸五分之二面积的纸张上，依此保证书的样子打印和书写同样的内容便很困难。即使勉强可以，肯定形式上与在案保证书具有巨大差别。因此，可以认为，该保证书在纸张形式上存疑。当然，仅凭此存疑，不能认定保证书系伪造。还得根据内容结合案情分析保证书的真实性。

2.关于保证书的实质要件。对保证书的实质内容的审查，应当从在案证据，并结合日常生活常识去分析。

第一，与黄光开支及收入不符。黄光替龙利源办事，并收取了龙的巨款，龙利源再向黄光借32万元不符合常理。黄光作为一名公务员，2009年购买小车，2010年分别为前妻徐永洁出资30余万元、为同居女友出资13余万元购买了住房，还往徐永洁账户上存款10万元以帮助其在信用社完成储蓄任务，特别是和同居女友一起参加六合彩赌博，输了180余万元。黄光的上述巨额支出的收入来源不明。此外，另一份保证书无从查找，龙利源所在公司及家人均不知此份保证书，也不知保证书所说的款项结清一事。保证书签署后至案发前，黄光仍然在向龙利源所在公司汇钱还款。如果按照黄光所辩解的账已结清，此保证书日期为2011年11月20日，那么黄光就没有必要再向龙利源所在公司还款。但是，龙利源所在公司的员工李锋证实，其出差到东莞办事经费不够，向龙利源要钱时，龙利源称有钱在黄光处，让黄光汇3万元给李锋。而银行明细证实，2011年12月12日黄光账户转账3万元到李锋账户。

第二，缺乏黄光归还龙利源巨款或者黄光将巨款用于其所称的工程等方面的证据，而黄光收取龙利源巨额资金的证据却非常充分。黄光巨额开支的证据特别是其参与六合彩赌博输巨款的证据非常充分。也就是说，保证书所称的款项已结清，没有依据。（1）黄光称70万元已经结清，但如何结清却没有具体的供述和辩解，而对此70万元尚在其处则有数次供述。（2）黄光供述的支付官河村委会保背村38万元，与官河村委会相关人员的证言及证人黄文关于龙利源与保背村的款项均系龙利源自己所付，未经黄光之手的证言不符。（3）黄光关于支付龙利源承包联合村山林中介费20万元的辩解，与联合村相关证人关于此项承包没有中介费一事的证言相矛盾。（4）龙利源给黄光9万元用于办理资质证，黄光仅花了1 500元从网上买了一个假的资质证，余款黄光仅称已结清，但无法说明如何结清，也没有相关证据。（5）龙利源所在公司财务没有结清款项的记载，众多证人也证明从未听龙利源说过与黄光结清经济往来一事。（6）黄光关于龙利源向其借钱的理由与本案证据相冲突。首先，黄光称龙利源与妻子有矛盾，龙的妻子想当老板，故龙利源向其借钱的说法不成立。龙利源妻子从不管企业财务，对龙利源与黄光之间的巨额财务往来也仅知道龙利源因让黄光办理资质证给黄光款项一事，其他款项来往均不知，且本人称2011年11月20日前后没有与龙利源闹意见。其次，黄光所称的其借给龙利源32万元中部分来源于徐永洁10万元、徐永娟6万元的借款，与徐永洁、徐永娟证实的情况不符，二人均证明未借钱给黄光。

综上分析，一审判决、二审裁定和最高人民法院复核裁定未将本案被告人黄光提供的保证书作为认定黄光与龙利源之间款项已经结清的依据，是正确的。

（撰稿：最高人民法院刑四庭　陆建红

审编：最高人民法院刑四庭　周　峰）

[第 1045 号]

张静故意杀人案

——玩“危险游戏”致人死亡案件中行为人主观心态的认定

一、基本案情

被告人张静，女，1992 年 9 月 15 日出生，农民工。2012 年 8 月 23 日因涉嫌犯故意杀人罪被逮捕。

浙江省宁波市人民检察院以被告人张静犯故意杀人罪，向宁波市中级人民法院提起公诉。

被告人张静辩称其没有杀死被害人的故意。张静的辩护人认为张静的行为仅构成过失致人死亡罪，不构成故意杀人罪，请求法庭对张静从轻处罚。

宁波市中级人民法院经公开审理查明：被告人张静与被害人张丽敏均在浙江省慈溪市务工，二人共同租住于慈溪市周巷镇城中村傅家兴二弄 14 号 102 室。2012 年 8 月 13 日 1 时许，张静用手机上网时发现一条“用绳子勒脖子会让人产生快感”的信息，决定与张丽敏尝试一下，并准备了裙带作为勒颈工具。随后，张静与张丽敏面对面躺在床上，张静将裙带缠系在张丽敏的颈部，用双手牵拉裙带的两端勒颈。其间，张丽敏挣扎、呼救。两人的亲友、邻居等人闻声而至，在外敲窗询问，张静答称张丽敏在说梦话。后张静发现张丽敏已窒息死亡，遂割腕自杀，未果。当日 8 时许，张静苏醒后报警求救，经民警询问，其交代了自己的犯罪事实。案发后双方家属达成赔偿和解协议。

宁波市中级人民法院认为，被告人张静与被害人张丽敏相约做“用绳子勒脖子产生快感”的游戏，张静用裙带勒张丽敏颈部，且在张丽敏呼救时依然勒颈,放任张丽敏死亡结果的发生,其行为构成故意杀人罪。公诉机关指控的罪名成立。张静作为成年人,理应对勒颈可以致人死亡的常识有所认识,且当被害人被勒颈产生激烈反应,伴有脚踢床板,喊叫救命等行为时,张静更应明知其行为可能会产生致人死亡的结果,但仍放任被害人死亡结果的发生,其行为符合故意杀人罪的特征。鉴于张静案发后主动报警,如实供认自己的犯罪事实,构成自首,并积极向被害人的亲属赔偿经济损失且获得谅解,依法可以减轻处罚。据此,依照《中华人民共和国刑法》第二百三十二条、第六十七条第一款之规定,宁波市中级人民法院以被告人张静犯故意杀人罪,判处有期徒刑七年。

一审宣判后,被告人张静以定性不当为由,向浙江省高级人民法院提起上诉。

浙江省高级人民法院经公开审理认为,原判认定的事实清楚,证据确实、充分,定罪和适用法律正确,量刑适当,审判程序合法,遂裁定驳回上诉,维持原判。

二、主要问题

如何认定玩"危险游戏"致人死亡案件中行为人的主观心态?

三、裁判理由

当前,随着网络信息的高速发展,在一些不健康、不理性信息的暗示和刺激下,一些人为追求刺激,利用网络获得的信息尝试所谓"危险游戏",如勒颈、上吊之类,试图让参与者通过窒息造成的死亡临界状态而体验某种快感。但此类"游戏"实际上已脱离了游戏本身娱乐、放松的属性,具有相当的危险性,对参与者的生命安全构成了现实威胁。更有甚者,利用参与者的游戏心态非法剥夺他人生命,看似游戏,实则暗藏"杀机"。因"危险游戏"当事人多为自愿参与,在危险后果发生后对被告人主观心态的认定存在一定困难和争议。

本案就是一起因玩"危险游戏"致人死亡的案件,对于被告人张静的主观心态和行为性质的认定,存在两种不同意见。

一种意见认为,张静的行为仅构成过失致人死亡罪。理由主要有三点:(1)从张静犯罪的动机、目的角度分析,可以完全排除其杀人的直接故意,其动机是为了帮助被害人追求快感,该行为本身不具有违法性,且对死亡的结果没有追求,故可以排除直接故意的犯罪心态。(2)张静也没有杀人的间接故意,张静在被害人挣扎、呼救时以为被害人得到了快感,其为了让被害人体验快感的时间更久些,没有即时停止游戏。当其发现被害人死亡后一直处于恐惧、后悔之中,甚至选择自杀,由此可见,被害人的死亡超出了张静的预判,是违背其意愿的。(3)张静在进行危险游戏前,预见到自己的行为可能会造成被害人受伤或者发生其他结果,但其轻信能够避免。在此心态下,张静的行为客观上造成了死亡的后果,故其行为更符合过失致人死亡罪的特征。

另一种意见认为,张静作为成年人,理应对勒颈可致人死亡的常识有所认识,且当被害人被勒颈时反应激烈,伴有脚踢床板,喊叫救命等行为时,其更应明知其行为可能会产生致人死亡的结果,但其仍放任被害人死亡结果的发生,其行为符合故意杀人罪的特征,应当以(间接)故意杀人罪对其定罪处罚。

我们赞同后一种意见。本案中对于被告人张静主观心态的认定,应结合在案证据、游戏本身的危险程度、日常生活经验等综合分析判断。

其一,游戏进行前,被告人张静对其行为所面临的高度危险是明知的。张静和被害人相约进行勒颈游戏,虽出于追求刺激、快感的本意,但用绳索、衣带勒颈具有高度的危险性,可致人死亡,是人所共知的常识。张静作为一个正常的成年人,不存在对此种情况认识上的障碍,而理应对此有充分认识。从在案证据看,对绳勒脖颈会致人死亡这一常识的明知,亦有张静的供述予以印证。张静供述称"用裙带勒颈会把人勒死我是知道的",故在游戏进行前,张静对其所进行的勒颈游戏可能会造成他人死亡的后果是明知的。这是认定其对被害人死亡后果所持主观心态的基础。

其二,游戏进行时,张静对其行为的现实危险性是明知的。张静供述,在勒之前被害人与其约定,如果受不了的话就喊一下"救命",被害人如果喊"救命",张静就不再用力了。当游戏进行了一分钟左右,被害人就有反抗和挣扎行为，且被害人喊了张静的名字，还叫了一声“救命”，双手也在乱抓张静。根据二人事先的约定，此时张静应当明知自己的勒颈行为已经给被害人带来了无法承受的痛苦和生命危险。况且，被害人当时的痛苦反应是异常激烈的，在隔壁居住的证人都听到了被害人的呼救声以及脚踢床板的声音，如此强烈的挣扎，如此大力度的反抗是完全可以为张静所感知的，也足以促使张静作出理性的判断。因此，在游戏进行中，张静对勒颈行为已现实威胁到被害人的生命安全应当是明知的。

其三，被告人张静放任了危害结果的发生。根据上述分析，张静无论是游戏前对勒颈行为可能面临的危险，还是游戏中对勒颈的现实危险性，都是明知的。在此情况下，张静是否放弃继续勒颈，表明了其对危害结果发生的主观心态。而在被害人已经出现挣扎、呼救等激烈的异常反应的情况下，张静以所谓使被害人体验快感的时间更久些为由，不但没有松手解开缠在被害人颈部的裙带，而且持续用力使被害人较长时间处于呼吸不畅的状态，最终导致被害人机械性窒息死亡。由此可见，张静在追求让被害人产生“快感”的同时，放任了被害人死亡结果的发生，其主观上更符合间接故意犯罪的特征。

此外，当被告人张静发现被害人死亡后，确实存在恐惧、后悔、愧疚等复杂心理，并自杀未果，这种犯罪后的心理变化与行为表现，对于认定其作案时放任被害人死亡结果发生的主观心态和行为性质也有一定作用。

综上，本案被告人张静原本出于玩乐、追求刺激的心态与被害人相约进行具有一定人身危险性的游戏，但在游戏过程中不顾被害人激烈挣扎、呼救等异常反应，仍继续进行游戏，放任被害人死亡结果的发生，其行为构成（间接）故意杀人罪。鉴于本案的杀人情节与一般的严重暴力犯罪相比具有一定的特殊性，同时，被告人具有自首情节，并积极向被害人的亲属赔偿经济损失且获得谅解，法院依法对其减轻处罚是适当的。

（撰稿：浙江省宁波市中级人民法院　万仁赞　孔　飞

审编：最高人民法院刑五庭　马　岩）

[第 1046 号]

蔡晓青侮辱案

——如何认定“人肉搜索”致人自杀死亡的行为性质以及如何认定侮辱罪中“严重危害社会秩序和国家利益”提起公诉的情形

一、基本案情

被告人蔡晓青,女,1991 年 7 月 9 日出生,个体经营者。2013 年 12 月 20 日因涉嫌犯侮辱罪被逮捕。

广东省陆丰市人民检察院以被告人蔡晓青犯侮辱罪,向陆丰市人民法院提起公诉。

被告人蔡晓青对公诉机关指控的犯罪事实无异议。其辩护人提出侮辱罪是自诉案件,对蔡晓青提起公诉属于程序不当;被害人徐某自杀与蔡晓青发布微博不存在刑法上的因果关系,蔡晓青不具有法定的严重情节,不构成侮辱罪。

陆丰市人民法院经公开审理查明:被告人蔡晓青因怀疑徐某在陆丰市东海镇金碣路 32 号其“格仔店”服装店试衣服时偷了一件衣服,于 2013 年 12 月 2 日 18 时许将徐某在该店的视频截图配上“穿花花衣服的是小偷”等字幕后,上传到其新浪微博上,并以求“人肉搜索”等方式对徐某进行侮辱。同月 4 日,徐某因不堪受辱在陆丰市东海镇茫洋河跳水自杀。案发后,蔡晓青的父母与徐某父母达成和解协议,蔡晓青父母一次性赔偿徐某父母人民币(以下币种同)12 万元,徐某父母出具谅解书,请求司法机关对蔡晓青从轻处罚。

陆丰市人民法院认为,被告人蔡晓青因怀疑徐某在其经营的服装店试衣服时偷了一件衣服，在该店的视频截图配上“穿花花衣服的是小偷”等字幕后，上传到其新浪微博上，公然对她人进行侮辱，致徐某因不堪受辱跳水自杀，情节严重，其行为构成侮辱罪。案发后被告人亲属与被害人亲属达成调解协议，被告人亲属对被害人亲属的经济损失进行赔偿，取得被害人家属的谅解。被告人当庭认罪，确有悔罪表现，依法可以从轻处罚。根据被告人的犯罪事实、情节及对社会的危害程度，依照《中华人民共和国刑法》第二百四十六条之规定，陆丰市人民法院以侮辱罪判处被告人蔡晓青有期徒刑一年。

一审宣判后，被告人蔡晓青不服，向汕尾市中级人民法院提起上诉。蔡晓青上诉提出，其发微博的行为属于正常寻人，不构成犯罪；没有足够证据证明其行为与徐某的自杀行为之间存在因果关系；一审法院量刑过重。其辩护人提出，一审法院认定本案可以提起公诉，属于程序不当，适用法律错误。一审认定上诉人犯侮辱罪的证据不足。

汕尾市中级人民法院经审理认为，上诉人蔡晓青无视国家法律，因怀疑被害人徐某在其经营的服装店试衣服时偷衣服，遂在该店的视频截图配上“穿花花衣服的是小偷”等字幕后，上传到其新浪微博上，公然对他人进行侮辱，致徐某因不堪受辱跳水自杀身亡，情节严重，其行为构成侮辱罪，依法应当惩处。上诉人利用网络侮辱他人，造成的影响大，范围广，并造成了被害人死亡的严重后果，属于严重危害社会秩序，陆丰市人民检察院提起公诉并无不当。一审法院鉴于案发后上诉人亲属与被害人亲属达成调解协议，上诉人亲属对被害人亲属进行经济赔偿并取得被害人亲属的谅解，已依法予以从轻处罚。上诉人及其辩护人所提上诉意见，经查不能成立，不予采纳。一审判决认定的事实清楚，证据确实、充分，适用法律正确，审判程序合法，量刑适当，应予维持。据此，依照《中华人民共和国刑事诉讼法》第二百二十五条第一款第一项之规定，汕尾市中级人民法院裁定驳回上诉，维持原判。

二、主要问题

1. 如何认定“人肉搜索”致人自杀死亡的行为性质？

2. 如何认定侮辱罪中“严重危害社会秩序和国家利益”提起公诉的情形？

三、裁判理由

(一)如何认定"人肉搜索"致人自杀死亡的行为性质

本案在审理过程中,被害人徐某的家属提出,被告人蔡晓青的行为构成诽谤罪。我们认为,蔡晓青的行为构成侮辱罪。理由如下:

1. 因被害人死亡无法查清被告人是否实施捏造、虚构事实行为的,不能构成诽谤罪

根据刑法第二百四十六条的规定,侮辱罪是指使用暴力或者以其他方法,公然贬损他人人格,破坏他人名誉,情节严重的行为;诽谤罪是指故意捏造并散布虚构的事实,足以贬损他人人格,破坏他人名誉,情节严重的行为。侮辱罪和诽谤罪最重要的区别在于诽谤是捏造并散布有损于他人名誉权的虚假事实来对他人的人格进行侵犯;而侮辱是利用当事人的某种情况,公然地对他人人格进行损害,并未限定必须是真实的情况。本案中,虽然徐某的父亲认为蔡晓青发微博进行"人肉搜索"指责其女儿是偷衣服的小偷属于无中生有,但由于徐某已逝,无法查清其是否有盗窃行为,不能认定蔡晓青有捏造、虚构事实的行为,故不构成诽谤罪。

2. 发微博要求"人肉搜索"的行为侵犯他人名誉权,属于侮辱行为

侮辱罪侵犯的客体为公民的名誉权,名誉权是指公民或者法人对自己在社会生活中所获得的社会评价即自己的名誉,依法所享有的不可侵犯的权利。侮辱的方法有使用暴力、使用言词、使用图像文字等。就本案来看,被告人蔡晓青把被害人徐某购物的视频监控截图发到微博上,且明确指明徐某是小偷并要求"人肉搜索",这种方式利用了互联网这一新兴媒体,虽然与传统方式不同,但本质上仍属于公然侮辱他人人格的行为。众所周知,在网络发达的当今社会,"人肉搜索"具有非常强烈的放大功能,可以把模糊、分散的线索迅速清晰、集中起来,在趋向集中的过程中可能失控。当被搜索的人是和某个具有消极影响的事件联系在一起时,社会舆论的内容往往是消极为主的,负面影响远大于正面影响,被搜索人的品德、才干、信誉等在社会中所获得的评价明显降低,致使当事人无法在现实社会中正常的工作、学习和生活,名誉权受到严重损害。因此,蔡晓青发微博要求"人肉搜索"的行

为属于侮辱行为。

3. 本案被告人的侮辱行为与被害人的死亡结果具有刑法上的因果关系

刑法上的因果关系，是指危害行为与危害结果之间的因果关系，是一种引起与被引起的关系。一般表现为原因在先，结果在后，当没有前行为就没有后结果时，前者就是后者的原因，但如果有介入因素，则要考虑介入因素异常性的大小和介入情况对结果发生作用的大小，来判断是否阻断行为与结果的因果关系。本案中，被告人蔡晓青认为其发微博的行为是正常的网络寻人行为，现有证据只能说明其行为和被害人徐某的自杀结果在时间上有先后关系，无法直接证明二者存在刑法上的因果关系。但从蔡晓青的行为来看，其不仅发布微博称“穿花花衣服的是小偷。求人肉，经常带只博美小狗逛街。麻烦帮忙转发”，还附上徐某购物时的多张监控视频截图。该微博发出仅一个多小时，网友迅即展开的“人肉搜索”就将徐某的个人信息，包括姓名、所在学校、家庭住址和个人照片全部曝光，蔡晓青又把这些信息在微博上曝光。一时间，在网络上对徐某的各种批评甚至辱骂开始蔓延。从蔡晓青要求“人肉搜索”的第一条微博发布，到第二天晚上徐某在河边发出最后一条微博后自杀，仅持续了20多个小时。多名证人证言证实，这次微博事件对被害人伤害很大，明显感觉徐某情绪低落。徐某作为一个尚未步入社会、生活在经济不发达小镇的在校未成年少女，面对“人肉搜索”的网络放大效应及众多网民先入为主的道德审判，对未来生活产生极端恐惧，最终导致了自杀身亡的严重后果，故蔡晓青发微博的行为与徐某的自杀具有刑法上的因果关系。

4. 被告人侮辱他人的行为达到“情节严重”的程度

根据刑法规定，只有情节严重的侮辱行为才构成侮辱罪。所谓情节严重，通说一般认为主要是指手段恶劣，后果严重等情形，如强令被害人当众爬过自己的跨下；当众撕光被害人衣服；给被害人抹黑脸、挂破鞋、戴绿帽强拉游街示众；当众胁迫被害人吞食或者向其身上泼洒粪便等污秽之物；当众胁迫被害人与尸体进行接吻、手淫等猥亵行为；当众胁迫被害人向致死的宠物下跪磕头；因公然侮辱他人致其精神失常或者自杀身亡；多次侮辱他人，使其人格、名誉受到极大损害；对执行公务的人员、妇女甚至外宾进行侮辱，造成恶劣的影响;等等。本案中,被害人徐某不堪"人肉搜索"受辱而跳河自杀身亡,明显属于"情节严重"的情形。

(二)如何认定侮辱罪中"严重危害社会秩序和国家利益"可以提起公诉的情形

1. 如何理解侮辱罪中"严重危害社会秩序和国家利益"所指的严重程度

依照刑法第二百四十六条的规定,犯侮辱罪"告诉的才处理,但是严重危害社会秩序和国家利益的除外"。之所以规定侮辱罪要告诉才处理,主要是考虑到侮辱行为大都发生在家庭成员、邻居、同事之间或者日常生活之中,属于人民内部矛盾,且社会危害性不是很大,多数场合下可以通过调解等缓和方式来解决。此外,被害人可能不愿意让更多的人知道自己受到侮辱的事实,如果采用刑事制裁的方法解决反而会产生不好的效果。但如果属于严重危害社会秩序和国家利益的情形,则应当由检察机关提起公诉。

刑法所规定的"严重危害社会秩序和国家利益"主要是指侮辱、诽谤行为造成被害人精神失常或者自杀的;侮辱、诽谤党和国家领导人、外国元首、外交代表,严重损害国家形象或者造成恶劣国际影响的等情形。"严重危害社会秩序和国家利益"中的社会秩序和国家利益,不是特指危害结果或者特定对象,而应当将其视为一个综合性的标准,扩展到从侮辱的手段、方法、内容和主观目的等角度来进行全面考量。结合全案的案情、危害后果和情节等,进行整体分析,综合判断是否达到了"严重危害社会秩序和国家利益"的程度。

2. "严重危害社会秩序"和"国家利益"两者是否必须同时具备

一般来说,刑法典分则条文在两个要素之间使用"和"字时,并不一定表明同时具备的关系,而是需要从实质上进行考察,综合作出判断。如刑法第二百五十一条规定:"国家机关工作人员非法剥夺公民的宗教信仰自由和侵犯少数民族风俗习惯,情节严重的,处二年以下有期徒刑或者拘役。"该条中的"和"字表示的就是一种选择关系而非并列关系。不论国家机关工作人员非法剥夺公民的宗教信仰自由抑或是侵犯少数民族风俗习惯,只要具备其中之一,情节严重,都构成犯罪。同理,刑法第二百四十六条第二款中的"严重危害社会秩序和国家利益",两者不必要同时具备,只要具备其一即可。

众所周知，互联网作为信息时代的新兴媒体，其传播之快、影响之大、受众主动性和参与程度之高，远非传统媒体所能够比拟。不少“人肉搜索”等网络暴力不仅给当事人造成了恶劣的负面影响，还严重危害互联网的安全与管理秩序。本案中，被告人蔡晓青在新浪微博这一主流网络媒体上发布微博对被害人徐某进行侮辱，引发网友对徐某的谩骂，使得徐某的社会评价明显降低，最终导致徐某不堪受辱自杀身亡的严重后果，而该后果又引发社会广泛关注和讨论，严重危害了互联网的安全与管理秩序，属于严重危害社会秩序的情形，应当由检察机关提起公诉。

综上，在信息时代，利用网络搜索功能是一把“双刃剑”。如果使用得当，可以为生活提供便利，也为人民群众的言论自由提供广阔的平台，为监督政府行为提供更多途径。但如果使用不当，网络搜索则容易变成网络暴力，网络监督则容易成为“私刑”的化身。因此，为最大限度地发扬“人肉搜索”的优点，应当为其画好警戒线，才能够更好地保障公民的权益。“人肉搜索”致人自杀获刑具有标本意义，有了本案作为前鉴，相信大多数网络使用者在准备作出类似行为时，会顾忌到由此造成的后果，从而更加理性地使用“人肉搜索”。

（撰稿：广东省汕尾市中级人民法院　黄海钦　曾向虹

审编：最高人民法院刑四庭　陆建红）

[第 1047 号]

花荣盗窃案

——入户盗窃既未遂形态如何认定以及盗窃过程中群众在户外监视是否意味着被害人未失去对财物的控制

一、基本案情

被告人花荣,化名华龙,男,1990 年 2 月 21 日出生。2014 年 1 月 3 日因涉嫌犯盗窃罪被逮捕。

上海市闸北区人民检察院以被告人花荣的行为构成盗窃罪,且系犯罪既遂,向闸北区人民法院提起公诉。

上海市闸北区人民法院经公开审理查明:2013 年 12 月 7 日 14 时 30 分许,被告人花荣见上海市永兴路 649 弄 53 号 82 岁独居老人陈雅香家中二楼窗户未关,即踩凳翻窗进入陈雅香家中。陈雅香的邻居尹家耕碰巧看见,遂马上打电话报警,并与另一名邻居郭云风一起守候在 53 号门口。当日 14 时 40 分左右,花荣窃得现金人民币(以下币种同)377 元和价值 172 元的中华牌香烟 3 包放于口袋内,从 53 号房门走出来后被尹家耕和郭云风抓获。尹、郭两人从花荣的上衣口袋内搜出一把匕首。随后,民警赶到现场,从花荣身上查获上述窃得的财物,并将花荣带至派出所。花荣到案后,如实供述了自己的罪行。

上海市闸北区人民法院认为,花荣携带凶器入户盗窃他人财物,其行为构成盗窃罪。花荣已经着手实施犯罪,由于意志以外的原因而未得逞,系犯罪未遂,可以比照既遂犯从轻处罚。花荣到案后如实供述自己的罪行,依法可以从轻处罚。据此,依照《中华人民共和国刑法》第二百六十四条、第二十三条、第六十七条第三款和第六十四条之规定,闸北区人民法院以盗窃罪判处被告人花荣拘役五个月，并处罚金一千元；违法所得责令退赔，发还被害人；缴获的刀具予以没收。

一审宣判后，上海市闸北区人民检察院认为原判认定事实正确，但适用法律错误，量刑不当，提出抗诉。抗诉理由如下：(1)花荣携带凶器入户窃得被害人财物后走出房门，其盗窃行为已经实施完毕，系犯罪既遂。原判认为花荣犯罪后即被守候群众扭获，系犯罪未遂，属于适用法律错误。(2)被害人陈雅香系82岁独居老人，花荣携带凶器入户盗窃，其行为具有较大社会危害性，一审法院仅对其判处主刑拘役五个月，没有充分考虑花荣的犯罪情节、主观恶性和社会危害性，属于量刑不当。据此，依照《中华人民共和国刑事诉讼法》第二百一十七条之规定，提出抗诉。上海市人民检察院第二分院支持抗诉。

上海市第二中级人民法院经审理认为，原审被告人花荣以非法占有为目的，携带凶器入户秘密窃取他人财物，其行为构成盗窃罪。花荣非法进入被害人家中窃得形状、体积较小的现金和香烟放于口袋内走出房门后已取得了对被窃财物的控制，而被害人则失去了对被窃财物的控制。花荣不仅实施了入户盗窃行为，且已实际窃得财物并离开被害人住所，其行为系入户盗窃既遂。花荣到案后能如实供述自己的罪行，可以从轻处罚。原判认定事实正确，但认为花荣系盗窃未遂，适用法律错误；对花荣判处主刑拘役五个月，量刑不当，应予改判。上海市闸北区人民检察院、上海市人民检察院第二分院的抗诉意见正确，应予支持。根据花荣犯罪的事实、性质、情节和对于社会的危害程度，依照《中华人民共和国刑事诉讼法》第二百二十五条第二项和《中华人民共和国刑法》第二百六十四条、第六十七条第三款、第六十四条之规定，判决如下：

1. 维持上海市闸北区人民法院(2014)闸刑初字第215号刑事判决第二项，即违法所得责令退赔，发还被害人；缴获的刀具予以没收。

2. 撤销上海市闸北区人民法院(2014)闸刑初字第215号刑事判决第一项，即被告人花荣犯盗窃罪，判处拘役五个月，并处罚金人民币一千元。

3. 原审被告人花荣犯盗窃罪，判处有期徒刑八个月，并处罚金人民币一千元。

二、主要问题

1. 入户盗窃既未遂的形态如何认定?

2. 盗窃过程中群众在户外监视是否意味着被害人未失去对财物的控制?

三、裁判理由

(一)入户盗窃但未窃得财物,应当认定为盗窃未遂

刑法修正案(八)对刑法第二百六十四条规定的盗窃罪进行了修改,增加了"入户盗窃、携带凶器盗窃、扒窃"等事实情节。就入户盗窃而言,处罚的重点是"入户"这个情节,即在盗窃数额达不到普通盗窃的入罪标准时,以盗窃的手段行为"入户"作为犯罪构成要件。但同时,由于修正后的刑法将盗窃罪的罪状表述为:"入户盗窃、携带凶器盗窃、扒窃的,处三年以下有期徒刑、拘役或者管制,并处或者单处罚金",理论界和实务界对如何认定入户盗窃既未遂形态存在不同看法。而本案作为一起入户盗窃案件,其特殊性还在于被告人是在群众的监视下实施了入户盗窃,后被人赃俱获,对被告人的犯罪形态是既遂还是未遂,争议较大。

一种意见认为,对于入户盗窃,即使未窃得财物,也应认定为犯罪既遂。因为刑法修正案(八)增加的"入户盗窃、携带凶器盗窃、扒窃"三类行为无数额及情节条件,行为人只要实施了这三类行为,即在形式上具备了盗窃罪的构成要件。入户盗窃虽然存在未遂状态,但是界定既遂、未遂的根据不在于是否取得财物,而是是否完成入户行为。另一种意见认为,入户盗窃但未窃得财物的,可以认定为盗窃未遂。盗窃罪是侵财犯罪,无论是要求数额的普通盗窃还是入户盗窃,既未遂的区分还是应当坚持以侵犯财产结果为标准。因此,仅有入户盗窃行为,但未窃得财物的,构成盗窃罪,但系犯罪未遂。

我们同意第二种意见。具体理由如下:

1."犯罪构成要件齐备说"是认定犯罪既遂的标准

刑法分则规定的犯罪以单独的既遂犯为模式,刑法理论在讨论犯罪构

成及其要件时，都讨论了成立犯罪既遂所必须具备的条件。[①] 判断行为人实施的犯罪是否构成既遂，应当以其行为是否具备了某种犯罪的全部构成要件为标准，综合考虑该种犯罪的性质以及社会公众的一般认识，而不能仅以刑法分则的条文规定为依据。如故意杀人罪，若仅从刑法第二百三十二条规定看，"故意杀人的，处……"，似乎该罪是行为犯，只要着手实施杀人行为，不论是否致人死亡，都已构成故意杀人既遂。然而，毫无疑问，故意杀人罪是结果犯，只有造成他人死亡结果的，才能认定故意杀人既遂。又如抢劫罪，若仅从刑法第二百六十三条规定看，似乎该罪也是行为犯，只要以暴力、胁迫或者其他方法抢劫的，不论是否造成他人人身伤害、财产损失，都已构成抢劫既遂。但是，《最高人民法院关于审理抢劫、抢夺刑事案件适用法律若干问题的意见》明确指出："既未劫取财物，又未造成他人人身伤害后果的，属抢劫未遂。"因此，不能仅以修正后刑法第二百六十四条的规定得出只要实施了入户盗窃行为，即使未取得财物也系盗窃既遂的结论。盗窃罪侵犯的是他人的财产权益，应当将造成他人财产损失补充解释为该罪的构成要件要素。行为人只实施了入户盗窃行为，但未实际窃得财物的，由于被害人并未失去对财物的控制，其财产所有权没有实质被侵害，应当认定为盗窃未遂。

2. 犯罪成立和犯罪既遂是两个层面上的问题

犯罪既遂、未遂是在已经构成犯罪的基础上讨论犯罪是否得逞、客观危害结果是否出现。构罪标准与故意犯罪的既未遂形态是刑法上两个紧密关联但又本质不同的概念。说其紧密关联，是因为故意犯罪的基本构成要件，多以犯罪既遂形态为标本而设定。论其差异，犯罪既未遂形态描述的是特定危害行为的停止形态，构罪标准表达的仅仅是不同行为构成犯罪的最低刻度。[②] 立法者将达不到数额较大但有入户盗窃等情节的行为入罪，降低了入户盗窃等特殊盗窃行为的构罪标准，但是该修正并不等于一并修改了入户盗窃的既未遂标准。且通过对构罪标准的修正已体现了对入户盗窃等行为的严厉打击，在定罪基础上坚持以财产犯罪既未遂形态的一般评价标准

---

① 张明楷：《刑法学》（第4版），法律出版社2011年版，第308页。

② 黄祥青：《盗窃罪的认定思路与要点》，载《刑事审判参考》总第93集。

"控制说",对于入户盗窃没有窃得任何财物的认定为未遂,符合宽严相济的刑事政策的要求,也可以实现罪刑结构的均衡。

3. 入户盗窃依然应当以行为人取得他人财物为既遂标准

盗窃罪是财产犯罪,是结果犯。关于盗窃罪的既遂标准,理论上有接触说、转移说、隐匿说、失控说、控制说(取得说)、失控加控制说。通说为失控加控制说。根据通说观点,[①]在行为人为了实施盗窃而入户的情况下,只有当行为人取得了被害人的财物,被害人失去对财物的控制时,才能认定为盗窃既遂。1997年修订刑法时,对盗窃罪入罪门槛有过修正,即将"多次盗窃"补充规定为该罪的入罪条件之一。但刑法作出上述修改后,理论上、实践中并未因此认为盗窃罪的性质已发生变化,即认为盗窃罪已经从结果犯变成了行为犯,对于多次盗窃但未实际窃得财物的,也认定为盗窃既遂。而是仍然认为,盗窃罪属于结果犯,只有实际窃得财物的才能认定盗窃既遂。刑法修正案(八)进一步将入户盗窃增加规定为盗窃罪的入罪条件之后,也应以行为人取得财物作为入户盗窃既遂的标准。

(二)盗窃过程中群众在户外监视并不意味着被害人未失去对财物的控制

本案中,被告人花荣实施入户盗窃时被被害人的邻居发现,但花荣并不知情,仍然进入被害人家中实施盗窃,并将窃得的财物放于口袋内,走出房门后被人赃俱获。在肯定入户盗窃仍然应当以行为人取得他人财物为既遂标准的情况下,如何评价花荣的犯罪形态,检察机关和一审法院持不同意见。

一审法院认为花荣系盗窃未遂,主要理由是:花荣在实施盗窃行为时已被周围群众发现并处于监控中,虽然之后他完成了盗窃行为,但是被害人对于被窃财物没有失去控制,且最终花荣被人赃俱获。

我们认为,当花荣进入被害人家中窃得形状、体积较小的现金和香烟放于口袋内,走出房门后就已经取得对被窃财物的控制,而被害人则失去了对被窃财物的控制,财产所有权已受到实质侵害。虽然花荣在实施盗窃的过程中被群众发现,之后处于群众的监视之下,但是群众在户外的监视不能等

---

① 张明楷:《刑法学》,法律出版社2011年版,第887页。

同于被害人对财物的控制；虽然最终花荣被人赃俱获，但是并不影响之前他已经取得对被窃财物的控制。

综上，花荣不仅实施了入户盗窃行为，且已实际窃得财物并离开被害人住所，其行为系入户盗窃既遂。鉴于花荣具有“携带凶器盗窃”、“入户盗窃”两个事实情节，且被害人系独居老人，其行为具有较大的社会危害性，二审法院认定花荣系盗窃犯罪既遂，改判其有期徒刑8个月，并处罚金1 000元是正确的。

（撰稿：上海市第二中级人民法院　沈　言
审编：最高人民法院刑二庭）

[第 1048 号]

葛玉友等诈骗案

——在买卖过程中,行为人采取秘密的欺骗手段,致使被害人对所处分财物的真实重量产生错误认识,并进而处分财物的行为如何定性

一、基本案情

被告人葛玉友,男,1963 年 12 月 14 日出生,农民。2012 年 1 月 6 日因涉嫌犯盗窃罪被逮捕。

被告人姜闯,男,1986 年 7 月 26 日出生,农民。2012 年 1 月 6 日因涉嫌犯盗窃罪被逮捕。

被告人张福生,男,1969 年 6 月 20 日出生,农民。2012 年 1 月 6 日因涉嫌犯盗窃罪被逮捕。

浙江省湖州市德清县人民检察院以被告人葛玉友、姜闯、张福生犯盗窃罪,向德清县人民法院提起公诉。葛玉友对公诉机关起诉书指控的犯罪事实、定性均无异议。姜闯、张福生及其辩护人对公诉机关起诉书指控的犯罪事实均无异议,但均对定性提出异议,认为姜闯、张福生的行为不构成盗窃罪,而应构成诈骗罪。

德清县人民法院经公开审理查明:

1. 被告人葛玉友、姜闯在德清恒运纺织有限公司收购碎布料期间,经事先商量,采用事先偷偷在运输车辆上装入 1.5 吨重的石头,同林祥云一起给"空车"过磅,随后偷偷把石头卸掉才去装载碎布料,再同林祥云一起满载车辆过磅,然后根据两次过磅结果计算车上碎布料重量,再和林祥云进行现金交易的方法,在林祥云没有察觉的情况下,每次交易均从德清恒运纺织有限

公司额外多运走1.5吨碎布料。自2011年4月至2011年8月,葛玉友、姜闯采用上述方法,先后7次骗得碎布料共计10.5吨,共计价值人民币(以下币种同)5.25万元。

2. 葛玉友、姜闯、张福生经事先商量,采用事先偷偷在运输车辆上装入2吨重的水,同林祥云一起给"空车"过磅之后又偷偷把水放掉才去装载碎布料,再同林祥云一起给满载车辆过磅,然后根据两次过磅结果计算车上碎布料重量,再和被害人林祥云进行现金交易的方法,在林祥云没有察觉的情况下,每次交易均从德清恒运纺织有限公司额外多运走2吨碎布料。自2011年8月至2011年9月,先后两次骗得碎布料共计4吨,共计价值1.96万元。

案发后,葛玉友、姜闯分别退出赃款27 000元、40 000元,并已发还被害单位。

德清县人民法院认为,被告人葛玉友、姜闯、张福生结伙,以非法占有为目的,虚构事实、隐瞒真相,骗取他人财物的行为,均构成诈骗罪。其中葛玉友、姜闯诈骗数额巨大,张福生诈骗数额较大。公诉机关指控的犯罪事实成立,但指控的罪名有误,法院予以更正。姜闯、张福生的辩护人所提本案犯罪事实应当构成诈骗罪,不构成盗窃罪的辩护意见予以采纳。葛玉友、姜闯、张福生虽不具有自首情节,但能如实供述自己的罪行,且葛玉友、姜闯分别退出赃款27 000元、40 000元,可以酌情从轻处罚。据此,依照《中华人民共和国刑法》第二百六十六条、第二十五条第一款、第六十七条第三款、第五十二条、第五十三条之规定,德清县人民法院判决如下:

1. 被告人葛玉友犯诈骗罪,判处有期徒刑三年四个月,并处罚金人民币一万五千元。

2. 被告人姜闯犯诈骗罪,判处有期徒刑三年二个月,并处罚金人民币一万二千元。

3. 被告人张福生犯诈骗罪,判处有期徒刑一年二个月,并处罚金人民币六千元。

宣判后,三被告人未提起上诉,检察机关亦未抗诉,该判决已发生法律效力。

二、主要问题

在买卖过程中,行为人采取秘密的欺骗手段,致使被害人对所处分财物的真实重量产生错误认识,并进而处分财物的行为如何定性?

三、裁判理由

(一)在买卖过程中,行为人采取秘密的欺骗手段,致使被害人对所处分财物的真实重量产生错误认识,并进而处分财物的行为构成诈骗类犯罪

盗窃罪与诈骗罪是常见的两种犯罪,在一般情况下不会发生混淆。但是,随着犯罪方法、犯罪手段的翻新,在一些复杂的案件中,行为人为了达到非法占有他人财物的目的,会交互采用欺骗与秘密窃取等多种手段与方法。本案即是如此,三被告人通过秘密增加“空车”自重,进而掩盖车载碎布料真实重量的方式,让被害人“自愿”多处分其碎布料,在这一过程中盗窃与诈骗行为相交织在一起。本案审理过程中,对三被告人的上述行为定性主要存在以下两种意见:一种意见(即公诉机关指控意见)认为,被害人对于被告人从该厂多拉走碎布料始终是不知情的,也没有对其所有权进行处分,被告人系在被害人不知情的情况下秘密窃取碎布料,应当以盗窃罪定罪处罚。另一种意见认为,本案的犯罪对象是碎布料,尽管被告人以事先在空车上装载石块、水的手段以增加“空车”自重,在装载碎布料前再卸掉的行为是秘密进行的,但该行为目的是实施欺诈,使被害人对一车碎布料的真实重量产生错误认识,并基于该错误认识而交付财物,符合诈骗罪的构成要件,应当以诈骗罪定罪处罚。

我们同意后一种意见。具体理由如下:

对于盗窃与诈骗行为相交织的情形,按照过去的主流观点,就是以取财的决定性手段是什么来定性。如果决定性手段是骗就是诈骗,反之就是盗窃。这种观点从理论上看似通俗易懂,但是难以适用于实践中一些复杂情形。因为取财手段的决定性大小在复杂案件中本身就很难被量化,中间存在很大的弹性空间,而且完全以此来定性,容易依据起决定性作用的事前与

事后秘密掩盖行为来定性,从而违背了定案的逻辑基础。为此,在对这些案件进行认定时,需要进一步分析两罪客观行为的逻辑结构,并从中去寻找答案。其中,盗窃罪的逻辑结构可以表述为:犯罪人窃取财物→被害人失去对财物的有效控制→犯罪人取得财物;而诈骗罪的行为逻辑结构可以表述为:犯罪人实施了欺骗行为→被害人陷入错误认识→被害人基于认识错误交付财物→行为人取得财物。由此可以看出,两罪的本质区别在于被害人针对财物是否存在处分行为。

在我国刑法理论与实务界,尽管已经认识到处分行为的有无系认定诈骗罪的关键所在,但是针对处分行为的构成尤其是处分意识问题还有待进一步研究。众所周知,处分财产行为系一种民事法律行为,由客观行为和意思表示两部分构成。这就要求在认定处分行为时,要坚持主客观相统一的原则。除了从客观上分析有无“交付”行为,还要从主观上分析受骗者对所交付的财产是否存在有认识以及认识到何种程度。被害人认识的内容不仅包括被骗财物的种类、名称、数量、颜色等外观物理特征,还包括财物的性质、质量、重量、价值等内在属性。有观点认为,诈骗罪中的处分行为,要求被害人对所处分财物必须有全面、完整、清晰的认识,否则就没有处分意识,不能认定为处分行为。上述说法貌似很有道理,实际上是对诈骗罪中处分意识这一概念的误解。究其原因,在于诈骗罪中的行为人都要实施虚构事实、隐瞒真相的行为,被害人都会陷入一定的认识错误,进而作出带有瑕疵的处分行为。在这种情况下,要求被害人对所处分财物外在特征与内在属性均有正确的认识显然是不切实际的。基于这一考虑,接下来的问题是,被害人对所处分的财物需要达到何种认识程度,方能成立“处分行为”?我们认为,被害人至少需要认识到所处分财物的种类、名称等外观物理特征,即知道自己是在对什么东西进行处分。当被害人对自己所处分财物的上述物理外观存在认识时,尽管由于行为人的欺骗行为而对财物的质量、价格等内在属性产生了错误认识,仍然不影响处分意识的成立,成立诈骗罪;反之,如果行为人直接针对财物本身采取秘密欺骗手段,使受骗者对所转移财产的外观物理特征亦没有认识,即不知道自己处分的是何种财物甚至不知道已经处分了自己的财物。由于不存在处分意识,故不成立诈骗罪,而应当以盗窃罪论处。

以此为分类标准，司法实践中主要存在以下两种情形：一是当被害人知道交付的财物是甲财物，并且实际上交付的确实是甲财物时，尽管犯罪人采取欺骗手段隐瞒了财物的实际价值等内在属性，但被害人对所交付财物的种类、名称等外观物理特征并没有发生认识错误，故不影响处分行为的认定。例如，犯罪行为人通过欺骗手段使被害人对其所持名贵字画的真假产生了错误认识，将真实的字画当成赝品低价转卖给行为人。在这种情况下，被害人尽管对字画的真假属性及由此决定的价格产生了错误认识，但对字画的物理外观本身并没有产生错误认识，知道自己在卖字画，此时的交付行为仍然属于诈骗罪中的处分行为。二是行为人采用秘密"调包"或者其他隐蔽方法，使被害人对自己所交付财物的种类、名称等物理外观都没有认识到，即不知道自己对某财物进行了处分，此时被害人不存在处分意识，故不能认定其实施了处分行为。例如，在商场"调包案"中，行为人将包装内的普通商品换成贵重商品，收银员不知情按照普通商品收了较低的价格。从表面上看，是收银员自己将贵重商品交给了行为人，具有"自愿交付"的行为表象。但是，收银员并不清楚普通商品包装袋内有贵重物品，其对于该贵重物品连最基本的物理外观都不存在认识，当然也就谈不上实施了处分行为。实际上，行为人系采用隐瞒事实真相的方法作掩饰，乘机窃取他人财物，当其将贵重物品秘密放进普通商品包装内时，就已经构成了盗窃罪，应当以盗窃罪论处。

具体到本案中，被告人葛玉友、姜闯、张福生采用事先偷偷在运输车辆上装入石头、水，在"空车"过磅之后偷偷把石头、水卸掉去装载碎布料，再满载车辆过磅，然后根据两次过磅结果计算车上碎布料重量的方法，在被害公司工作人员林祥云不知情的情况下额外多运走价值数万元的碎布料。在上述过程中，被害公司工作人员"自愿"多交付碎布料给被告人，符合处分财产行为的客观要求，在这一点上不存在争议。问题在于，被害人对于多交付的碎布料在主观上是否存在处分意识？如果存在，则为诈骗，反之则为盗窃。本案行为人采取一种秘密的欺骗手段，该行为直接针对的是"空车"重量，所改变的只是计量标准，使被害人对车载碎布料的重量产生错误认识，进而作出了处分决定。由于行为人的秘密欺骗行为并非直接针对碎布料进行，即并没有将碎布料进行秘密藏匿，被害人也并没有因此而对车上碎布料的物理外观发生错误认识，故被告人的行为符合诈骗罪的构成结构特征。当然，与典型诈骗罪不同的是，本案被告人采用的"骗称"手段，系一种动作诈骗，它区别于通常所见的言词诈骗。但无论是动作诈骗还是言词诈骗，行为人都是采用虚构事实或者隐瞒真相的方法，使财物所有人发生认识上的错误，并基于错误认识而实施处分行为，因而构成诈骗罪。换一种情形，假设车载碎布料不需要称重，而是以整车为计量单位，那么，如果行为人在车厢之外设置夹层并在其中秘密藏匿碎布料，由于被害人对于车内夹层中的碎布料在物理外观上缺乏最基本的认识，对该部分碎布料被害人不存在处分意识，则不能认定为诈骗，而应当认定为盗窃罪。

（二）合同诈骗罪要求行为人必须充分利用合同的签订与履行来骗取财物，本案行为人系采用其他诈骗方法骗取对方财物，应当以诈骗罪论处

诈骗罪与合同诈骗罪主要的区别在于所侵犯的客体不同，由此带来客观方面的行为方式也不同。其中，诈骗罪规定于侵犯财产罪这一类罪名之下，可见诈骗罪旨在保护的法益是财产所有权；而合同诈骗罪规定在破坏社会主义市场经济秩序罪中的扰乱市场秩序罪这一类罪名之中，主要保护的法益是市场秩序。由于合同是市场经济活动的一项重要内容，是人们进行经济活动赖于信任的基础，利用合同进行诈骗，势必扰乱市场秩序，进而需要以合同诈骗论处。这就要求合同诈骗罪在客观行为上，必须是在市场交易活动中利用合同的签订、履行来骗取他人财物。对此，刑法第二百二十四条列举了合同诈骗罪的几种常见行为方式：(1)以虚构的单位或者冒用他人名义签订合同的；(2)以伪造、变造、作废的票据或者其他虚假的产权证明作担保的；(3)没有实际履行能力，以先履行小额合同或者部分履行合同的方法，诱骗对方当事人继续签订和履行合同的；(4)收受对方当事人给付的货物、货款、预付款或者担保财产后逃匿的；(5)以其他方法骗取对方当事人财物。由上可见，行为人正是利用合同这种对双方当事人具有约束力的形式，故意违背市场经济中的诚实信用原则，来达到非法占有他人财物的犯罪目

的。也就是说，利用合同即是其诈骗行为。反之，尽管行为人与对方签订了合同，但如果其获得财物并没有利用合同，而是采用其他虚构事实、隐瞒真相的方式，同样，相对方陷入错误认识也并非基于合同，而是合同以外的其他欺骗因素，那么，该行为所侵害的法益仅仅是他人的财产所有权，应直接以普通诈骗罪认定即可。

本案中即是如此，从犯罪预备到犯罪实施整个过程，三被告人均没有利用合同来实施诈骗的主观故意与行为：一方面，从主观方面看，三被告人自始至终都没有利用合同的签订与履行来骗取对方财物的故意。尽管合同诈骗罪中的"合同"包括口头合同在内，但是一般来说，行为人如果想利用合同来进行诈骗，通常会与对方签订正式的书面合同，以此来获取对方的信任，进而骗取对方的财物。然而，本案被告人与纺织公司并没有签订形式上更有约束力的书面合同，在交易时采取的是"一手交钱、一手交货"即钱货两清的方式，合同的签订与否在本案中并不重要。另一方面，从骗取财物的主要方式来看，三被告人并没有利用合同的签订、履行来实施诈骗，而是采用合同之外的其他诈骗方法，即在碎布料称重过程中，通过事先在空车上装载石块、水以增加"空车"自重，在装载碎布料前再卸掉，使被害人对一车碎布料的真实重量产生错误认识，并基于该错误认识而交付财物的手段进行的。综上，本案三被告人并没有利用合同来实施诈骗的故意与行为，故法院对三被告人以诈骗罪定罪处罚是正确的。

（撰稿：浙江省高级人民法院刑三庭　聂昭伟
审编：最高人民法院刑二庭　叶晓颖）

[第 1049 号]

杨丽涛诈骗案

——侵入红十字会计算机信息系统,篡改网页内容发布虚假募捐消息骗取他人财物的行为,如何定罪处罚

一、基本案情

被告人杨丽涛,男,1985 年 4 月 1 日出生,原系深圳市赢客通网络科技有限公司员工。2008 年 5 月 29 日因涉嫌犯破坏计算机信息系统罪被逮捕。

江苏省昆山市人民检察院以被告人杨丽涛犯破坏计算机信息系统罪,向昆山市人民法院提起公诉。

被告人杨丽涛对起诉书指控的犯罪事实无异议。其辩护人提出:昆山市红十字会网站只是一个信息发布平台,不属重要的计算机信息系统。杨丽涛对网站的攻击行为未造成严重后果,不构成破坏计算机信息系统罪。即使要追究杨丽涛的刑事责任,也应以诈骗罪未遂处理。

昆山市人民法院经公开审理查明:2008 年 5 月 18 日,被告人杨丽涛为利用网络骗取社会各界对四川汶川地震提供的捐款,在深圳市龙岗区坂田和堪村 9 号暂住地使用自行组装的台式电脑,登录昆山市红十字会网站管理后台,将其本人篡改过的包含虚假募捐账户为“5·12 四川汶川地震捐款”的消息链接至昆山市红十字会网站上,致使网站管理员无法正常管理网站,昆山市红十字会网站被迫关闭 27 小时。杨丽涛发布的虚假消息载明募捐账户名为庞土贤,账号为 6222023602010819555。该账户由杨丽涛控制。至案发无募捐款项汇入该账号。

昆山市人民法院认为,被告人杨丽涛以非法占有为目的,为骗取社会为

四川汶川地震提供的捐款,利用计算机非法入侵昆山市红十字会网站,发布虚假的为汶川地震募捐的消息,将昆山市红十字会的募捐账户修改为其本人控制的银行账户,其行为构成诈骗罪,且以救灾名义骗取捐款,属于情节严重。公诉机关指控杨丽涛的犯罪事实清楚,但指控的罪名不当,应予纠正。杨丽涛因意志以外的原因诈骗未能得逞,系犯罪未遂,依法可以比照既遂犯从轻或者减轻处罚。据此,依照《中华人民共和国刑法》第二百八十七条、第二百六十六条、第二十三条、第六十四条之规定,昆山市人民法院以被告人杨丽涛犯诈骗罪,判处有期徒刑二年,并处罚金人民币五千元。

一审宣判后,被告人杨丽涛以其未获取任何财物,对其量刑应当比照诈骗"数额较大"既遂标准减轻处罚,原审判决量刑畸重为由向苏州市中级人民法院提起上诉。

苏州市中级人民法院经公开审理查明:2008年5月18日,上诉人杨丽涛在其暂住地深圳市龙岗区坂田和堪村9号通过自行组装的台式电脑,登录昆山市红十字会网站(www.kshsz.org),利用该网站源代码漏洞,非法获取了该网站后台登录页面路径和管理员用户名、密码,并上传木马程序,篡改该网站上内容,在该网站最新消息栏内发布为"5·12四川汶川地震捐款"的虚假消息,并在虚假消息中载明募捐账户名为庞土贤,账号为6222023602010819555。致使昆山市红十字会网站管理员无法正常管理网站,网站被迫关闭24小时以上。杨丽涛虚假发布的募捐账户系其于2008年3月用捡到的"庞土贤"居民身份证在中国工商银行广州骏景支行开办的银行卡卡号,至案发无募捐款项汇入该账号。

苏州市中级人民法院认为,上诉人杨丽涛为骗取社会为四川汶川地震提供的救灾捐款,利用计算机非法入侵昆山市红十字会网站,发布虚假的为汶川地震募捐的消息,并将其本人控制的银行账户设定为虚假募捐账户,其行为构成诈骗罪,且情节严重,依法应予严惩。杨丽涛已经着手实行犯罪因意志以外的原因诈骗未能得逞,系犯罪未遂,可以比照既遂犯从轻或者减轻处罚。刑法第二百六十六条规定"数额巨大或者有其他严重情节的,处三年以上十年以下有期徒刑,并处罚金",杨丽涛以抗震救灾为名诈骗钱财,且系通过破坏计算机信息系统手段进行,致使昆山市红十字会网站被迫关闭24

小时以上，影响了该网站的正常运行，也影响了昆山市红十字会为地震灾区正常的募捐行为，故杨丽涛的犯罪行为属情节严重，依法应当判处三年以上十年以下有期徒刑，并处罚金。第一审人民法院认定的事实清楚，证据充分，定罪及适用法律正确，量刑恰当，审判程序合法。杨丽涛的上诉理由并无事实和法律依据，不予采纳。据此，苏州市中级人民法院裁定驳回上诉，维持原判。

二、主要问题

侵入红十字会网站，篡改网页内容发布虚假募捐消息，骗取他人财物的行为，如何定罪处罚？

三、裁判理由

在本案审理过程中，对被告人杨丽涛行为的定性及处罚存在较大争议，主要形成四种不同意见：

第一种意见认为，杨丽涛的行为构成诈骗罪。理由是：昆山市红十字会网站是一个信息发布平台，不是计算机信息系统。杨丽涛的攻击行为既未造成重大经济损失，也未对募捐工作造成重大影响，后果不严重，不符合破坏计算机信息系统罪的构成要件。杨丽涛以非法占有为目的，采取虚构事实、隐瞒真相的手段骗取他人财物，虽系未遂，但情节严重，构成诈骗罪。

第二种意见认为，杨丽涛的行为构成破坏计算机信息系统罪。理由是：杨丽涛实施的网页添加行为不属于诈骗未遂，情节严重的情形，但在客观上造成昆山市红十字会网站无法正常运行，属于后果严重，符合破坏计算机信息系统罪的构成要件。

第三种意见认为，杨丽涛的目的行为构成诈骗罪，手段行为构成破坏计算机信息系统罪，应当按照牵连犯的处理原则，从一重罪处罚。根据相关司法解释的规定，诈骗未遂，情节严重的，才追究刑事责任。因此，对杨丽涛犯诈骗罪，应当在“三年以下有期徒刑、拘役或者管制，并处或者单处罚金”的法定刑幅度内量刑。而其犯破坏计算机信息系统罪的法定刑为“五年以下有期徒刑或者拘役”，重于其所犯的诈骗罪。故应当以破坏计算机信息系统罪定罪处罚。

第四种意见认为，杨丽涛的行为同时构成诈骗罪和破坏计算机信息系统罪，属于牵连犯，应当从一重罪处罚。由于杨丽涛诈骗未遂，情节严重，其法定刑为“三年以上十年以下有期徒刑，并处罚金”，高于破坏计算机信息系统罪的法定刑，故应当以诈骗罪定罪处罚。

我们同意第四种意见。具体理由如下：

（一）侵入红十字会网站，篡改网页内容发布虚假募捐消息的行为构成破坏计算机信息系统罪

根据刑法第二百八十六条的规定，违反国家规定，对计算机信息系统功能进行删除、修改、增加、干扰，造成计算机信息系统不能正常运行，或者对计算机信息系统中存储、处理或者传输的数据和应用程序进行删除、修改、增加的操作，或者故意制作、传播计算机病毒等破坏性程序，影响计算机系统正常运行，后果严重的，构成破坏计算机信息系统罪，处五年以下有期徒刑或者拘役；后果特别严重的，处五年以上有期徒刑。本罪侵犯的客体是计算机信息系统安全。计算机信息系统安全保护条例第三条规定：“计算机信息系统的安全保护，应当保障计算机及其相关的和配套的设备、设施（含网络）的安全，运行环境的安全，保障信息的安全，保障计算机功能的正常发挥，以维护计算机信息系统的安全运行。”对行为人违法国家规定，破坏计算机信息系统功能后果严重构成犯罪的，应当依法惩处。本罪的犯罪对象为计算机信息系统功能和计算机信息系统中存储、处理、传输的数据和应用程序。计算机信息系统功能，是指按照一定的应用目标和规则对信息进行采集、加工、存储、传输、检索的功用和能力。计算机信息系统中存储、处理或者传输的数据，是指在计算机信息系统中实际处理的一切文字、符号、声音、图像等内容有意义的组合。应用程序，是指用户使用数据库的一种方式，是用户按数据库授予的子模式的逻辑结构，书写对数据库操作和运算的程序。本罪的客观方面表现为破坏计算机信息系统功能后果严重的行为，即违反国家规定，对计算机信息系统功能进行删除、修改、增加、干扰，或者对计算机信息系统中存储、处理或者传输的数据和应用程序进行删除、修改、增加的操作，或者故意制作、传播计算机病毒等破坏性程序，造成计算机信息系

统不能正常运行。上述行为必须达到“后果严重”的程度才构成犯罪。所谓后果严重,[①]一般是指破坏国家重要计算机信息系统功能,造成较大经济损失,违法所得较大或者造成恶劣社会影响等情形。本罪的主观方面是故意,即行为人明知非法侵入特定的计算机信息系统的行为,会破坏该信息系统功能和信息系统中存储、处理、传输的数据和应用程序,造成计算机信息系统不能正常运行的后果,仍然实施破坏计算机信息系统的行为。

本案中,被告人杨丽涛在汶川地震期间,利用昆山市红十字会网站源代码漏洞,采取“SQL”漏洞注入的方式非法获取了该网站后台登录页面路径和管理员用户名及密码后植入网页木马程序,删除管理后台文件夹,并访问添加和编辑新闻页面,篡改该网站上内容,发布虚假募捐消息,导致网站管理员无法登录后台管理界面,无法正常管理网站,网站被迫关闭24小时以上,影响了昆山市红十字会向地震灾区正常的募捐行为,其行为完全符合“对计算机信息系统功能进行删除、修改、增加、干扰,造成计算机信息系统不能正常运行”的行为方式,且属“后果严重”情形,构成破坏计算机信息系统罪。

(二)以非法占有为目的,诈骗未遂,情节严重的,构成诈骗罪

诈骗罪,是指以非法占有为目的,使用欺骗方法,骗取数额较大的公私财物的行为。本案中,首先,被告人杨丽涛主观上有非法占有的目的。杨丽涛非法侵入和控制昆山市红十字会网站后,篡改网站上内容,发布虚假的募

① 在本案审理时,尚未有法律和司法解释对“后果严重”的认定标准作出规定。2011年9月1日,《最高人民法院、最高人民检察院关于办理危害计算机信息系统安全刑事案件应用法律若干问题的解释》明确规定了破坏计算机信息系统罪中后果严重的情形。该解释第四条第一款规定,破坏计算机信息系统功能、数据或者应用程序,具有下列情形之一的,应当认定为“后果严重”:“(一)造成十台以上计算机信息系统的主要软件或者硬件不能正常运行的;(二)对二十台以上计算机信息系统中存储、处理或者传输的数据进行删除、修改、增加操作的;(三)违法所得五千元以上或者造成经济损失一万元以上的;(四)造成为一百台以上计算机信息系统提供域名解析、身份认证、计费等基础服务或者为一万以上用户提供服务的计算机信息系统不能正常运行累计一小时以上的;(五)造成其他严重后果的。”第六条第一款规定,故意制作、传播计算机病毒等破坏性程序,影响计算机系统正常运行,具有下列情形之一的,应当认定为“后果严重”:“(一)制作、提供、传输第五条第(一)项规定的程序,导致该程序通过网络、存储介质、文件等媒介传播的;(二)造成二十台以上计算机系统被植入第五条第(二)、(三)项规定的程序的;(三)提供计算机病毒等破坏性程序十人次以上的;(四)违法所得五千元以上或者造成经济损失一万元以上的;(五)造成其他严重后果的。”

捐消息,并将自己持有的户名为"庞土贤"的银行账号设为募捐账户,足以体现出其有非法占有他人财物的目的。在审理过程中,杨丽涛也供认,其侵入昆山市红十字会网站的目的是以为地震灾区捐款的名义实施诈骗。其次,杨丽涛实施了虚构事实、隐瞒真相的欺骗行为。杨丽涛非法侵入昆山市红十字会网站后,在网站页面上发布"昆山市红十字会紧急呼吁:援助四川地震灾区群众!"的募捐消息,并将自己持有的银行账号设为募捐账号,其发布募捐消息的行为,属于虚构事实、隐瞒真相。此外,杨丽涛已经着手实行诈骗行为,由于意志以外的原因而未获取财物,虽系诈骗未遂,但属"情节严重"。杨丽涛在汶川地震时期,以赈灾募捐的名义,采用破坏计算机信息系统的手段,通过互联网向不特定多数人实施诈骗,致使昆山市红十字会网站被迫关闭24小时以上,影响了该网站的正常运行,也影响了昆山市红十字会为地震灾区正常的募捐行为,其犯罪行为属于"情节严重"。根据最高人民法院1996年出台的《关于审理诈骗案件具体应用法律的若干问题的解释》第一条第六款的规定:"诈骗未遂,情节严重的,也应当定罪并依法处罚。"[①]因此,杨丽涛以非法占有为目的,通过发布虚假募捐消息,骗取他人财物的行为,构成诈骗罪。

(三)侵入红十字会计算机信息系统,篡改网页内容发布虚假募捐消息骗取他人财物行为应当按照"从一重罪处罚"原则处断

根据刑法理论,牵连犯,是指犯罪的手段行为或者结果行为,与目的行为或原因行为分别触犯不同罪名的情况。牵连犯有两个特征:(1)必须是其手段行为或结果行为又触犯了其他罪名;(2)数行为之间存在手段行为与目的行为、原因行为与结果行为的牵连关系。对于牵连犯如何处罚,我国刑法总则没有明文规定,理论通说认为,对牵连犯应当从一重罪处罚。本案中,

① 在本案审理时,该司法解释仍然有效,后于2013年1月18日被废止。其间,最高人民法院、最高人民检察院发布了《关于办理诈骗刑事案件具体应用法律若干问题的解释》,自2011年4月8日起施行。新司法解释第五条第一款规定:"诈骗未遂,以数额巨大的财物为诈骗目标的,或者具有其他严重情节的,应当定罪处罚。"第二款规定:"利用发送短信、拨打电话、互联网等电信技术手段对不特定多数人实施诈骗,诈骗数额难以查证,但具有下列情形之一的,应当认定为刑法第二百六十六条规定的'其他严重情节',以诈骗罪(未遂)定罪处罚:(一)发送诈骗信息五千条以上的;(二)拨打诈骗电话五百人次以上的;(三)诈骗手段恶劣、危害严重的。"

被告人杨丽涛的犯罪行为可分为手段行为与目的行为，其目的行为是以赈灾募捐名义诈骗他人钱款，手段行为是侵入和破坏了昆山市红十字会计算机信息系统，分别触犯了诈骗罪和破坏计算机信息系统罪，成立牵连犯。对杨丽涛应当从一重罪处罚。刑法第二百六十六条规定："诈骗公私财物……数额巨大或者有其他严重情节的，处三年以上十年以下有期徒刑，并处罚金。"而第二百八十六条第一款规定："违反国家规定，对计算机信息系统功能进行删除、修改、增加、干扰，造成计算机信息系统不能正常运行，后果严重的，处五年以下有期徒刑或者拘役。"据此，如按诈骗罪论处，对杨丽涛依法应当判处 3 年以上 10 年以下有期徒刑；如按破坏计算机信息系统罪论处，对杨丽涛依法应当判处 5 年以下有期徒刑或者拘役。由于杨丽涛所犯诈骗罪的法定刑高于所犯破坏计算机信息系统罪的法定刑，所以，应当以诈骗罪对其定罪处罚。

综上，根据刑法第二百八十七条的规定，行为人利用计算机实施金融诈骗、盗窃、贪污、挪用公款、窃取国家秘密或者其他犯罪的，如果其手段行为没有触犯计算机信息系统安全犯罪，应当依照刑法有关规定定罪处罚。否则，按照牵连犯的处罚原则，从一重罪处断。

（撰稿：江苏省昆山市人民法院　王　东

审编：最高人民法院刑二庭）

[第 1050 号]

台州市黄岩恒光金属加工有限公司、周正友污染环境案

——如何认定行政主管部门与公安机关联合执法案件中的自动投案

一、基本案情

被告单位台州市黄岩恒光金属加工有限公司(以下简称恒光公司),住所地浙江省台州黄岩江口大闸路,系有限责任公司。

诉讼代表人周根法,男,1955 年 10 月 29 日出生,系恒光公司法定代表人。

被告人周正友,男,1962 年 3 月 14 日出生,系恒光公司股东。2013 年 9 月 4 日因本案被取保候审,同年 12 月 25 日被逮捕。

浙江省台州市黄岩区人民检察院指控被告单位恒光公司、被告人周正友犯污染环境罪,向黄岩区人民法院提起公诉。

被告单位的诉讼代表人周根法、被告人周正友对公诉机关指控的犯罪事实和罪名均无异议。

被告人周正友的辩护人对公诉机关指控周正友的犯罪事实和罪名亦无异议,但提出周正友主动到公安机关投案,并如实供述犯罪事实,应当认定具有自首情节。

台州市黄岩区人民法院经公开审理查明:

被告单位恒光公司于 2011 年 8 月成立,被告人周正友作为公司股东负责公司的生产。恒光公司于 2012 年 4 月正式投产。同年 10 月,恒光公司因从事酸洗项目无环境保护行政主管部门批准的环境影响评价批准文件,被台州市环境保护局作出责令停止酸洗项目生产等行政处罚。2013 年 4 月,

周正友再次组织恒光公司从事酸洗项目，以苯丙三氮唑代替铬酸加工空调配件。后恒光公司于同年7月12日在台州市环境保护局等单位的联合执法行动中被查获，发现该公司硫酸铜回收仓库中回收废液的废桶中废液正在外溢，并从地面流入厂区东侧围墙墙角，再流出厂区围墙外的地面上，渗漏入地下。经对采集的外溢废水水样监测分析，总镍、总铬、六价铬等一类污染物的浓度分别达到国家最高允许排放浓度限值的10倍、280倍、541倍，总铜、总锌等亦严重超标。

另查明，2013年7月12日，台州市环境保护局对周正友进行调查谈话。同年7月22日，台州市环境保护局终结对被告单位的调查。8月8日，台州市环境保护局向台州市公安局移送被告单位超标排放环境违法案件。同月21日，台州市公安局进行刑事立案。同年9月4日，周正友到台州市公安局投案。

台州市黄岩区人民法院认为，被告单位恒光公司违反国家规定，排放有毒物质，严重污染环境；被告人周正友作为该单位直接负责的主管人员，因严重不负责任导致公司违反国家规定排放有毒物质，严重污染环境，应当以污染环境罪追究其刑事责任。公诉机关指控恒光公司、周正友的罪名成立。恒光公司曾因无环保部门批准的环境影响评价批准文件，擅自投入生产被行政处罚，现又犯污染环境罪，酌情予以从重处罚。恒光公司能如实供述犯罪事实，认罪态度较好，依法可以从轻处罚。关于周正友的辩护人所提周正友具有自首情节、犯罪情节较轻、主观恶性较小等辩护意见，经查，与本案的事实及相关法律规定不符，本院不予采纳。另辩护人所提周正友归案后能如实供述犯罪事实，认罪态度较好，应当从轻处罚等意见，经查，与本案的事实相符，本院予以采纳。据此，依照《中华人民共和国刑法》第三百三十八条、第三百四十六条、第六十七条第三款之规定，黄岩区人民法院以污染环境罪判处被告单位恒光公司罚金人民币十万元；以污染环境罪判处被告人周正友有期徒刑一年三个月，并处罚金人民币二万元。

一审宣判后，被告单位恒光公司、被告人周正友在法定期限内均未提起上诉，公诉机关亦未抗诉，该判决已经发生法律效力。

二、主要问题

如何认定行政主管部门与公安机关联合执法案件中的自动投案?

三、裁判理由

本案中,被告人周正友是否属于自动投案关系到自首是否成立的问题。换言之,行政执法机关发现违法行为并进行调查后,被告人再主动到公安机关投案的行为是否构成自动投案。本案审理过程,对周正友是否构成自首,主要形成两种意见:第一种意见认为周正友构成自首。理由是:被告人在被公安机关讯问或者采取强制措施之前就主动投案,并如实供述自己的犯罪事实,符合自首的两个条件;第二种意见认为环保部门是污染环境罪的办案机关之一,环保部门在进行调查谈话时已经初步掌握了本案的犯罪事实,其接受谈话的行为不能认定自动投案。案件移送到公安机关后,被告人再主动投案,更不能认定为自动投案,从而不能成立自首。

我们赞同后一种意见。具体理由如下:

(一)行政执法移送案件的特点

根据国务院2001年出台的《行政执法机关移送涉嫌犯罪案件的规定》,行政执法机关在依法查处违法行为过程中,发现违法事实涉及的金额、违法事实的情节、违法事实造成的后果等,根据刑法等相关规定,涉嫌构成犯罪,依法需要追究刑事责任的,必须依照该规定向公安机关移送。涉嫌污染环境犯罪案件属于该规定中行政执法移送的案件类型之一。(1)行政执法机关是具有法定职能的办案机关。行政执法机关是指依照法律规定,对破坏社会主义市场经济秩序、妨害社会管理秩序以及其他违法行为具有行政处罚权的行政机关,以及法律、法规授权的具有管理公共事务职能、在法定授权范围内实施行政处罚的组织。可见,行政执法机关是具有法定职能的办案机关,涉及税务、工商、文化稽查、烟草专卖、盐业专卖等机关,同时也包括环保部门。(2)案件移送内容是涉嫌刑事犯罪的违法事实。行政执法机关根据发现违法事实涉及的金额、违法事实的情节、违法事实造成的后果等证据材料,向公安机关移送涉嫌犯罪的案件。可见,行政执法机关移送的内容是在日常的依法查处违法行为过程中，根据已掌握的线索通过调查、检验、鉴定，发现相关单位或个人涉嫌犯罪的事实。（3）移送的法律后果是依照刑事法律规定审查。公安机关在接受行政执法机关移送的涉嫌犯罪案件后，依照刑事法律的相关规定，对所移送的案件进行审查。认为有犯罪事实，需要追究刑事责任的，依法决定立案；反之，依法不予立案，并退回案卷材料。可见，公安机关对行政执法案件是否进行刑事立案主要基于刑事法律进行审查。

从上述行政执法移送案件的特点来看，此类案件与职务犯罪移送案件具有一定的相似性。因此，在自首等问题上的法律适用，司法实践可以适度参照职务犯罪的相关规定。

（二）行政执法移送案件中自动投案的具体认定

结合实践中行政执法移送案件的特点，依照最高人民法院、最高人民检察院2009年联合出台的《关于办理职务犯罪案件认定自首、立功等量刑情节若干问题的意见》（以下简称《2009年意见》）和最高人民法院2010年出台的《关于处理自首和立功若干具体问题的意见》（以下简称《2010年意见》）等相关司法解释性文件的规定，行政执法移送案件的自动投案主要有三种情形：（1）在犯罪事实和犯罪嫌疑人未被发现或者犯罪事实已被发觉，犯罪嫌疑人尚未被发觉以前，向公安、检察、法院等司法机关投案，或者向相关行政执法部门投案，都可以认定为自动投案。（2）犯罪事实和犯罪嫌疑人均已被发觉，但犯罪嫌疑人尚未受到办案机关调查谈话或者被宣布调查措施以前，向公安、检察、法院等司法机关投案，或者向相关行政执法部门投案，也可以认定为自动投案。（3）犯罪事实和犯罪嫌疑人均已在检查过程中被发觉，并已受到行政执法部门的调查，再到公安等司法机关投案的，不能视为自动投案。

上述前两种情形的认定并无争议，对于第三种情形的认定，要准确把握以下两点理由：一是从立法目的来看，犯罪嫌疑人在行政执法检查过程中被发觉犯罪事实，并受到办案机关调查后再到司法机关投案，表明犯罪嫌疑人此时投案的主动性不够明显；同时，在办案机关掌握了相关犯罪事实，并向公安机关移送案件后，犯罪嫌疑人此时投案客观上也不能满足及时侦破案件的政策理由。二是根据《2010年意见》的精神,办案机关在掌握相关线索进行行政执法检查后,犯罪嫌疑人主动交代自己的罪行,不能视为自动投案。同时,根据《2009年意见》的精神,犯罪嫌疑人在办案机关调查之前未自动投案,后到司法机关投案的,即便如实交代办案机关掌握的线索所针对的事实的,也不能认定为自首。因此,行政执法机关发现违法行为并进行调查后,被告人再主动到公安机关投案的行为不属于自动投案。

本案中,台州市环境保护局等单位根据相关线索,与公安机关等部门组成联合执法,在执法行动中发现被告单位、被告人周正友有污染环境的违法行为,其间展开对被告单位、被告人周正友的调查。在联合执法调查过程中,环保部门、公安机关均已掌握了被告单位、被告人涉嫌犯罪的事实和线索、材料。周正友在环保部门调查谈话期间,如实交代了相关犯罪事实。后环保部门根据行政执法移送制度,将案件移送至公安机关。周正友系在公安机关刑事立案之后,再主动到公安机关投案,属于上文分析的第三种情形,不属于自动投案,不应认定具有自首情节。

(撰稿:浙江省台州市黄岩区人民法院 王永兴 钟兴华
审编:最高人民法院刑二庭 叶晓颖)

[第 1051 号]

刘依善等贩卖毒品案

——对于认定毒品交易上家犯罪事实的证据要求如何把握以及对于毒品来源有证据欠缺的案件应当注意哪些问题

一、基本案情

被告人刘依善,男,1971 年 10 月 11 日出生。2010 年 10 月 22 日因犯故意毁坏财物罪被判处有期徒刑七个月,2012 年 12 月 31 日因涉嫌犯贩卖毒品罪被逮捕。

同案被告人施修更,男,1981 年 4 月 5 日出生。2010 年 12 月 23 日因犯窝藏毒品罪被判处有期徒刑一年,2013 年 2 月 18 日因涉嫌犯非法持有毒品罪被逮捕。

同案被告人厚金花,女,1979 年 9 月 10 日出生。2012 年 12 月 31 日因涉嫌犯贩卖毒品罪被逮捕。

天津市人民检察院第二分院以被告人刘依善、厚金花犯贩卖毒品罪,被告人施修更犯贩卖毒品罪、非法持有毒品罪,向天津市第二中级人民法院提起公诉。

天津市第二中级人民法院经公开审理查明:

被告人刘依善与厚金花 2011 年在福建省福州市因吸毒相识,刘依善得知厚金花在天津市有毒品的销售渠道,提议共同到该市贩卖毒品牟利。二人商定由刘依善购买甲基苯丙胺(冰毒),厚金花负责打开销路。厚金花随即告知在天津市的张彩燕(另案处理)等人其有甲基苯丙胺出售。2012 年 11 月下旬,厚金花、刘依善先后到达天津市并入住滨海新区塘沽宾岛商务酒店 518 室。其间,刘依善的女友颜晓琴亦来到天津并租住在塘沽时代大厦

2823室。据刘依善供称,施修更与喻某于2012年12月7日到塘沽后,两次共卖给其甲基苯丙胺2 900克。同年12月8日1时许,厚金花向吸毒人员郭玮琦出售甲基苯丙胺50克,获毒资人民币(以下币种同)15 000元。同日,刘依善、厚金花向张彩燕出售甲基苯丙胺30克,获毒资9 000元。当晚,刘依善又向张彩燕出售甲基苯丙胺50克,张彩燕于次日支付毒资14 000元。同月11日零时许,刘依善在时代大厦附近再次向张彩燕出售甲基苯丙胺100克,后在塘沽浩发快捷酒店门口等待收取毒资时被抓获。同日,公安机关在宾岛商务酒店518室将厚金花抓获,当场查获甲基苯丙胺晶体、片剂、液体共12.03克;在时代大厦2823室查获刘依善藏匿的甲基苯丙胺晶体、片剂共2 512.06克。

2013年1月15日,施修更与雷正全(另案处理)在福州市鼓楼区铭豪酒店722房间吸食毒品后离开。当日,公安机关先后将雷正全、施修更抓获,从施修更随身携带的手提包及所驾驶的汽车内查获甲基苯丙胺113.90克、麻黄碱4.31克。

天津市第二中级人民法院认为,被告人刘依善、厚金花为谋取非法利益而贩卖毒品,其行为均构成贩卖毒品罪。被告人施修更违反国家有关毒品的管理规定,非法持有毒品,其行为构成非法持有毒品罪。公诉机关对施修更犯贩卖毒品罪的指控,虽然有刘依善的供述证明施修更和喻某暗示其贩卖毒品并向其提供毒品,事后又催要毒资,但该事实仅有刘依善的供述,无其他证据佐证,故公诉机关指控施修更犯贩卖毒品罪证据不足,不予支持。据此,依照《中华人民共和国刑法》第三百四十七条第二款第一项、第三百四十八条、第五十七条第一款、第六十五条第一款、第二十五条第一款、第二十六条第一款、第二十七条之规定,天津市第二中级人民法院判决如下:

1. 被告人刘依善犯贩卖毒品罪,判处死刑,剥夺政治权利终身,并没收个人全部财产;

2. 被告人厚金花犯贩卖毒品罪,判处有期徒刑十五年,并处罚金人民币四万元;

3. 被告人施修更犯非法持有毒品罪,判处有期徒刑十五年,并处罚金人民币四万元。

宣判后，被告人施修更不服，向天津市高级人民法院提起上诉。天津市高级人民法院经公开审理认为，一审认定的事实清楚，证据确实、充分，定罪准确，量刑适当，审判程序合法，遂裁定驳回上诉，维持原判，并将被告人刘依善的死刑裁定依法报请最高人民法院核准。

最高人民法院经复核，裁定核准天津市高级人民法院维持第一审以贩卖毒品罪判处被告人刘依善死刑，剥夺政治权利终身，并处没收个人全部财产的刑事裁定。

二、主要问题

1. 对于认定毒品交易上家犯罪事实的证据要求如何把握？

2. 对于毒品来源有证据欠缺的案件应当注意哪些问题？

三、裁判理由

毒品犯罪隐蔽性很强，取证难度大，决定了此类案件的侦查工作相较于一般犯罪存在更大难度。如在贩卖毒品案件中，上家经常比下家更隐蔽，抓获了下家未必就能抓到上家。如果上家身在异地，侦查工作又主要围绕下家展开，就很可能导致案件出现仅能认定下家而无法认定上家的局面。即使在所谓上家也到案的案件中，也很可能因为证据不足而无法认定上家贩卖毒品的事实。对于这类毒品犯罪案件，既要注意事实认定上的细致审查、严格把关，也要注意归纳总结，为完善相关工作机制提供司法建议，进一步增强对毒品犯罪的打击力度。本案就是这种情况，下文将从两个层面对本案有关问题进行分析。

（一）对于认定毒品交易上家犯罪事实的证据要求

关于本案被告人刘依善所贩卖毒品的来源，有一定的证据显示系来自同案被告人施修更和另案处理的喻某。主要体现在：其一，刘依善始终稳定供述其毒品来源于施修更和喻某。刘依善供述的要点包括：（1）其与老乡喻某因吸食冰毒结识，喻某2007年左右开始贩毒，2012年其经喻某介绍识了施修更。（2）2012年，其与厚金花商定到天津市贩毒，喻某和施修更即答应提供毒品。同年11月，其到天津后，施修更赠送其几十克冰毒，厚金花将该毒品送人。(3)2012年12月7日,喻某、施修更和另一男子驾驶一辆奥迪车从福建将冰毒送到天津,先后入住万丽泰达酒店、喜来登酒店,12月9日离开。喻某和施修更于12月7日给其900克冰毒,8日再给其2 000克冰毒。该情节与其于8日1时开始向外出售冰毒的时间点吻合。刘依善称其接收毒品后先付款17.9万元,其中部分是现金,部分是按照施、喻二人提供的银行卡汇款,但银行卡并非施、喻二人的名字,余款准备在售出冰毒后再付。(4)喻某、施修更在天津期间,因欲监督其出售毒品的情况,曾提出要看看剩余的冰毒,刘依善为此在12月9日让女友颜晓琴在所租住的时代大厦6楼又租了一个房间,并让颜晓琴将装有冰毒的纸盒拿到该房间,10日又让颜晓琴把6楼房间退了,其不清楚喻某、施修更是否到该房间查看。其二,被告人厚金花证实,她之前即认识喻某、施修更。二人是2012年12月8日从福州市开车到天津市,其买了零食和水送到酒店,后其在与刘依善所住的酒店看到刘依善的黑色挎包里有两大袋冰毒。其三,证人颜晓琴证实,12月9日刘依善让其把东西挪到其租的602房间,10日刘依善说他朋友不来了,她又把东西拿回来,印证了刘依善的相关供述。其四,施修更、喻某到案后,均承认曾到过天津与刘依善、厚金花见面。其五,施修更2010年因犯窝藏毒品罪被判刑,刘依善被查获后,施修更于2013年1月15日在外地被抓获,公安人员当场查获甲基苯丙胺113.9克,说明施修更确系涉毒人员。

综合上述情况,刘依善的毒品来源于施修更、喻某的可能性较大。但是,施修更、喻某到案后均否认曾向刘依善出售毒品。施修更对指控其犯有非法持有毒品罪无异议,但否认其犯有贩卖毒品罪,辩称对刘依善和喻某交易什么不清楚,也未收到刘依善支付的毒资。喻某于2013年11月21日在福州市被抓获,辩称不知道自己为何被上网追逃,其与施修更是朋友,与刘依善是老乡,也认识厚金花。2012年11月其和施修更去天津塘沽旅游,见到了刘依善,但没有向刘依善贩卖毒品。可见,本案现有证据可以认定施修更、喻某到过天津并与刘依善见面,且结合刘依善的供述等证据,刘依善的毒品来源于施、喻的可能性较大,但双方交易毒品的事实仅有刘依善的供述证实,厚金花亦供称不知道刘依善毒品的确切来源,故认定施修更、喻某向刘依善贩卖毒品的证据没有达到“事实清楚,证据确实、充分”的有罪判决标准,依法不能认定。

(二)对于毒品来源有证据欠缺的案件应当注意的问题

从司法实践情况看,对于有一定证据指向是毒品上家的被告人,因证据不充足而导致无法认定,确实不利于打击毒品犯罪。作为审判机关,其职责是审查、裁判公诉机关指控的犯罪事实,符合定案要求的应当依法定罪处刑,但对于达不到法定证明标准的,则不能作出有罪判决。工作中对于类似本案的情况,至少要注意以下两个层面的问题:

一是对审判中发现的取证、举证不足问题要加强调查研究,并以适当形式反馈给侦查机关、检察机关,促进毒品案件取证、举证水平的提高。其中,取证工作是案件质量的基础和前提。这也是贯彻以审判为中心的刑事诉讼制度的要求。如上所述,本案有一定证据指向喻某、施修更有向刘依善贩卖毒品的可能性,从在案证据特别是刘依善的供述分析,本案实际上本有进一步侦查的空间。体现在:(1)刘依善到天津之后,其与喻某、施修更主要通过电话联络,刘称喻某、施修更离开天津后还频繁给其打电话催要毒资。卷宗材料也显示,在抓获刘依善和厚金花的当天,公安机关依法扣押了喻某、施修更的各两部手机。而刘依善首次供述即交代了其毒品上家,侦查机关本有条件第一时间查询双方的通话记录,以固定上家身份的相关证据。(2)刘依善供述其曾给上家汇款,但侦查机关没有及时收集银行卡的汇款记录等证据。(3)刘依善供述曾经在时代大厦6楼租房间,以备上家查验销售毒品情况,公安机关也曾出具说明称时代大厦是警方掌握的贩毒多发地,在确定刘依善藏匿毒品处所时,曾查看时代大厦各楼层录像,但对于喻某、施修更等人是否曾到602房间一节没有作出说明。(4)刘依善供述中提到喻某、施修更来天津时还有另一男子,但侦查机关没有就此问题开展工作。上述问题待案件进入审判阶段后,已难以补查补正,由此导致难以准确认定刘依善所贩卖毒品的来源。

二是审判环节的工作方法问题。对于因证据不足不能认定毒品上家的,在认定案件事实时一般可以模糊表述被告人所贩卖毒品的来源,确有必要写明的,可以采取"据被告人供述……"的方式。例如,本案一审判决书在事实认定部分,写明"据刘依善供称,施修更与喻某于2012年12月7日到本市塘沽后，两次共给其冰毒2 900克”；二审裁定对毒品来源则未予表述。这两种写法都有各自道理。另外，还要注意的是，有些毒品案件的上下家因到案时间有先后，并不在同一案件中审理。如果先审理的案件进入二审阶段，而后到案的上家或者下家刚进入一审阶段，则对两个案件审理时都要注意了解关联案件的处理情况，以便全面、准确认定犯罪事实。如果明确认定本案被告人的毒品来源于另案被告人，而审理另案被告人的法院因证据问题又不认定此人曾实施该贩毒行为，则会造成两案判决结果在事实认定的矛盾。这是工作中要尽量避免的情况。

（撰稿：辽宁省高级人民法院　赵　丹
审编：最高人民法院刑五庭　马　岩）

[第 1052 号]

刘吉良制造毒品,周永春制造毒品、非法持有枪支案

——“零口供”案件中如何贯彻证据裁判原则,准确认定犯罪事实

一、基本案情

被告人刘吉良,男,1967 年 3 月 5 日出生。2012 年 10 月 24 日因涉嫌犯制造毒品罪被逮捕。

被告人周永春,男,1971 年 8 月 28 日出生。1997 年 6 月因犯敲诈勒索罪被判处有期徒刑六个月,2012 年 12 月 6 日因涉嫌犯制造毒品罪被逮捕。

辽宁省丹东市人民检察院以被告人刘吉良犯制造毒品罪,被告人周永春犯制造毒品罪、非法持有枪支罪,向丹东市中级人民法院提起公诉。

丹东市中级人民法院经公开审理查明:2012 年春节前,被告人周永春请被告人刘吉良帮忙研制甲基苯丙胺(冰毒)的配方工艺,刘吉良应允。后由周永春提供资金,刘吉良单独或者伙同周永春购买了烧杯、加热套、乙醚、乙腈、甲胺水溶液、氯化苄等仪器设备与化学品,用于制造冰毒。同年 6 月,刘吉良试制毒品成功。二人为购买制毒原料和运送毒品方便,由周永春出资人民币(以下币种同)11 500 元购买了一辆微型面包车。后经刘吉良妻子于丽华联系,周永春出资 1 万元,租用马志勇位于东港市黑沟镇王岭村西山组第四果园的住房,用作制毒地点。后二人又雇用于波帮助制造毒品。刘吉良制造出的毒品均交由周永春保管。同年 9 月 21 日晚,周永春报警称其与他人有经济纠纷,公安机关介入后,周又提出刘吉良吸毒并制造毒品。在周永春的带领下,公安机关于 9 月 22 日 0 时许在周母亲赵乃荣家中搜出周藏

匿的白色粉末9袋共计102.24克(甲基苯丙胺含量为67%);同日2时许,在果园租住房搜出烧杯装白色粉末202.45克(含量为35.7%)及制毒过程中产生的废液若干。同日,公安机关将刘吉良抓获,刘供述了伙同周永春制造毒品的事实,周永春亦被抓获。(周永春非法持有枪支的事实略)

丹东市中级人民法院认为,被告人刘吉良、周永春合谋制造毒品,周负责出资,刘负责制造,所制毒品数量大,其行为均构成制造毒品罪,且系共同犯罪。周永春还构成非法持有枪支罪,应予数罪并罚。刘吉良揭发周永春犯非法持有枪支罪,构成立功,且能如实供述制造毒品的罪行,依法对其可以从轻处罚。据此,依照《中华人民共和国刑法》第三百四十七条第二款第一项、第七款,第一百二十八条第一款,第二十五条第一款,第六十九条,第六十七条第三款,第六十八条,第五十七条第一款之规定,丹东市中级人民法院判决如下:

1.被告人刘吉良犯制造毒品罪,判处无期徒刑,剥夺政治权利终身,并处没收个人全部财产;

2.被告人周永春犯制造毒品罪,判处无期徒刑,剥夺政治权利终身,并处没收个人全部财产;犯非法持有枪支罪,判处有期徒刑一年;决定执行无期徒刑,剥夺政治权利终身,并处没收个人全部财产。

一审宣判后,被告人刘吉良、周永春均不服,向辽宁省高级人民法院提起上诉。刘吉良及其辩护人提出,一审量刑过重。周永春提出,一审判决事实不清,证据不足。其是借钱给刘吉良而不是出资制造毒品;其报案检举刘吉良制造毒品,并协助办案单位抓捕刘吉良,有立功情节,一审法院未予认定。其辩护人提出,指控周永春非法制造毒品的事实不清、证据不足,应当认定周永春犯非法持有毒品罪;周永春有重大立功情节,依法应当从轻处罚。

辽宁省高级人民法院经公开审理认为,一审认定上诉人刘吉良、周永春制造毒品的犯罪事实清楚,证据确实、充分。关于周永春及其辩护人所提周未参与制造毒品的辩解及辩护意见,经查,刘吉良多次稳定供述其与周永春共谋制造毒品以及周永春出资、其出技术并制造毒品的合作模式,其所制造的甲基苯丙胺亦交由周永春保管。刘吉良的供述与相关证人证言、物证等吻合。特别是刘吉良的供述与证人宋利敏的证言均证实刘吉良在购买制毒原材料过程中有提成5 000元的情节,能够佐证系周永春出资。同时,在案其他证据能够充分证实周永春提供资金租用制毒场所、购买原材料和面包车、雇用工人、保管毒品等行为。关于周永春辩解二人之间系借贷关系一节,经查,周永春自身经济能力困窘,与刘吉良仅系普通朋友,却在极短时间内出借20万左右给刘,且对借款的准确数额不能确定,亦不能提供证据证明,明显有悖常理。关于周永春及其辩护人提出周永春有立功情节的上诉理由及辩护意见,经查,周永春与刘吉良系共同制造毒品,其供述刘吉良相关犯罪并配合公安机关查获制毒地点及毒品的行为均属供述共同犯罪行为,不属立功,故对该意见不予采纳。综上,原判认定事实和适用法律正确,量刑适当,诉讼程序合法。据此,依照《中华人民共和国刑事诉讼法》第二百二十三条第二款、第二百二十五条第一款第一项之规定,辽宁省高级人民法院裁定驳回上诉,维持原判。

二、主要问题

对于“零口供”的案件,如何贯彻证据裁判原则,准确认定犯罪事实?

三、裁判理由

刑事案件的审判是一个回溯性的刑事证明过程,即充分运用证据认定案件事实的诉讼活动,亦是一个逻辑思维的思辨过程。根据我国刑事诉讼法确立的证据裁判原则,对被告人定罪必须有充分的证据支持,可采证据必须经过查证属实,且单个证据与待证事实具有关联性,通过审查判断证据和综合运用证据的证明过程,形成完整的刑事证明体系,排除一切合理怀疑,得出唯一结论,从而达到“犯罪事实清楚,证据确实、充分”的刑事证明标准。证据是整个诉讼活动的基础,对于案件承办法官而言,通常会注重对单个证据的审查判断,并通过综合考量在案所有证据得出结论,但可能忽视如何更好地运用证据建构有效的证明体系。而缜密、科学地排列、架构证据,相对于简单、无序地罗列证据,对增强证据的证明力会起到事半功倍的效果。对于“零口供”刑事案件审判,更有必要在裁判文书中对证据进行科学地“排兵布阵”,根据证据的种类特性及证明逻辑方式恰当地运用刑事证据规则,通过多层次地证据架构，形成严密完整的证明体系，完成刑事证明过程，以最大限度地提升裁判文书论理性，增强审判公信力。

本案的刑事证明过程有一定难度，主要在于：(1)本案被告人周永春在侦查、起诉、审判三个刑事诉讼阶段均系“零口供”，始终对参与制毒犯罪行为予以否认；(2)其参与制毒共同犯罪的方式较为隐蔽，主要表现为出资行为；(3)案发系周永春本人对刘吉良的制毒行为向公安机关进行举报，并带领公安机关到制毒现场查获毒品，按照常理，其不会举报自己参与的共同犯罪。虽有刘吉良供述证实，周永春系因不满刘提出不再继续制造毒品才向公安机关报案，但在此情况下，要认定周永春参与犯罪，则更加需要扎实的证据和充分的论证。故本案二审期间，在做好证据真实性、合法性、关联性的基础审查判断外，将工作重点放在如何进行证据体系建构、如何运用证据规则，形成严密的证据体系，最终完成刑事诉讼证明过程。

通过对本案现有证据情况进行分析，因被告人刘吉良制造毒品的证据充分，且其本人亦稳定供认，故证明重点放在被告人周永春共同制毒的事实认定上。二审主要通过“两个面、双向度”的证据架构模式对此进行论证。“两个面”是指两个层面：第一层面是总体布局，将本案五个关键事实进行分解论证，包括证实周永春出资租用制毒场所、出资购买运输车辆、出资购买制毒原材料、雇用工人、保管制成毒品的相关证据。第二层面是对每个事实点通过证据组的形式进行论证，在每一组证据中，均将相关证据组合在一起，合力形成对待证事实的论证。刘吉良作为同案犯，其供述是周永春犯罪的最直接证据，可以贯穿于论证始终。但因供述系言词证据，根据证据补强规则，每个事实点的证明均有刘吉良供述，同时以在案其他证人证言、书证、物证等予以补强，形成每个事实点的完整证据链条。“双向度”是指既从正面证实周永春有犯罪行为，同时又要对其无罪辩解进行有层次地研判和驳斥。“零口供”不代表被告人没有任何供述内容和辩解，故在单个事实点的证据组中同时对周永春的相关辩解予以说明，与其他物证、书证、证人证言等所证内容进行对比分析，通过正反两面论证得出唯一有罪结论，更具说服性。同时，“两个面”和“双向度”是相辅相成的：“两个面”侧重于证据的总体排列顺序与排列组合，“双向度”对每组证据从正反两个方面进行分析说

明,“双向度”的论证思路需始终贯穿于“两个面”的证据布局之中。对本案的证据体系具体分析如下:

其一,关于租用制毒场所的证据组中,被告人刘吉良供述通过妻子于丽华联系租用马志勇的房子,并由周永春出资1万元作为房租;被告人周永春供认租房时在场,但辩解租金系刘吉良所出;证人于丽华证实帮助联系租住马志勇的房屋;证人马志勇证实,经于丽华介绍,刘吉良和周永春共同租住其房屋称合伙生产药物,且由周永春支付1万元房租,案发后马志勇对周永春进行了辨认。可以认定刘吉良的供述与二份证言所证吻合;周永春也承认租房时在场,与其他证据所证一致,但辩解租金系刘吉良所出明显与房主证言相悖。综上,能够证实周永春出资租房的事实。

其二,关于购买车辆用于制毒的证据组中,刘吉良供述买车是其与周永春一起商量在制毒过程中使用,由周永春联系购买事宜,包括给车主打电话、与车主签订协议并出资;周永春亦供认以其名义买车的事实,但辩解因刘吉良说没带身份证,才用其名字,且出资系借款;车主方贵林证实,其将一辆长安微型面包车以11 500元的价格卖给周永春,并对周永春进行了辨认;车辆转让协议书所载与方贵林证言吻合。故能够认定系周永春出资购买车辆用于制毒。

其三,关于购买制毒原材料的证据组中,刘吉良供述由周永春出资,且陪同其一起购买过;周永春供述与刘吉良一同去购买化工原料三四次,其中一次以矿山老板儿子名义支付1万元货款;售货人宋利敏证实,多次将乙醚等易制毒化学品卖给刘吉良,周永春曾支付1万元钱,且刘吉良曾用周姓银行卡付账并提成5 000元;购货明细清单及宋利敏开具的1万元收条可证实上述情况。故能够认定系周永春出资购买制毒原材料。

其四,关于雇用工人参与制毒的证据组中,刘吉良供述与受雇人于波证言一致,均证实刘吉良和周永春称合伙生产药物,周永春让于波来干活并许诺给予工资;周永春供述知道于波受雇干活的事实,但否认系其雇用。故能够认定周永春、刘吉良二人共同雇用工人制毒的事实。

其五,关于保管制成毒品的证据组中,刘吉良供述生产出的毒品均交给周永春;公安机关从刘吉良包中扣押的香烟包装纸片上刘吉良记载了给周永春送毒品的次数、数量及周永春给刘吉良提供费用的部分花销情况,所载毒品数量与公安机关在周永春处所扣押毒品数量基本一致;提取笔录及扣押物品、文件清单证实公安机关在周永春母亲赵乃荣家提取、扣押毒品情况;证人赵乃荣证实,2012 年八九月间,刘吉良多次到家里,称与周永春一起研究买卖,后公安机关在其家搜缴 9 袋冰毒的事实;周永春对持有毒品一节事实予以供认。综上,能够认定周永春保管制成毒品的事实。

由上可见,对于本案事实方面的五个关键环节,都可以根据在案证据,从“两个面”进行“双向度”地分析论证,得出周永春参与犯罪的结论,从而准确认定其参与实施共同制造毒品的事实。“零口供”现象在毒品犯罪案件中较为常见,只要侦查取证工作基础扎实,审判环节又能进行全面分析,则不会因为被告人到案后“零口供”而放纵犯罪。

（撰稿:辽宁省高级人民法院　吴言军　赵　丹

审编:最高人民法院刑五庭　马　岩）

[第1053号]

傅勇、朱小勇贩卖、运输毒品，石远德运输毒品案

——对接应毒品的行为，如何结合在案证据认定毒品运输方和接应方的犯罪事实并准确定性

一、基本案情

被告人傅勇，男，1970年4月22日出生，无业。1999年6月因犯销售赃物罪被判处有期徒刑八个月;2001年11月因犯贩卖毒品罪被判处有期徒刑三年;2008年1月29日因犯贩卖毒品罪被判处有期徒刑六年十个月，2012年8月20日刑满释放;2013年3月29日因涉嫌犯非法持有毒品罪被逮捕。

被告人朱小勇，男，1982年3月22日出生，农民。2013年4月12日因涉嫌犯运输毒品罪被逮捕。

被告人石远德，男，1991年9月28日出生，农民。2008年6月11日因犯盗窃罪被判处有期徒刑六个月;2010年8月12日因犯盗窃罪被判处有期徒刑一年九个月，2012年1月9日刑满释放;2013年3月29日因涉嫌犯非法持有毒品罪被逮捕。

浙江省杭州市人民检察院以被告人朱小勇、傅勇犯贩卖、运输毒品罪，被告人石远德犯运输毒品罪，向杭州市中级人民法院提起公诉。

被告人傅勇、朱小勇、石远德均对公诉机关指控的事实及罪名提出异议，请求法院宣告无罪。其中，傅勇辩称，其不明知朱小勇携带毒品来杭州，其从未实施贩毒行为，司法机关所查扣的毒品系其用于自吸。朱小勇辩称，案发期间其不在杭州，不认识傅勇等人，没有实施指控的贩卖、运输毒品行为，且司法机关在其租住处查扣的毒品并非其所有。石远德辩称，其不明知

运输的物品是毒品。

杭州市中级人民法院经公开审理查明：

2013年2月20日，被告人朱小勇携带毒品，雇人驾车从广东省东莞市前往浙江省杭州市余杭区。当日21时许，朱小勇因车辆在行驶途中出现故障，给被告人傅勇打电话求助。傅勇明知朱小勇携带毒品，仍指使被告人石远德、郭俊富（另案处理）驾车接应朱小勇。次日1时许，石远德、郭俊富在浙江省杭新景高速公路杭州南出口附近与朱小勇会合，朱小勇将藏有996.8克甲基苯丙胺的红牛饮料箱交给石远德、郭俊富二人后，自行驾车前往杭州市余杭区。石远德、郭俊富驾车行至杭州市上城区钱江一桥附近，遇到交警检查酒驾，石远德下车逃跑，并将藏有毒品的红牛饮料箱扔在杭州武警支队三中队营地内。石远德随即被交警抓获，郭俊富因无酒驾嫌疑被释放。武警官兵在营地内发现毒品后送交公安机关。其间，石远德将毒品被其丢弃的情况电话告知傅勇。傅勇与朱小勇见面后商定，由郭俊富指路，傅勇指使严勇驾驶朱小勇的汽车回到石远德丢弃毒品的地点寻找毒品。当日4时许，傅勇等人下车寻找毒品时，被武警官兵及交警抓获。随后，公安机关又从傅勇的租住处和暂住处查获甲基苯丙胺733.8克、海洛因22.88克，扣押电子秤1台、天平秤1台及砝码、吸毒工具等物。同年3月8日，公安机关在东莞市虎门镇新世界大酒店908房间抓获朱小勇，从朱小勇的租住处查获甲基苯丙胺36.94克等物。

综上，被告人傅勇贩卖甲基苯丙胺733.8克、海洛因22.8克，运输甲基苯丙胺999.6克；被告人朱小勇贩卖、运输甲基苯丙胺999.6克，贩卖甲基苯丙胺36.94克；被告人石远德运输甲基苯丙胺999.6克。

杭州市中级人民法院认为，被告人傅勇、朱小勇明知是毒品而贩卖、运输，其行为均构成贩卖、运输毒品罪；被告人石远德明知是毒品而接驳转运，其行为构成运输毒品罪。三被告人提出的辩解理由均与在案证据不符，不能成立。傅勇、石远德曾因犯罪被判处有期徒刑，刑满释放后五年内再犯应当判处有期徒刑以上刑罚之罪，系累犯，且傅勇又系毒品再犯，依法均应从重处罚。在运输毒品共同犯罪中，石远德受指使接驳转运毒品，与朱小勇、傅勇相比作用略小，对其可酌情从轻处罚。据此，依照《中华人民共和国刑法》第三百四十七条第二款第一项、第三百五十六条、第四十八条第一款、第六十五条第一款、第二十五条第一款、第五十七条第一款、第六十四条之规定，杭州市中级人民法院判决如下：

1. 被告人傅勇犯贩卖、运输毒品罪，判处死刑，剥夺政治权利终身，并处没收个人全部财产。

2. 被告人朱小勇犯贩卖、运输毒品罪，判处死刑，缓期二年执行，剥夺政治权利终身，并处没收个人全部财产。

3. 被告人石远德犯运输毒品罪，判处无期徒刑，剥夺政治权利终身，并处没收个人全部财产。

一审宣判后，被告人傅勇、朱小勇、石远德均提出上诉。傅勇上诉提出，其对朱小勇是否携带毒品以及毒品种类、数量均不知情；从其住处查扣的毒品并非为贩卖而购入，原判定罪错误，应当认定为非法持有毒品罪；其辩护人辩称，原判认定傅勇犯贩卖、运输毒品罪的证据不充分，请求依法改判。朱小勇上诉提出，其不认识傅勇、石远德等人，未雇人驾车携带毒品来杭州，在其租房内查扣的毒品系其朋友所有，原判认定其犯贩卖、运输毒品罪的事实不清，证据不足；其辩护人提出相同的辩护意见。被告人石远德上诉提出，其并不明知朱小勇运输毒品，郭俊富叫其拿着红牛饮料箱逃跑，其不知箱内有毒品，请求改判。

检察机关认为，原判认定的事实清楚，证据确实、充分，定罪准确，量刑适当，各被告人的上诉理由均不能成立，建议驳回上诉，维持原判。

浙江省高级人民法院经公开审理认为，上诉人傅勇、朱小勇明知是毒品而贩卖、运输，其行为均构成贩卖、运输毒品罪；上诉人石远德明知是毒品而接驳转运，其行为构成运输毒品罪。傅勇、朱小勇、石远德及其辩护人关于提出改判的理由不能成立，不予采纳。原判认定的事实清楚、证据确实、充分，定罪准确，量刑适当，审判程序合法。据此，浙江省高级人民法院裁定驳回三名被告人的上诉，维持原判；核准以贩卖、运输毒品罪判处被告人朱小勇死刑，缓期二年执行，剥夺政治权利终身，并处没收个人全部财产的刑事判决，并将同意核准判处被告人傅勇死刑的裁定依法报请最高人民法院复核。

最高人民法院经复核认为,被告人傅勇伙同他人贩卖、运输甲基苯丙胺和海洛因,其行为构成贩卖、运输毒品罪。贩卖、运输毒品数量大,在共同犯罪中起主要作用,系主犯,罪行极其严重,又系毒品再犯、累犯,依法应当从重处罚。第一审判决、第二审裁定认定的事实清楚,证据确实、充分,定罪准确,量刑适当,审判程序合法。据此,裁定核准浙江省高级人民法院维持第一审以贩卖、运输毒品罪判处被告人傅勇死刑,剥夺政治权利终身,并处没收个人全部财产的刑事裁定。

二、主要问题

对接应毒品的行为,如何结合在案证据认定毒品运输方和接应方的犯罪事实并准确定性?

三、裁判理由

毒品犯罪隐蔽性很强,犯罪分子通常具有较强的反侦查意识,归案后往往以主观上对涉案毒品不明知或者与案件没有关联等为由提出各种辩解,给司法机关认定犯罪事实以及准确定性带来严峻的挑战。鉴于此,司法机关要认真审查案件事实证据,依据行为人实施毒品犯罪行为的过程、方式,毒品被查获时的情形等证据,结合行为人的年龄、阅历、智力等情况,进行综合分析判断,确保认定的案件事实清楚,证据确实、充分,定性准确。

本案是交警例行设卡抽查酒驾“意外”破获的毒品案件,涉及毒品的运输方和接应方,三名被告人归案后均作无罪辩解。结合在案证据,我们认为,能够认定三名被告人的毒品犯罪事实。就该起毒品犯罪事实,结合案情和在案证据,能够区分判断各被告人的主观目的,认定被告人朱小勇构成贩卖、运输毒品罪,认定被告人傅勇、石远德构成运输毒品罪。

(一)对于毒品运输方将毒品交给接应方后否认涉案的情形,应当结合在案证据认定其所涉的犯罪事实并准确定性

本案中,涉案毒品的接应方被告人傅勇、石远德归案后,均指证被告人朱小勇是毒品的运输方,公安机关根据该线索将朱小勇抓获归案。朱小勇归案后辩称,案发期间其不在杭州,不认识傅勇等人,没有实施指控的贩卖、

运输毒品行为。

1. 我们认为，在案证据能够认定朱小勇与该起毒品犯罪事实的关联。具体分析如下：

第一，傅勇供称，案发当晚其接到朱小勇电话称，朱小勇带货从广东来到杭州，车在服务区抛锚，让傅勇找人开车接应，傅勇随即指使石远德、郭俊富前往接应，并将朱小勇的手机号码告诉石远德二人。二人接应毒品返回途中，路遇交警查酒驾，石远德将毒品扔在路边围墙内，后被警方抓获，其间石远德电话告知傅勇丢弃毒品的位置等情况，傅勇和严勇、郭俊富等人返回现场查找毒品过程中被抓获归案。傅勇的供述能够直接建立朱小勇与该起毒品犯罪事实的关联。傅勇归案后经辨认确认朱小勇的身份。

第二，石远德供述的内容与傅勇的供述相符，石远德归案后辨认出朱小勇，并辨认出与朱小勇会合的地点和丢弃涉案毒品的具体位置。

第三，证人杨成证实，其之前为朱小勇开过一次车，案发当日杨成驾车与朱小勇从东莞前往杭州。当晚到达杭州，因车子跑不快，朱小勇打电话让朋友帮忙，朱小勇随后将一箱红牛饮料交给对方，当晚杨成和朱小勇入住临平宾馆，用杨成的身份证登记入住。杨成经辨认确认朱小勇的身份。

第四，证人沈希丹证实，案发当晚其接到朱小勇电话在临平宾馆见面，其到达宾馆房间后见到朱小勇，看见茶几上有冰毒和吸毒工具便吸食。沈希丹经辨认确认朱小勇的身份。

第五，武警官兵和办案警察证实，案发当晚，石远德将装有大包白色晶体的红牛纸箱扔进武警三中队营房南门，武警官兵发现内有可疑白色晶体，交警随即将石远德抓获。武警官兵在现场守候，抓获前来寻找毒品的傅勇等人。

第六，涉案毒品经鉴定重 999.6 克，检出甲基苯丙胺成分。

第七，旅客住宿登记表证实，2013 年 2 月 21 日 2 时 7 分，杨成登记入住杭州临平宾馆，2 月 22 日 22 时 56 分离开。

第八，车辆运行轨迹及照片证实，涉案车辆在案发当日的行驶路线，与被告人傅勇、石远德和证人杨成证实的情况吻合。

第九，手机通话清单证实，朱小勇案发当日与傅勇等人的手机联络情况。

上述证据能够证实，朱小勇案发当日与杨成驾车来到杭州，与傅勇联络接应后,将涉案毒品交给前来接应的石远德等人。尽管朱小勇始终不认罪,但在案证据足以认定朱小勇携带毒品来到杭州的犯罪事实。

2. 结合案情和在案证据能够认定朱小勇主观上具有贩卖毒品的目的。具体分析如下:

关于朱小勇行为的定性,是本案的争议焦点。本案毒品犯罪的客观形态停止在运输阶段,在案证据足以认定朱小勇运输毒品的犯罪事实。由于朱小勇否认犯罪,不承认贩毒,负责接应的傅勇仅供称朱小勇告知其携带毒品来杭州,不知晓涉案毒品的来源和去向。因此,没有直接证据证实朱小勇对该宗毒品有贩卖的主观目的,但结合案情和在案证据,能够认定朱小勇主观上具有贩卖毒品的目的,进而认定其构成贩卖、运输毒品罪。

第一,本案中有多人指证朱小勇系毒贩。傅勇供称,其曾向朱小勇购买大量毒品,公安机关在其暂住处查获的冰毒、海洛因及麻古即是从朱小勇处购买。傅勇还供述其从朱小勇处购买上述毒品的细节,因没有证据佐证傅勇的供述,故未认定上述毒品犯罪事实。但傅勇对朱小勇毒贩身份的指认具有相当的可信度。同时,与朱小勇熟识的广东籍吸毒人员均指证朱小勇系毒贩。朱小勇在广东东莞的宾馆房间内被公安机关抓获时,同时被抓获的伍海林、钱直生、杨垒均与朱小勇较为熟悉、来往频密。上述人员均证实,朱小勇日常提供毒品供几人吸食;另证人伍海林证明一个重要细节,即其曾听见朱小勇在接听、拨打电话时谈到贩卖毒品事宜,伍海林与朱小勇无利害关系,无诬告陷害之嫌,其证言的可信度较高。

第二,根据朱小勇的客观行为能够推断认定朱小勇具有贩卖毒品的主观目的。本案中,朱小勇携带毒品从广东前往杭州,从其运输毒品的方式,联系傅勇接应毒品的过程等方面,显然不是单纯运输毒品。首先,该宗毒品数量大,达999.6克,明显超出个人在合理时段内的正常吸食量。其次,朱小勇因运输毒品的车辆发生故障,随即联系傅勇接应毒品,并将毒品交给傅勇指派前来接应的石远德等人。如朱小勇仅是负责运输毒品,在毒品交接完成后,通常会立即返回广东,但朱小勇继续驱车前往余杭临平,并邀集沈希丹等人在宾馆房间吸毒,反映出朱小勇并非首次踏足临平,在当地已有熟悉的涉毒人员圈。再次,傅勇一直供称其是接到朱小勇电话才去接应毒品,现无证据证实傅勇是该宗毒品的下家，也无证据显示另有他人是该宗毒品的上家。朱小勇仅因运输毒品的车辆发生故障，就联系傅勇等人接应，并直接让傅勇派来接应的人将毒品运走，此举显然并非单纯的运输毒品者所能为之。此外，石远德受傅勇指使接应毒品后返回途中被交警拦截，石远德随即向傅勇报告该情况，傅勇随即与朱小勇通话联络，傅勇甚至以身犯险从临平赶至现场寻找毒品，这反映出朱小勇对该宗毒品密切关注，并始终控制傅勇等人接应毒品的行为。最后，公安机关从朱小勇住处查获毒品甲基苯丙胺36.94克，进一步印证傅勇等人指证朱小勇系毒贩的情况。

结合案情和在案证据，我们认为，可以认定朱小勇不是单纯的运输毒品者，主观上具有贩卖该宗毒品的目的，对朱小勇的行为应当认定为贩卖、运输毒品罪。

（二）对于毒品接应方，在没有证据证实其是毒品下家或者贩卖毒品共犯的情况下，其行为宜以运输毒品罪论处

本案中，结合案情和在案证据，足以认定被告人傅勇、石远德接应运输毒品的犯罪事实。对傅勇而言，如能认定其是涉案毒品的下家，或者与朱小勇具有共同贩卖毒品的故意，则其行为构成贩卖、运输毒品罪。

虽然从案情分析，傅勇有可能是朱小勇所运毒品的下家，或者是与朱小勇共同贩毒的同伙，但朱小勇拒不认罪（缺乏指证傅勇购买该宗毒品的直接证据），傅勇、石远德等人始终供称是因朱小勇的车辆发生故障而接应毒品，没有证据证实傅勇是该宗毒品的下家或者傅勇与朱小勇共同贩卖该宗毒品，且从朱小勇在当地的活动情况看，朱小勇在当地并非仅认识傅勇一人。因此，仅凭傅勇的接应毒品行为，不能认定其构成贩卖毒品罪。当然，对公安机关从傅勇身上及暂住处查获的大宗毒品甲基苯丙胺，可以认定傅勇的行为构成贩卖毒品罪。

综上，结合案情和在案证据，对该宗毒品犯罪事实，认定被告人朱小勇构成贩卖、运输毒品罪，认定被告人傅勇、石远德构成运输毒品罪，是正确的。

（撰稿：浙江省杭州市中级人民法院　俞　振　沈　励

审编：最高人民法院刑三庭　罗国良）

[第1054号]

张桂方、冯晓明组织卖淫案

——如何区分与认定组织卖淫罪与引诱、容留、介绍卖淫罪以及如何认定组织卖淫罪的"情节严重"

一、基本案情

被告人张桂方，女，1980年7月23日出生，农民。2013年3月6日因涉嫌犯组织卖淫罪被逮捕。

被告人冯晓明，男，1973年11月28日出生，农民。2012年8月31日因涉嫌犯组织卖淫罪被逮捕。

广东省广州市人民检察院以被告人张桂方、冯晓明犯组织卖淫罪，向广州市中级人民法院提起公诉。

被告人张桂方、冯晓明对起诉书指控的事实均无异议，但请求从轻处罚。张桂方的辩护人提出，张桂方的行为不构成组织卖淫罪，仅构成介绍卖淫罪；张桂方归案后，如实供述自己的罪行，认罪态度好，具有悔罪表现，请求法庭对其从轻处罚。

广州市中级人民法院经审理查明：

1.2011年3月至2012年7月期间，被告人张桂方、冯晓明租用广东省广州市番禺区大石街大山村大涌路275号之七的出租屋作为卖淫场所，由同案人彭定军（已判刑）、"小胖"（另案处理）负责拉客及收取嫖资，组织王某、张某、王某玉等10名妇女，以每次人民币（以下币种同）100元的价格进行卖淫活动，从中谋取非法利益。2012年7月27日，冯晓明被公安人员抓获。2012年9月28日，张桂方被公安人员抓获，当天被取保候审。

2.2012年10月至2013年1月期间，张桂方伙同他人租用了广东省广州市番禺区大石街大山村富山二街5号之一的出租房作为卖淫场所，组织胡某、杨某某、陈某某等3名妇女，以每次130元的价格进行卖淫活动，从中谋取非法利益。2013年1月31日，张桂方被公安人员抓获。

广州市中级人民法院认为，被告人张桂方、冯晓明组织多名妇女多次从事卖淫活动，其行为均构成组织卖淫罪，且情节严重。据此，依照《中华人民共和国刑法》第三百五十八条第一款第一项、第五十二条、第五十三条之规定，广州市中级人民法院判决如下：

1. 被告人张桂方犯组织卖淫罪，判处有期徒刑十一年，并处罚金人民币五万元。

2. 被告人冯晓明犯组织卖淫罪，判处有期徒刑十年，并处罚金人民币三万元。

一审宣判后，被告人张桂方、冯晓明不服，向广东省高级人民法院提起上诉。张桂方及其辩护人提出如下上诉、辩护意见：原判认定本案属"情节严重"于法无据；张桂方归案后如实供述自己的行为，在量刑时应予从宽处理。冯晓明及其辩护人提出如下上诉、辩护意见：比冯晓明犯罪情节更加严重的其他案件的量刑均远轻于冯晓明，原判没有做到"类似情况、处罚相近"；冯晓明夫妻均被羁押，家中只有年迈双亲及两个未成年孩子，经济困难，在量刑时应予充分考虑。

广东省高级人民法院经审理认为，上诉人张桂方、冯晓明以容留等手段，组织多名妇女从事卖淫行为，其行为均构成组织卖淫罪。上诉人张桂方归案后能如实供述自己的罪行，认罪态度较好，依法可以从轻处罚。原判认定事实清楚，证据确实、充分，定罪准确，审判程序合法，唯认定二上诉人的行为属于组织卖淫情节严重并据此量刑不当，应予纠正。二上诉人的相关上诉意见成立，予以采纳。据此，依照《中华人民共和国刑法》第三百五十八条第一款、第六十七条第三款以及《中华人民共和国刑事诉讼法》第二百二十五条第一款第二项之规定，广东省高级人民法院判决如下：

1. 维持广东省广州市中级人民法院(2013)穗中法刑一初字第101号刑事判决第一项中对上诉人张桂方的定罪部分及第二项中对上诉人冯晓明的定罪部分的判决。

2. 撤销广东省广州市中级人民法院(2013)穗中法刑一初字第101号刑事判决第一项中对上诉人张桂方的量刑部分及第二项中对上诉人冯晓明的量刑部分的判决。

3. 上诉人张桂方犯组织卖淫罪,判处有期徒刑八年,并处罚金人民币四万元。

4. 上诉人冯晓明犯组织卖淫罪,判处有期徒刑五年,并处罚金人民币三万元。

二、主要问题

1. 如何区分与认定组织卖淫罪与引诱、容留、介绍卖淫罪?

2. 如何认定组织卖淫罪的"情节严重"?

三、裁判理由

(一)组织卖淫罪与引诱、容留、介绍卖淫罪的区分与认定

组织、强迫、引诱、容留、介绍卖淫犯罪中,争议最大的主要是组织卖淫罪。对强迫卖淫罪,引诱、容留、介绍卖淫罪,在司法实践中一般没有争议。其主要原因就在于如何理解"组织"一词。最高人民法院、最高人民检察院于1992年12月11日印发的《关于执行〈全国人民代表大会常务委员会关于严禁卖淫嫖娼的决定〉的若干问题的解答》(以下简称《解答》,现已失效,但新的司法解释尚未出台)规定:"怎样认定组织他人卖淫罪?根据《决定》第一条第一款的规定,[①]组织他人卖淫罪,是指以招募、雇佣、强迫、引诱、容留等手段,控制多人从事卖淫的行为。本罪的主体必须是卖淫的组织者,可以是几个人,也可以是一个人,关键要看其在卖淫活动中是否起组织者的作用。"多年来,全国各级法院一直以此为标准认定组织卖淫罪。但《解答》对于组织卖淫罪概念的解释存在的缺陷也是明显的,即侧重强调组织的形式,而对组织的内质解释不够明确,导致各地法院在审判此类案件时,将组织卖淫与强迫、引诱、容留多人卖淫相混淆。有的法院将一般的引诱、容留卖淫

① 指七届人大常委会第21会议于1991年9月4日通过的《全国人民代表大会常务委员会关于严禁卖淫嫖娼的决定》,以下简称《决定》。

案以组织卖淫罪判处，导致轻罪重判；而有的法院则将组织卖淫案以引诱、容留卖淫罪判处，导致重罪轻判。虽然《解答》已经失去效力，但由于新的司法解释没有出台，不少地方法院实际上仍然在不同程度上参照适用。因此，有必要从内涵上、罪质上对组织卖淫罪作进一步界定。

我们认为，理解组织卖淫罪的概念，关键在于理解"组织"一词的内涵。在组织卖淫罪的认定上要从严掌握，但在认定组织卖淫罪后的处罚上要明显重于一般的引诱、容留、介绍卖淫罪。也正因为如此，刑法在吸收了《决定》和《解答》基本合理内涵的基础上，对组织卖淫罪配置了比引诱、容留、介绍卖淫罪更重的刑罚。我们认为，行为人的行为是否构成组织卖淫罪可以从以下三个要件去判断：

一是组织行为特征。所谓组织，是指安排分散的人或者事物使之具有一定的系统性、整体性，它有安排、筹划、指示、指控等含义。我国刑法在两种不同意义上使用"组织"一词：一种是在总则中规定的；另一种是分则中所规定的犯罪行为。刑法第二十六条规定，组织、领导犯罪集团进行犯罪活动的，是主犯。而刑法分则规定一些具体犯罪中的组织行为，如组织、领导、参加黑社会性质组织罪，[①]组织卖淫罪等。

二是场所要件。在一般情况下，组织卖淫行为人是设置卖淫场所或者变相设置卖淫场所的，如以宾馆、洗浴中心、会所为固定场所或者以经营宾馆、洗浴中心、会所等为名，行卖淫之实。但现实中，面对严厉的"扫黄"活动，一些不法分子则采取"流动作战"方式，即不建立固定的卖淫窝点，而是利用现代化的交通与通信设施，指挥、控制着多名人员从事卖淫活动。这种动态管理模式，将组织卖淫行为化整为零，或者将分散的单个卖淫行为组织起来，既能扩大卖淫的范围，又便于躲避公安人员的追查，已经为一些卖淫组织所采用。这类没有固定场所的组织卖淫行为，卖淫者并非作为单个个体而存在，而是受制于组织者，随时接受他们的指示去办事，有一定的组织性和纪律性。综上，我们认为，组织卖淫的场所特征体现为有固定的场所或者虽无固定场所但实际掌控、管理卖淫人员，有组织地进行卖淫活动。

---

① 黑社会性质组织罪中的"组织"一词，作为一个名词，不是本文要讨论的内容。

三是手段及规模要件。《解答》规定，组织他人卖淫罪，是指以招募、雇佣、强迫、引诱、容留等手段，控制多人从事卖淫的行为。我们认为，这一概念界定基本合理。一是手段上，包括了招募、雇佣、强迫、引诱、容留等手段，并且采取控制、管理的手段。值得一提的是，组织行为，不仅仅限于使用控制手段，还包括管理手段。因为，司法实践表明，由于受生活方式影响和价值观的扭曲，卖淫人员中，不仅有被强迫、引诱的，还有相当数量的是自愿卖淫。自愿卖淫人员被组织的行为，称为"管理"，或许更为准确。二是规模上。刑法第三百五十八条并未明确规定组织多少人或者多少次才能算是组织卖淫行为。《解答》规定的是"多人"（一般理解为三人以上）。我们认为，这一规定依然可以适用。因为，如果只是控制单个人从事卖淫，那么无论多少次都称不上"组织"，既然被称为"组织"，就有一个数量的最低限度。

综上，区分组织卖淫罪和引诱、容留、介绍卖淫罪的关键是行为人是否对卖淫者具有管理、控制等组织行为。如果行为人只是实施了容留、介绍甚至引诱卖淫的行为，没有对卖淫活动进行组织的，就不能以组织卖淫罪处罚。

就本案而言，被告人张桂方、冯晓明共同容留多名卖淫女从事卖淫活动，张桂方租用了广州市番禺区大石街大山村大涌路275号之七及番禺区大石街大山村富山二街5号之一的出租屋作为卖淫场所，亲自招揽嫖客，还雇请同案人为卖淫女拉客，规定卖淫价格及分成比例，并收取嫖资。冯晓明则拉拢、收买辖区派出所的辅警，通过辅警打探公安机关的清查活动，为组织卖淫活动寻求非法保护。因此，张桂方、冯晓明虽然没有从人身自由上对卖淫女实施严格的控制行为，但均实施了对多名卖淫女卖淫活动的管理行为，均构成组织卖淫罪。具体体现在：(1)提供固定卖淫场所；(2)规定上班时间和地点；(3)雇佣人员负责拉客，为卖淫女提供客源；(4)规定卖淫收入的分配比例，先由被告人收取嫖资后分配；(5)为卖淫活动寻求保护。这些特征，均为单一的引诱、容留、介绍卖淫罪所不能涵括。

（二）组织卖淫犯罪"情节严重"的认定

刑法第三百五十八对组织卖淫罪配置了三个量刑档次，即基本犯判处五年以上十年以下有期徒刑，并处罚金；情节严重的，处十年以上有期徒刑或者无期徒刑，并处罚金或者没收财产；情节特别严重的，处无期徒刑或者死刑，并处没收财产。这与强迫卖淫罪的罪刑配置是一致的。我们认为，在司法实践中，对组织卖淫罪"情节严重"的理解应当严于强迫卖淫罪。但刑法仅规定了强迫卖淫罪"情节严重"、"情节特别严重"的情形，并未明确组织卖淫罪"情节严重"和"情节特别严重"的情形。《决定》对此也无相关规定，《解答》亦未对"情节严重"的情形作规定，但规定了"情节特别严重"，即主要是指组织他人卖淫的首要分子情节特别严重的；组织他人卖淫手段特别恶劣的；对被组织卖淫者造成特别严重后果的；组织多人多次卖淫具有极大的社会危害性的；等等。

从司法实践的情况看，以管理、控制卖淫的人数、造成被组织卖淫者伤亡后果及被组织者中是否有不满 14 周岁的幼女等来认定是否构成"情节严重"，比单纯用组织卖淫的次数衡量是否"情节严重"更合理、更具可操作性。组织卖淫的次数，可以作为量刑幅度内的量刑情节予以考虑，但不宜作为量刑升格的情节，因为组织卖淫的次数少，也可构成"情节严重"。如 2003 年 9 月 16 日至 18 日发生的"珠海买春"案，被告人一次性组织卖淫女达到 300 余人，法院认为各被告人均已构成组织卖淫罪，且情节严重。理由是，各被告人的行为虽系临时一次性地组织，但组织卖淫人数众多、造成恶劣的社会影响。由此可见，被组织的卖淫女人数，是认定"情节严重"的重要依据之一，而次数则不能成为认定"情节严重"的依据。一方面，次数问题取证困难，规定次数给实际操作带来许多不便；另一方面，次数与人数相比，显然人数多的危害比次数多的危害大得多。

结合司法实践，我们认为，以下三种情形，应当认定为组织卖淫罪"情节严重"的情形：一是从组织卖淫的人数看，组织卖淫罪入罪标准为 3 人，"情节严重"以基本犯起点人数的 5 倍即 15 人作为最低限度较为适宜；二是从被组织者是否因被组织卖淫造成伤亡的后果来考量，依照一般侵犯人身犯罪的标准，以是否造成重伤、死亡为界限确定是否构成"情节严重"；三是从被组织者中是否有幼女来考察。只要有幼女被组织卖淫的，一律以"情节严重"论，以切实严格保护幼女的权益。

就本案而言，有充分证据证明，被告人张桂方组织了 13 名卖淫女从事卖淫活动，但其主要手段是容留，没有对被组织卖淫者进行人身控制，没造成严重的伤亡后果或者恶劣的社会影响,也没有其他情节严重的情形存在,其犯罪情节一般。二审法院不认定张桂方、冯晓明的组织卖淫犯罪“情节严重”,并根据犯罪事实、情节和对社会的危害程度,结合二被告人的主观恶性程度及认罪态度予以改判是正确的。

(撰稿:最高人民法院刑四庭　杨　华
广东省高级人民法院　吴海涛　周　晶
审编:最高人民法院刑四庭　陆建红)

立法、司法规范

中华人民共和国主席令

第二十号

《全国人民代表大会关于修改〈中华人民共和国立法法〉的决定》已由中华人民共和国第十二届全国人民代表大会第三次会议于2015年3月15日通过，现予公布，自公布之日起施行。

中华人民共和国主席　习近平

2015年3月15日

中华人民共和国立法法

（2000年3月15日第九届全国人民代表大会第三次会议通过
根据2015年3月15日第十二届全国人民代表大会第三次会议
《关于修改〈中华人民共和国立法法〉的决定》修正）

第一章　总　　则

第一条　为了规范立法活动，健全国家立法制度，提高立法质量，完善中国特色社会主义法律体系，发挥立法的引领和推动作用，保障和发展社会主义民主，全面推进依法治国，建设社会主义法治国家，根据宪法，制定本法。

第二条　法律、行政法规、地方性法规、自治条例和单行条例的制定、修改和废止,适用本法。

国务院部门规章和地方政府规章的制定、修改和废止,依照本法的有关规定执行。

第三条 立法应当遵循宪法的基本原则,以经济建设为中心,坚持社会主义道路、坚持人民民主专政、坚持中国共产党的领导、坚持马克思列宁主义毛泽东思想邓小平理论,坚持改革开放。

第四条 立法应当依照法定的权限和程序,从国家整体利益出发,维护社会主义法制的统一和尊严。

第五条 立法应当体现人民的意志,发扬社会主义民主,坚持立法公开,保障人民通过多种途径参与立法活动。

第六条 立法应当从实际出发,适应经济社会发展和全面深化改革的要求,科学合理地规定公民、法人和其他组织的权利与义务、国家机关的权力与责任。

法律规范应当明确、具体,具有针对性和可执行性。

第二章 法 律

第一节 立法权限

第七条 全国人民代表大会和全国人民代表大会常务委员会行使国家立法权。

全国人民代表大会制定和修改刑事、民事、国家机构的和其他的基本法律。

全国人民代表大会常务委员会制定和修改除应当由全国人民代表大会制定的法律以外的其他法律;在全国人民代表大会闭会期间,对全国人民代表大会制定的法律进行部分补充和修改,但是不得同该法律的基本原则相抵触。

第八条 下列事项只能制定法律:

(一)国家主权的事项;

(二)各级人民代表大会、人民政府、人民法院和人民检察院的产生、组织和职权;

（三）民族区域自治制度、特别行政区制度、基层群众自治制度；

（四）犯罪和刑罚；

（五）对公民政治权利的剥夺、限制人身自由的强制措施和处罚；

（六）税种的设立、税率的确定和税收征收管理等税收基本制度；

（七）对非国有财产的征收、征用；

（八）民事基本制度；

（九）基本经济制度以及财政、海关、金融和外贸的基本制度；

（十）诉讼和仲裁制度；

（十一）必须由全国人民代表大会及其常务委员会制定法律的其他事项。

第九条　本法第八条规定的事项尚未制定法律的，全国人民代表大会及其常务委员会有权作出决定，授权国务院可以根据实际需要，对其中的部分事项先制定行政法规，但是有关犯罪和刑罚、对公民政治权利的剥夺和限制人身自由的强制措施和处罚、司法制度等事项除外。

第十条　授权决定应当明确授权的目的、事项、范围、期限以及被授权机关实施授权决定应当遵循的原则等。

授权的期限不得超过五年，但是授权决定另有规定的除外。

被授权机关应当在授权期限届满的六个月以前，向授权机关报告授权决定实施的情况，并提出是否需要制定有关法律的意见；需要继续授权的，可以提出相关意见，由全国人民代表大会及其常务委员会决定。

第十一条　授权立法事项，经过实践检验，制定法律的条件成熟时，由全国人民代表大会及其常务委员会及时制定法律。法律制定后，相应立法事项的授权终止。

第十二条　被授权机关应当严格按照授权决定行使被授予的权力。

被授权机关不得将被授予的权力转授给其他机关。

第十三条　全国人民代表大会及其常务委员会可以根据改革发展的需要，决定就行政管理等领域的特定事项授权在一定期限内在部分地方暂时调整或者暂时停止适用法律的部分规定。

第二节　全国人民代表大会立法程序

第十四条　全国人民代表大会主席团可以向全国人民代表大会提出法

律案，由全国人民代表大会会议审议。

全国人民代表大会常务委员会、国务院、中央军事委员会、最高人民法院、最高人民检察院、全国人民代表大会各专门委员会，可以向全国人民代表大会提出法律案，由主席团决定列入会议议程。

第十五条 一个代表团或者三十名以上的代表联名，可以向全国人民代表大会提出法律案，由主席团决定是否列入会议议程，或者先交有关的专门委员会审议、提出是否列入会议议程的意见，再决定是否列入会议议程。

专门委员会审议的时候，可以邀请提案人列席会议，发表意见。

第十六条 向全国人民代表大会提出的法律案，在全国人民代表大会闭会期间，可以先向常务委员会提出，经常务委员会会议依照本法第二章第三节规定的有关程序审议后，决定提请全国人民代表大会审议，由常务委员会向大会全体会议作说明，或者由提案人向大会全体会议作说明。

常务委员会依照前款规定审议法律案，应当通过多种形式征求全国人民代表大会代表的意见，并将有关情况予以反馈；专门委员会和常务委员会工作机构进行立法调研，可以邀请有关的全国人民代表大会代表参加。

第十七条 常务委员会决定提请全国人民代表大会会议审议的法律案，应当在会议举行的一个月前将法律草案发给代表。

第十八条 列入全国人民代表大会会议议程的法律案，大会全体会议听取提案人的说明后，由各代表团进行审议。

各代表团审议法律案时，提案人应当派人听取意见，回答询问。

各代表团审议法律案时，根据代表团的要求，有关机关、组织应当派人介绍情况。

第十九条 列入全国人民代表大会会议议程的法律案，由有关的专门委员会进行审议，向主席团提出审议意见，并印发会议。

第二十条 列入全国人民代表大会会议议程的法律案，由法律委员会根据各代表团和有关的专门委员会的审议意见，对法律案进行统一审议，向主席团提出审议结果报告和法律草案修改稿，对重要的不同意见应当在审议结果报告中予以说明，经主席团会议审议通过后，印发会议。

第二十一条 列入全国人民代表大会会议议程的法律案，必要时，主席团常务主席可以召开各代表团团长会议，就法律案中的重大问题听取各代表团的审议意见，进行讨论，并将讨论的情况和意见向主席团报告。

主席团常务主席也可以就法律案中的重大的专门性问题，召集代表团推选的有关代表进行讨论，并将讨论的情况和意见向主席团报告。

第二十二条 列入全国人民代表大会会议议程的法律案，在交付表决前，提案人要求撤回的，应当说明理由，经主席团同意，并向大会报告，对该法律案的审议即行终止。

第二十三条 法律案在审议中有重大问题需要进一步研究的，经主席团提出，由大会全体会议决定，可以授权常务委员会根据代表的意见进一步审议，作出决定，并将决定情况向全国人民代表大会下次会议报告；也可以授权常务委员会根据代表的意见进一步审议，提出修改方案，提请全国人民代表大会下次会议审议决定。

第二十四条 法律草案修改稿经各代表团审议，由法律委员会根据各代表团的审议意见进行修改，提出法律草案表决稿，由主席团提请大会全体会议表决，由全体代表的过半数通过。

第二十五条 全国人民代表大会通过的法律由国家主席签署主席令予以公布。

第三节 全国人民代表大会常务委员会立法程序

第二十六条 委员长会议可以向常务委员会提出法律案，由常务委员会会议审议。

国务院、中央军事委员会、最高人民法院、最高人民检察院、全国人民代表大会各专门委员会，可以向常务委员会提出法律案，由委员长会议决定列入常务委员会会议议程，或者先交有关的专门委员会审议、提出报告，再决定列入常务委员会会议议程。如果委员长会议认为法律案有重大问题需要进一步研究，可以建议提案人修改完善后再向常务委员会提出。

第二十七条 常务委员会组成人员十人以上联名，可以向常务委员会提出法律案，由委员长会议决定是否列入常务委员会会议议程，或者先交有关的专门委员会审议、提出是否列入会议议程的意见，再决定是否列入常务委员会会议议程。不列入常务委员会会议议程的，应当向常务委员会会议报告或者向提案人说明。

专门委员会审议的时候，可以邀请提案人列席会议，发表意见。

第二十八条 列入常务委员会会议议程的法律案，除特殊情况外，应当在会议举行的七日前将法律草案发给常务委员会组成人员。

常务委员会会议审议法律案时，应当邀请有关的全国人民代表大会代表列席会议。

第二十九条 列入常务委员会会议议程的法律案，一般应当经三次常务委员会会议审议后再交付表决。

常务委员会会议第一次审议法律案，在全体会议上听取提案人的说明，由分组会议进行初步审议。

常务委员会会议第二次审议法律案，在全体会议上听取法律委员会关于法律草案修改情况和主要问题的汇报，由分组会议进一步审议。

常务委员会会议第三次审议法律案，在全体会议上听取法律委员会关于法律草案审议结果的报告，由分组会议对法律草案修改稿进行审议。

常务委员会审议法律案时，根据需要，可以召开联组会议或者全体会议，对法律草案中的主要问题进行讨论。

第三十条 列入常务委员会会议议程的法律案，各方面意见比较一致的，可以经两次常务委员会会议审议后交付表决；调整事项较为单一或者部分修改的法律案，各方面的意见比较一致的，也可以经一次常务委员会会议审议即交付表决。

第三十一条 常务委员会分组会议审议法律案时，提案人应当派人听取意见，回答询问。

常务委员会分组会议审议法律案时，根据小组的要求，有关机关、组织应当派人介绍情况。

第三十二条 列入常务委员会会议议程的法律案，由有关的专门委员会进行审议，提出审议意见，印发常务委员会会议。

有关的专门委员会审议法律案时，可以邀请其他专门委员会的成员列席会议，发表意见。

第三十三条 列入常务委员会会议议程的法律案,由法律委员会根据常务委员会组成人员、有关的专门委员会的审议意见和各方面提出的意见,对法律案进行统一审议,提出修改情况的汇报或者审议结果报告和法律草案修改稿,对重要的不同意见应当在汇报或者审议结果报告中予以说明。对有关的专门委员会的审议意见没有采纳的,应当向有关的专门委员会反馈。

法律委员会审议法律案时,应当邀请有关的专门委员会的成员列席会议,发表意见。

第三十四条 专门委员会审议法律案时,应当召开全体会议审议,根据需要,可以要求有关机关、组织派有关负责人说明情况。

第三十五条 专门委员会之间对法律草案的重要问题意见不一致时,应当向委员长会议报告。

第三十六条 列入常务委员会会议议程的法律案,法律委员会、有关的专门委员会和常务委员会工作机构应当听取各方面的意见。听取意见可以采取座谈会、论证会、听证会等多种形式。

法律案有关问题专业性较强,需要进行可行性评价的,应当召开论证会,听取有关专家、部门和全国人民代表大会代表等方面的意见。论证情况应当向常务委员会报告。

法律案有关问题存在重大意见分歧或者涉及利益关系重大调整,需要进行听证的,应当召开听证会,听取有关基层和群体代表、部门、人民团体、专家、全国人民代表大会代表和社会有关方面的意见。听证情况应当向常务委员会报告。

常务委员会工作机构应当将法律草案发送相关领域的全国人民代表大会代表、地方人民代表大会常务委员会以及有关部门、组织和专家征求意见。

第三十七条 列入常务委员会会议议程的法律案,应当在常务委员会会议后将法律草案及其起草、修改的说明等向社会公布,征求意见,但是经委员长会议决定不公布的除外。向社会公布征求意见的时间一般不少于三十日。征求意见的情况应当向社会通报。

第三十八条 列入常务委员会会议议程的法律案，常务委员会工作机构应当收集整理分组审议的意见和各方面提出的意见以及其他有关资料，分送法律委员会和有关的专门委员会，并根据需要，印发常务委员会会议。

第三十九条 拟提请常务委员会会议审议通过的法律案，在法律委员会提出审议结果报告前，常务委员会工作机构可以对法律草案中主要制度规范的可行性、法律出台时机、法律实施的社会效果和可能出现的问题等进行评估。评估情况由法律委员会在审议结果报告中予以说明。

第四十条 列入常务委员会会议议程的法律案，在交付表决前，提案人要求撤回的，应当说明理由，经委员长会议同意，并向常务委员会报告，对该法律案的审议即行终止。

第四十一条 法律草案修改稿经常务委员会会议审议，由法律委员会根据常务委员会组成人员的审议意见进行修改，提出法律草案表决稿，由委员长会议提请常务委员会全体会议表决，由常务委员会全体组成人员的过半数通过。

法律草案表决稿交付常务委员会会议表决前，委员长会议根据常务委员会会议审议的情况，可以决定将个别意见分歧较大的重要条款提请常务委员会会议单独表决。

单独表决的条款经常务委员会会议表决后，委员长会议根据单独表决的情况，可以决定将法律草案表决稿交付表决，也可以决定暂不付表决，交法律委员会和有关的专门委员会进一步审议。

第四十二条 列入常务委员会会议审议的法律案，因各方面对制定该法律的必要性、可行性等重大问题存在较大意见分歧搁置审议满两年的，或者因暂不付表决经过两年没有再次列入常务委员会会议议程审议的，由委员长会议向常务委员会报告，该法律案终止审议。

第四十三条 对多部法律中涉及同类事项的个别条款进行修改，一并提出法律案的，经委员长会议决定，可以合并表决，也可以分别表决。

第四十四条 常务委员会通过的法律由国家主席签署主席令予以公布。

第四节　法律解释

第四十五条　法律解释权属于全国人民代表大会常务委员会。

法律有以下情况之一的，由全国人民代表大会常务委员会解释：

（一）法律的规定需要进一步明确具体含义的；

（二）法律制定后出现新的情况，需要明确适用法律依据的。

第四十六条　国务院、中央军事委员会、最高人民法院、最高人民检察院和全国人民代表大会各专门委员会以及省、自治区、直辖市的人民代表大会常务委员会可以向全国人民代表大会常务委员会提出法律解释要求。

第四十七条　常务委员会工作机构研究拟订法律解释草案，由委员长会议决定列入常务委员会会议议程。

第四十八条　法律解释草案经常务委员会会议审议，由法律委员会根据常务委员会组成人员的审议意见进行审议、修改，提出法律解释草案表决稿。

第四十九条　法律解释草案表决稿由常务委员会全体组成人员的过半数通过，由常务委员会发布公告予以公布。

第五十条　全国人民代表大会常务委员会的法律解释同法律具有同等效力。

第五节　其他规定

第五十一条　全国人民代表大会及其常务委员会加强对立法工作的组织协调，发挥在立法工作中的主导作用。

第五十二条　全国人民代表大会常务委员会通过立法规划、年度立法计划等形式，加强对立法工作的统筹安排。编制立法规划和年度立法计划，应当认真研究代表议案和建议，广泛征集意见，科学论证评估，根据经济社会发展和民主法治建设的需要，确定立法项目，提高立法的及时性、针对性和系统性。立法规划和年度立法计划由委员长会议通过并向社会公布。

全国人民代表大会常务委员会工作机构负责编制立法规划和拟订年度立法计划，并按照全国人民代表大会常务委员会的要求，督促立法规划和年度立法计划的落实。

第五十三条 全国人民代表大会有关的专门委员会、常务委员会工作机构应当提前参与有关方面的法律草案起草工作;综合性、全局性、基础性的重要法律草案,可以由有关的专门委员会或者常务委员会工作机构组织起草。

专业性较强的法律草案,可以吸收相关领域的专家参与起草工作,或者委托有关专家、教学科研单位、社会组织起草。

第五十四条 提出法律案,应当同时提出法律草案文本及其说明,并提供必要的参阅资料。修改法律的,还应当提交修改前后的对照文本。法律草案的说明应当包括制定或者修改法律的必要性、可行性和主要内容,以及起草过程中对重大分歧意见的协调处理情况。

第五十五条 向全国人民代表大会及其常务委员会提出的法律案,在列入会议议程前,提案人有权撤回。

第五十六条 交付全国人民代表大会及其常务委员会全体会议表决未获得通过的法律案,如果提案人认为必须制定该法律,可以按照法律规定的程序重新提出,由主席团、委员长会议决定是否列入会议议程;其中,未获得全国人民代表大会通过的法律案,应当提请全国人民代表大会审议决定。

第五十七条 法律应当明确规定施行日期。

第五十八条 签署公布法律的主席令载明该法律的制定机关、通过和施行日期。

法律签署公布后,及时在全国人民代表大会常务委员会公报和中国人大网以及在全国范围内发行的报纸上刊载。

在常务委员会公报上刊登的法律文本为标准文本。

第五十九条 法律的修改和废止程序,适用本章的有关规定。

法律被修改的,应当公布新的法律文本。

法律被废止的,除由其他法律规定废止该法律的以外,由国家主席签署主席令予以公布。

第六十条 法律草案与其他法律相关规定不一致的,提案人应当予以说明并提出处理意见,必要时应当同时提出修改或者废止其他法律相关规定的议案。

法律委员会和有关的专门委员会审议法律案时，认为需要修改或者废止其他法律相关规定的，应当提出处理意见。

第六十一条 法律根据内容需要，可以分编、章、节、条、款、项、目。

编、章、节、条的序号用中文数字依次表述，款不编序号，项的序号用中文数字加括号依次表述，目的序号用阿拉伯数字依次表述。

法律标题的题注应当载明制定机关、通过日期。经过修改的法律，应当依次载明修改机关、修改日期。

第六十二条 法律规定明确要求有关国家机关对专门事项作出配套的具体规定的，有关国家机关应当自法律施行之日起一年内作出规定，法律对配套的具体规定制定期限另有规定的，从其规定。有关国家机关未能在期限内作出配套的具体规定的，应当向全国人民代表大会常务委员会说明情况。

第六十三条 全国人民代表大会有关的专门委员会、常务委员会工作机构可以组织对有关法律或者法律中有关规定进行立法后评估。评估情况应当向常务委员会报告。

第六十四条 全国人民代表大会常务委员会工作机构可以对有关具体问题的法律询问进行研究予以答复，并报常务委员会备案。

第三章 行政法规

第六十五条 国务院根据宪法和法律，制定行政法规。

行政法规可以就下列事项作出规定：

（一）为执行法律的规定需要制定行政法规的事项；

（二）宪法第八十九条规定的国务院行政管理职权的事项。

应当由全国人民代表大会及其常务委员会制定法律的事项，国务院根据全国人民代表大会及其常务委员会的授权决定先制定的行政法规，经过实践检验，制定法律的条件成熟时，国务院应当及时提请全国人民代表大会及其常务委员会制定法律。

第六十六条 国务院法制机构应当根据国家总体工作部署拟订国务院年度立法计划，报国务院审批。国务院年度立法计划中的法律项目应当与全国人民代表大会常务委员会的立法规划和年度立法计划相衔接。国务院法制机构应当及时跟踪了解国务院各部门落实立法计划的情况,加强组织协调和督促指导。

国务院有关部门认为需要制定行政法规的,应当向国务院报请立项。

第六十七条 行政法规由国务院有关部门或者国务院法制机构具体负责起草,重要行政管理的法律、行政法规草案由国务院法制机构组织起草。行政法规在起草过程中,应当广泛听取有关机关、组织、人民代表大会代表和社会公众的意见。听取意见可以采取座谈会、论证会、听证会等多种形式。

行政法规草案应当向社会公布,征求意见,但是经国务院决定不公布的除外。

第六十八条 行政法规起草工作完成后,起草单位应当将草案及其说明、各方面对草案主要问题的不同意见和其他有关资料送国务院法制机构进行审查。

国务院法制机构应当向国务院提出审查报告和草案修改稿,审查报告应当对草案主要问题作出说明。

第六十九条 行政法规的决定程序依照中华人民共和国国务院组织法的有关规定办理。

第七十条 行政法规由总理签署国务院令公布。

有关国防建设的行政法规,可以由国务院总理、中央军事委员会主席共同签署国务院、中央军事委员会令公布。

第七十一条 行政法规签署公布后,及时在国务院公报和中国政府法制信息网以及在全国范围内发行的报纸上刊载。

在国务院公报上刊登的行政法规文本为标准文本。

第四章 地方性法规、自治条例和单行条例、规章

第一节 地方性法规、自治条例和单行条例

第七十二条 省、自治区、直辖市的人民代表大会及其常务委员会根据

本行政区域的具体情况和实际需要，在不同宪法、法律、行政法规相抵触的前提下，可以制定地方性法规。

设区的市的人民代表大会及其常务委员会根据本市的具体情况和实际需要，在不同宪法、法律、行政法规和本省、自治区的地方性法规相抵触的前提下，可以对城乡建设与管理、环境保护、历史文化保护等方面的事项制定地方性法规，法律对设区的市制定地方性法规的事项另有规定的，从其规定。设区的市的地方性法规须报省、自治区的人民代表大会常务委员会批准后施行。省、自治区的人民代表大会常务委员会对报请批准的地方性法规，应当对其合法性进行审查，同宪法、法律、行政法规和本省、自治区的地方性法规不抵触的，应当在四个月内予以批准。

省、自治区的人民代表大会常务委员会在对报请批准的设区的市的地方性法规进行审查时，发现其同本省、自治区的人民政府的规章相抵触的，应当作出处理决定。

除省、自治区的人民政府所在地的市，经济特区所在地的市和国务院已经批准的较大的市以外，其他设区的市开始制定地方性法规的具体步骤和时间，由省、自治区的人民代表大会常务委员会综合考虑本省、自治区所辖的设区的市的人口数量、地域面积、经济社会发展情况以及立法需求、立法能力等因素确定，并报全国人民代表大会常务委员会和国务院备案。

自治州的人民代表大会及其常务委员会可以依照本条第二款规定行使设区的市制定地方性法规的职权。自治州开始制定地方性法规的具体步骤和时间，依照前款规定确定。

省、自治区的人民政府所在地的市，经济特区所在地的市和国务院已经批准的较大的市已经制定的地方性法规，涉及本条第二款规定事项范围以外的，继续有效。

第七十三条　地方性法规可以就下列事项作出规定：

（一）为执行法律、行政法规的规定，需要根据本行政区域的实际情况作具体规定的事项；

（二）属于地方性事务需要制定地方性法规的事项。

除本法第八条规定的事项外，其他事项国家尚未制定法律或者行政法规的,省、自治区、直辖市和设区的市、自治州根据本地方的具体情况和实际需要,可以先制定地方性法规。在国家制定的法律或者行政法规生效后,地方性法规同法律或者行政法规相抵触的规定无效,制定机关应当及时予以修改或者废止。

设区的市、自治州根据本条第一款、第二款制定地方性法规,限于本法第七十二条第二款规定的事项。

制定地方性法规,对上位法已经明确规定的内容,一般不作重复性规定。

第七十四条 经济特区所在地的省、市的人民代表大会及其常务委员会根据全国人民代表大会的授权决定,制定法规,在经济特区范围内实施。

第七十五条 民族自治地方的人民代表大会有权依照当地民族的政治、经济和文化的特点,制定自治条例和单行条例。自治区的自治条例和单行条例,报全国人民代表大会常务委员会批准后生效。自治州、自治县的自治条例和单行条例,报省、自治区、直辖市的人民代表大会常务委员会批准后生效。

自治条例和单行条例可以依照当地民族的特点,对法律和行政法规的规定作出变通规定,但不得违背法律或者行政法规的基本原则,不得对宪法和民族区域自治法的规定以及其他有关法律、行政法规专门就民族自治地方所作的规定作出变通规定。

第七十六条 规定本行政区域特别重大事项的地方性法规,应当由人民代表大会通过。

第七十七条 地方性法规案、自治条例和单行条例案的提出、审议和表决程序,根据中华人民共和国地方各级人民代表大会和地方各级人民政府组织法,参照本法第二章第二节、第三节、第五节的规定,由本级人民代表大会规定。

地方性法规草案由负责统一审议的机构提出审议结果的报告和草案修改稿。

第七十八条 省、自治区、直辖市的人民代表大会制定的地方性法规由大会主席团发布公告予以公布。

省、自治区、直辖市的人民代表大会常务委员会制定的地方性法规由常务委员会发布公告予以公布。

设区的市、自治州的人民代表大会及其常务委员会制定的地方性法规报经批准后，由设区的市、自治州的人民代表大会常务委员会发布公告予以公布。

自治条例和单行条例报经批准后，分别由自治区、自治州、自治县的人民代表大会常务委员会发布公告予以公布。

第七十九条 地方性法规、自治区的自治条例和单行条例公布后，及时在本级人民代表大会常务委员会公报和中国人大网、本地方人民代表大会网站以及在本行政区域范围内发行的报纸上刊载。

在常务委员会公报上刊登的地方性法规、自治条例和单行条例文本为标准文本。

第二节 规　　章

第八十条 国务院各部、委员会、中国人民银行、审计署和具有行政管理职能的直属机构，可以根据法律和国务院的行政法规、决定、命令，在本部门的权限范围内，制定规章。

部门规章规定的事项应当属于执行法律或者国务院的行政法规、决定、命令的事项。没有法律或者国务院的行政法规、决定、命令的依据，部门规章不得设定减损公民、法人和其他组织权利或者增加其义务的规范，不得增加本部门的权力或者减少本部门的法定职责。

第八十一条 涉及两个以上国务院部门职权范围的事项，应当提请国务院制定行政法规或者由国务院有关部门联合制定规章。

第八十二条 省、自治区、直辖市和设区的市、自治州的人民政府，可以根据法律、行政法规和本省、自治区、直辖市的地方性法规，制定规章。

地方政府规章可以就下列事项作出规定：

（一）为执行法律、行政法规、地方性法规的规定需要制定规章的事项；

（二）属于本行政区域的具体行政管理事项。

设区的市、自治州的人民政府根据本条第一款、第二款制定地方政府规章，限于城乡建设与管理、环境保护、历史文化保护等方面的事项。已经制定的地方政府规章，涉及上述事项范围以外的，继续有效。

除省、自治区的人民政府所在地的市，经济特区所在地的市和国务院已经批准的较大的市以外，其他设区的市、自治州的人民政府开始制定规章的时间，与本省、自治区人民代表大会常务委员会确定的本市、自治州开始制定地方性法规的时间同步。

应当制定地方性法规但条件尚不成熟的，因行政管理迫切需要，可以先制定地方政府规章。规章实施满两年需要继续实施规章所规定的行政措施的，应当提请本级人民代表大会或者其常务委员会制定地方性法规。

没有法律、行政法规、地方性法规的依据，地方政府规章不得设定减损公民、法人和其他组织权利或者增加其义务的规范。

第八十三条 国务院部门规章和地方政府规章的制定程序，参照本法第三章的规定，由国务院规定。

第八十四条 部门规章应当经部务会议或者委员会会议决定。

地方政府规章应当经政府常务会议或者全体会议决定。

第八十五条 部门规章由部门首长签署命令予以公布。

地方政府规章由省长、自治区主席、市长或者自治州州长签署命令予以公布。

第八十六条 部门规章签署公布后，及时在国务院公报或者部门公报和中国政府法制信息网以及在全国范围内发行的报纸上刊载。

地方政府规章签署公布后，及时在本级人民政府公报和中国政府法制信息网以及在本行政区域范围内发行的报纸上刊载。

在国务院公报或者部门公报和地方人民政府公报上刊登的规章文本为标准文本。

第五章 适用与备案审查

第八十七条 宪法具有最高的法律效力，一切法律、行政法规、地方性法规、自治条例和单行条例、规章都不得同宪法相抵触。

第八十八条 法律的效力高于行政法规、地方性法规、规章。

行政法规的效力高于地方性法规、规章。

第八十九条 地方性法规的效力高于本级和下级地方政府规章。

省、自治区的人民政府制定的规章的效力高于本行政区域内的设区的市、自治州的人民政府制定的规章。

第九十条 自治条例和单行条例依法对法律、行政法规、地方性法规作变通规定的，在本自治地方适用自治条例和单行条例的规定。

经济特区法规根据授权对法律、行政法规、地方性法规作变通规定的，在本经济特区适用经济特区法规的规定。

第九十一条 部门规章之间、部门规章与地方政府规章之间具有同等效力，在各自的权限范围内施行。

第九十二条 同一机关制定的法律、行政法规、地方性法规、自治条例和单行条例、规章，特别规定与一般规定不一致的，适用特别规定；新的规定与旧的规定不一致的，适用新的规定。

第九十三条 法律、行政法规、地方性法规、自治条例和单行条例、规章不溯及既往，但为了更好地保护公民、法人和其他组织的权利和利益而作的特别规定除外。

第九十四条 法律之间对同一事项的新的一般规定与旧的特别规定不一致，不能确定如何适用时，由全国人民代表大会常务委员会裁决。

行政法规之间对同一事项的新的一般规定与旧的特别规定不一致，不能确定如何适用时，由国务院裁决。

第九十五条 地方性法规、规章之间不一致时，由有关机关依照下列规定的权限作出裁决：

（一）同一机关制定的新的一般规定与旧的特别规定不一致时，由制定机关裁决；

（二）地方性法规与部门规章之间对同一事项的规定不一致，不能确定如何适用时，由国务院提出意见，国务院认为应当适用地方性法规的，应当决定在该地方适用地方性法规的规定；认为应当适用部门规章的，应当提请全国人民代表大会常务委员会裁决；

（三）部门规章之间、部门规章与地方政府规章之间对同一事项的规定不一致时，由国务院裁决。

根据授权制定的法规与法律规定不一致，不能确定如何适用时，由全国人民代表大会常务委员会裁决。

第九十六条 法律、行政法规、地方性法规、自治条例和单行条例、规章有下列情形之一的，由有关机关依照本法第九十七条规定的权限予以改变或者撤销：

（一）超越权限的；

（二）下位法违反上位法规定的；

（三）规章之间对同一事项的规定不一致，经裁决应当改变或者撤销一方的规定的；

（四）规章的规定被认为不适当，应当予以改变或者撤销的；

（五）违背法定程序的。

第九十七条 改变或者撤销法律、行政法规、地方性法规、自治条例和单行条例、规章的权限是：

（一）全国人民代表大会有权改变或者撤销它的常务委员会制定的不适当的法律，有权撤销全国人民代表大会常务委员会批准的违背宪法和本法第七十五条第二款规定的自治条例和单行条例；

（二）全国人民代表大会常务委员会有权撤销同宪法和法律相抵触的行政法规，有权撤销同宪法、法律和行政法规相抵触的地方性法规，有权撤销省、自治区、直辖市的人民代表大会常务委员会批准的违背宪法和本法第七十五条第二款规定的自治条例和单行条例；

（三）国务院有权改变或者撤销不适当的部门规章和地方政府规章；

（四）省、自治区、直辖市的人民代表大会有权改变或者撤销它的常务委员会制定的和批准的不适当的地方性法规；

（五）地方人民代表大会常务委员会有权撤销本级人民政府制定的不适当的规章；

（六）省、自治区的人民政府有权改变或者撤销下一级人民政府制定的不适当的规章；

（七）授权机关有权撤销被授权机关制定的超越授权范围或者违背授权

目的的法规,必要时可以撤销授权。

第九十八条 行政法规、地方性法规、自治条例和单行条例、规章应当在公布后的三十日内依照下列规定报有关机关备案:

(一)行政法规报全国人民代表大会常务委员会备案;

(二)省、自治区、直辖市的人民代表大会及其常务委员会制定的地方性法规,报全国人民代表大会常务委员会和国务院备案;设区的市、自治州的人民代表大会及其常务委员会制定的地方性法规,由省、自治区的人民代表大会常务委员会报全国人民代表大会常务委员会和国务院备案;

(三)自治州、自治县的人民代表大会制定的自治条例和单行条例,由省、自治区、直辖市的人民代表大会常务委员会报全国人民代表大会常务委员会和国务院备案;自治条例、单行条例报送备案时,应当说明对法律、行政法规、地方性法规作出变通的情况;

(四)部门规章和地方政府规章报国务院备案;地方政府规章应当同时报本级人民代表大会常务委员会备案;设区的市、自治州的人民政府制定的规章应当同时报省、自治区的人民代表大会常务委员会和人民政府备案;

(五)根据授权制定的法规应当报授权决定规定的机关备案;经济特区法规报送备案时,应当说明对法律、行政法规、地方性法规作出变通的情况。

第九十九条 国务院、中央军事委员会、最高人民法院、最高人民检察院和各省、自治区、直辖市的人民代表大会常务委员会认为行政法规、地方性法规、自治条例和单行条例同宪法或者法律相抵触的,可以向全国人民代表大会常务委员会书面提出进行审查的要求,由常务委员会工作机构分送有关的专门委员会进行审查、提出意见。

前款规定以外的其他国家机关和社会团体、企业事业组织以及公民认为行政法规、地方性法规、自治条例和单行条例同宪法或者法律相抵触的,可以向全国人民代表大会常务委员会书面提出进行审查的建议,由常务委员会工作机构进行研究,必要时,送有关的专门委员会进行审查、提出意见。

有关的专门委员会和常务委员会工作机构可以对报送备案的规范性文件进行主动审查。

第一百条 全国人民代表大会专门委员会、常务委员会工作机构在审查、研究中认为行政法规、地方性法规、自治条例和单行条例同宪法或者法律相抵触的,可以向制定机关提出书面审查意见、研究意见;也可以由法律委员会与有关的专门委员会、常务委员会工作机构召开联合审查会议,要求制定机关到会说明情况,再向制定机关提出书面审查意见。制定机关应当在两个月内研究提出是否修改的意见,并向全国人民代表大会法律委员会和有关的专门委员会或者常务委员会工作机构反馈。

全国人民代表大会法律委员会、有关的专门委员会、常务委员会工作机构根据前款规定,向制定机关提出审查意见、研究意见,制定机关按照所提意见对行政法规、地方性法规、自治条例和单行条例进行修改或者废止的,审查终止。

全国人民代表大会法律委员会、有关的专门委员会、常务委员会工作机构经审查、研究认为行政法规、地方性法规、自治条例和单行条例同宪法或者法律相抵触而制定机关不予修改的,应当向委员长会议提出予以撤销的议案、建议,由委员长会议决定提请常务委员会会议审议决定。

第一百零一条 全国人民代表大会有关的专门委员会和常务委员会工作机构应当按照规定要求,将审查、研究情况向提出审查建议的国家机关、社会团体、企业事业组织以及公民反馈,并可以向社会公开。

第一百零二条 其他接受备案的机关对报送备案的地方性法规、自治条例和单行条例、规章的审查程序,按照维护法制统一的原则,由接受备案的机关规定。

第六章 附 则

第一百零三条 中央军事委员会根据宪法和法律,制定军事法规。

中央军事委员会各总部、军兵种、军区、中国人民武装警察部队,可以根据法律和中央军事委员会的军事法规、决定、命令,在其权限范围内,制定军事规章。

军事法规、军事规章在武装力量内部实施。

军事法规、军事规章的制定、修改和废止办法,由中央军事委员会依照本法规定的原则规定。

第一百零四条 最高人民法院、最高人民检察院作出的属于审判、检察工作中具体应用法律的解释，应当主要针对具体的法律条文，并符合立法的目的、原则和原意。遇有本法第四十五条第二款规定情况的，应当向全国人民代表大会常务委员会提出法律解释的要求或者提出制定、修改有关法律的议案。

最高人民法院、最高人民检察院作出的属于审判、检察工作中具体应用法律的解释，应当自公布之日起三十日内报全国人民代表大会常务委员会备案。

最高人民法院、最高人民检察院以外的审判机关和检察机关，不得作出具体应用法律的解释。

第一百零五条 本法自 2000 年 7 月 1 日起施行。

最高人民法院　最高人民检察院
公安部　司法部　国家卫生计生委
关于印发《暂予监外执行规定》的通知

（司发通〔2014〕112号）

各省、自治区、直辖市高级人民法院、人民检察院、公安厅（局）、司法厅（局）、卫生计生委，新疆维吾尔自治区高级人民法院生产建设兵团分院、新疆生产建设兵团人民检察院、公安局、司法局、监狱管理局、卫生局：

为了正确贯彻实施修改后的刑事诉讼法，进一步完善暂予监外执行制度，保障暂予监外执行工作严格依法规范进行，按照中央司法体制改革的要求，最高人民法院、最高人民检察院、公安部、司法部、国家卫生计生委联合制定了《暂予监外执行规定》，现予以印发，请认真贯彻执行。对于实施情况及遇到的问题，请分别及时报告最高人民法院、最高人民检察院、公安部、司法部、国家卫生计生委。

最高人民法院
最高人民检察院
公安部
司法部
国家卫生计生委
2014年10月24日

暂予监外执行规定

第一条 为了规范暂予监外执行工作，严格依法适用暂予监外执行，根据刑事诉讼法、监狱法等有关规定，结合刑罚执行工作实际，制定本规定。

第二条 对罪犯适用暂予监外执行，分别由下列机关决定或者批准：

（一）在交付执行前，由人民法院决定；

（二）在监狱服刑的，由监狱审查同意后提请省级以上监狱管理机关批准；

（三）在看守所服刑的，由看守所审查同意后提请设区的市一级以上公安机关批准。

对有关职务犯罪罪犯适用暂予监外执行，还应当依照有关规定逐案报请备案审查。

第三条 对暂予监外执行的罪犯，依法实行社区矫正，由其居住地的社区矫正机构负责执行。

第四条 罪犯在暂予监外执行期间的生活、医疗和护理等费用自理。

罪犯在监狱、看守所服刑期间因参加劳动致伤、致残被暂予监外执行的，其出监、出所后的医疗补助、生活困难补助等费用，由其服刑所在的监狱、看守所按照国家有关规定办理。

第五条 对被判处有期徒刑、拘役或者已经减为有期徒刑的罪犯，有下列情形之一，可以暂予监外执行：

（一）患有属于本规定所附《保外就医严重疾病范围》的严重疾病，需要保外就医的；

（二）怀孕或者正在哺乳自己婴儿的妇女；

（三）生活不能自理的。

对被判处无期徒刑的罪犯，有前款第二项规定情形的，可以暂予监外执行。

第六条 对需要保外就医或者属于生活不能自理，但适用暂予监外执行可能有社会危险性，或者自伤自残，或者不配合治疗的罪犯，不得暂予监外执行。

对职务犯罪、破坏金融管理秩序和金融诈骗犯罪、组织（领导、参加、包庇、纵容）黑社会性质组织犯罪的罪犯适用保外就医应当从严审批，对患有高血压、糖尿病、心脏病等严重疾病，但经诊断短期内没有生命危险的，不得暂予监外执行。

对在暂予监外执行期间因违法违规被收监执行或者因重新犯罪被判刑的罪犯，需要再次适用暂予监外执行的，应当从严审批。

第七条 对需要保外就医或者属于生活不能自理的累犯以及故意杀人、强奸、抢劫、绑架、放火、爆炸、投放危险物质或者有组织的暴力性犯罪的罪犯，原被判处死刑缓期二年执行或者无期徒刑的，应当在减为有期徒刑后执行有期徒刑七年以上方可适用暂予监外执行；原被判处十年以上有期徒刑的，应当执行原判刑期三分之一以上方可适用暂予监外执行。

对未成年罪犯、六十五周岁以上的罪犯、残疾人罪犯，适用前款规定可以适度从宽。

对患有本规定所附《保外就医严重疾病范围》的严重疾病，短期内有生命危险的罪犯，可以不受本条第一款规定关于执行刑期的限制。

第八条 对在监狱、看守所服刑的罪犯需要暂予监外执行的，监狱、看守所应当组织对罪犯进行病情诊断、妊娠检查或者生活不能自理的鉴别。罪犯本人或者其亲属、监护人也可以向监狱、看守所提出书面申请。

监狱、看守所对拟提请暂予监外执行的罪犯，应当核实其居住地。需要调查其对所居住社区影响的，可以委托居住地县级司法行政机关进行调查。

监狱、看守所应当向人民检察院通报有关情况。人民检察院可以派员监督有关诊断、检查和鉴别活动。

第九条 对罪犯的病情诊断或者妊娠检查，应当委托省级人民政府指定的医院进行。医院出具的病情诊断或者检查证明文件，应当由两名具有副高以上专业技术职称的医师共同作出，经主管业务院长审核签名，加盖公章,并附化验单、影像学资料和病历等有关医疗文书复印件。

对罪犯生活不能自理情况的鉴别,由监狱、看守所组织有医疗专业人员参加的鉴别小组进行。鉴别意见由组织鉴别的监狱、看守所出具,参与鉴别的人员应当签名,监狱、看守所的负责人应当签名并加盖公章。

对罪犯进行病情诊断、妊娠检查或者生活不能自理的鉴别,与罪犯有亲属关系或者其他利害关系的医师、人员应当回避。

第十条 罪犯需要保外就医的,应当由罪犯本人或者其亲属、监护人提出保证人,保证人由监狱、看守所审查确定。

罪犯没有亲属、监护人的,可以由其居住地的村(居)民委员会、原所在单位或者社区矫正机构推荐保证人。

保证人应当向监狱、看守所提交保证书。

第十一条 保证人应当同时具备下列条件:

(一)具有完全民事行为能力,愿意承担保证人义务;

(二)人身自由未受到限制;

(三)有固定的住处和收入;

(四)能够与被保证人共同居住或者居住在同一市、县。

第十二条 罪犯在暂予监外执行期间,保证人应当履行下列义务:

(一)协助社区矫正机构监督被保证人遵守法律和有关规定;

(二)发现被保证人擅自离开居住的市、县或者变更居住地,或者有违法犯罪行为,或者需要保外就医情形消失,或者被保证人死亡的,立即向社区矫正机构报告;

(三)为被保证人的治疗、护理、复查以及正常生活提供帮助;

(四)督促和协助被保证人按照规定履行定期复查病情和向社区矫正机构报告的义务。

第十三条 监狱、看守所应当就是否对罪犯提请暂予监外执行进行审议。经审议决定对罪犯提请暂予监外执行的,应当在监狱、看守所内进行公示。对病情严重必须立即保外就医的,可以不公示,但应当在保外就医后三个工作日以内在监狱、看守所内公告。

公示无异议或者经审查异议不成立的,监狱、看守所应当填写暂予监外执行审批表，连同有关诊断、检查、鉴别材料、保证人的保证书，提请省级以上监狱管理机关或者设区的市一级以上公安机关批准。已委托进行核实、调查的，还应当附县级司法行政机关出具的调查评估意见书。

监狱、看守所审议暂予监外执行前，应当将相关材料抄送人民检察院。决定提请暂予监外执行的，监狱、看守所应当将提请暂予监外执行书面意见的副本和相关材料抄送人民检察院。人民检察院可以向决定或者批准暂予监外执行的机关提出书面意见。

第十四条 批准机关应当自收到监狱、看守所提请暂予监外执行材料之日起十五个工作日以内作出决定。批准暂予监外执行的，应当在五个工作日以内将暂予监外执行决定书送达监狱、看守所，同时抄送同级人民检察院、原判人民法院和罪犯居住地社区矫正机构。暂予监外执行决定书应当上网公开。不予批准暂予监外执行的，应当在五个工作日以内将不予批准暂予监外执行决定书送达监狱、看守所。

第十五条 监狱、看守所应当向罪犯发放暂予监外执行决定书，及时为罪犯办理出监、出所相关手续。

在罪犯离开监狱、看守所之前，监狱、看守所应当核实其居住地，书面通知其居住地社区矫正机构，并对其进行出监、出所教育，书面告知其在暂予监外执行期间应当遵守的法律和有关监督管理规定。罪犯应当在告知书上签名。

第十六条 监狱、看守所应当派员持暂予监外执行决定书及有关文书材料，将罪犯押送至居住地，与社区矫正机构办理交接手续。监狱、看守所应当及时将罪犯交接情况通报人民检察院。

第十七条 对符合暂予监外执行条件的，被告人及其辩护人有权向人民法院提出暂予监外执行的申请，看守所可以将有关情况通报人民法院。对被告人、罪犯的病情诊断、妊娠检查或者生活不能自理的鉴别，由人民法院依照本规定程序组织进行。

第十八条 人民法院应当在执行刑罚的有关法律文书依法送达前，作出是否暂予监外执行的决定。

人民法院决定暂予监外执行的，应当制作暂予监外执行决定书，写明罪犯基本情况、判决确定的罪名和刑罚、决定暂予监外执行的原因、依据等，在判决生效后七日以内将暂予监外执行决定书送达看守所或者执行取保候审、监视居住的公安机关和罪犯居住地社区矫正机构，并抄送同级人民检察院。

人民法院决定不予暂予监外执行的，应当在执行刑罚的有关法律文书依法送达前，通知看守所或者执行取保候审、监视居住的公安机关，并告知同级人民检察院。监狱、看守所应当依法接收罪犯，执行刑罚。

人民法院在作出暂予监外执行决定前，应当征求人民检察院的意见。

第十九条 人民法院决定暂予监外执行，罪犯被羁押的，应当通知罪犯居住地社区矫正机构，社区矫正机构应当派员持暂予监外执行决定书及时与看守所办理交接手续，接收罪犯档案；罪犯被取保候审、监视居住的，由社区矫正机构与执行取保候审、监视居住的公安机关办理交接手续。

第二十条 罪犯原服刑地与居住地不在同一省、自治区、直辖市，需要回居住地暂予监外执行的，原服刑地的省级以上监狱管理机关或者设区的市一级以上公安机关监所管理部门应当书面通知罪犯居住地的监狱管理机关、公安机关监所管理部门，由其指定一所监狱、看守所接收罪犯档案，负责办理罪犯收监、刑满释放等手续，并及时书面通知罪犯居住地社区矫正机构。

第二十一条 社区矫正机构应当及时掌握暂予监外执行罪犯的身体状况以及疾病治疗等情况，每三个月审查保外就医罪犯的病情复查情况，并根据需要向批准、决定机关或者有关监狱、看守所反馈情况。

第二十二条 罪犯在暂予监外执行期间因犯新罪或者发现判决宣告以前还有其他罪没有判决的，侦查机关应当在对罪犯采取强制措施后二十四小时以内，将有关情况通知罪犯居住地社区矫正机构；人民法院应当在判决、裁定生效后，及时将判决、裁定的结果通知罪犯居住地社区矫正机构和罪犯原服刑或者接收其档案的监狱、看守所。

罪犯按前款规定被判处监禁刑罚后，应当由原服刑的监狱、看守所收监执行；原服刑的监狱、看守所与接收其档案的监狱、看守所不一致的，应当由接收其档案的监狱、看守所收监执行。

第二十三条 社区矫正机构发现暂予监外执行罪犯依法应予收监执行

的,应当提出收监执行的建议,经县级司法行政机关审核同意后,报决定或者批准机关。决定或者批准机关应当进行审查,作出收监执行决定的,将有关的法律文书送达罪犯居住地县级司法行政机关和原服刑或者接收其档案的监狱、看守所,并抄送同级人民检察院、公安机关和原判人民法院。

人民检察院发现暂予监外执行罪犯依法应予收监执行而未收监执行的,由决定或者批准机关同级的人民检察院向决定或者批准机关提出收监执行的检察建议。

第二十四条 人民法院对暂予监外执行罪犯决定收监执行的,决定暂予监外执行时剩余刑期在三个月以下的,由居住地公安机关送交看守所收监执行;决定暂予监外执行时剩余刑期在三个月以上的,由居住地公安机关送交监狱收监执行。

监狱管理机关对暂予监外执行罪犯决定收监执行的,原服刑或者接收其档案的监狱应当立即赴羁押地将罪犯收监执行。

公安机关对暂予监外执行罪犯决定收监执行的,由罪犯居住地看守所将罪犯收监执行。

监狱、看守所将罪犯收监执行后,应当将收监执行的情况报告决定或者批准机关,并告知罪犯居住地县级人民检察院和原判人民法院。

第二十五条 被决定收监执行的罪犯在逃的,由罪犯居住地县级公安机关负责追捕。公安机关将罪犯抓捕后,依法送交监狱、看守所执行刑罚。

第二十六条 被收监执行的罪犯有法律规定的不计入执行刑期情形的,社区矫正机构应当在收监执行建议书中说明情况,并附有关证明材料。批准机关进行审核后,应当及时通知监狱、看守所向所在地的中级人民法院提出不计入执行刑期的建议书。人民法院应当自收到建议书之日起一个月以内依法对罪犯的刑期重新计算作出裁定。

人民法院决定暂予监外执行的,在决定收监执行的同时应当确定不计入刑期的期间。

人民法院应当将有关的法律文书送达监狱、看守所,同时抄送同级人民检察院。

第二十七条 罪犯暂予监外执行后,刑期即将届满的,社区矫正机构应当在罪犯刑期届满前一个月以内，书面通知罪犯原服刑或者接收其档案的监狱、看守所按期办理刑满释放手续。

人民法院决定暂予监外执行罪犯刑期届满的，社区矫正机构应当及时解除社区矫正，向其发放解除社区矫正证明书，并将有关情况通报原判人民法院。

第二十八条 罪犯在暂予监外执行期间死亡的，社区矫正机构应当自发现之日起五日以内，书面通知决定或者批准机关，并将有关死亡证明材料送达罪犯原服刑或者接收其档案的监狱、看守所，同时抄送罪犯居住地同级人民检察院。

第二十九条 人民检察院发现暂予监外执行的决定或者批准机关、监狱、看守所、社区矫正机构有违法情形的，应当依法提出纠正意见。

第三十条 人民检察院认为暂予监外执行不当的，应当自接到决定书之日起一个月以内将书面意见送交决定或者批准暂予监外执行的机关，决定或者批准暂予监外执行的机关接到人民检察院的书面意见后，应当立即对该决定进行重新核查。

第三十一条 人民检察院可以向有关机关、单位调阅有关材料、档案，可以调查、核实有关情况，有关机关、单位和人员应当予以配合。

人民检察院认为必要时，可以自行组织或者要求人民法院、监狱、看守所对罪犯重新组织进行诊断、检查或者鉴别。

第三十二条 在暂予监外执行执法工作中，司法工作人员或者从事诊断、检查、鉴别等工作的相关人员有玩忽职守、徇私舞弊、滥用职权等违法违纪行为的，依法给予相应的处分；构成犯罪的，依法追究刑事责任。

第三十三条 本规定所称生活不能自理，是指罪犯因患病、身体残疾或者年老体弱，日常生活行为需要他人协助才能完成的情形。

生活不能自理的鉴别参照《劳动能力鉴定—职工工伤与职业病致残等级分级》（GB/T16180—2006）执行。进食、翻身、大小便、穿衣洗漱、自主行动等五项日常生活行为中有三项需要他人协助才能完成，且经过六个月以上治疗、护理和观察，自理能力不能恢复的，可以认定为生活不能自理。六十五周岁以上的罪犯，上述五项日常生活行为有一项需要他人协助才能完成即可视为生活不能自理。

第三十四条 本规定自2014年12月1日起施行。最高人民检察院、公安部、司法部1990年12月31日发布的《罪犯保外就医执行办法》同时废止。

附件:保外就医严重疾病范围

保外就医严重疾病范围

罪犯有下列严重疾病之一,久治不愈,严重影响其身心健康的,属于适用保外就医的疾病范围:

一、严重传染病

1. 肺结核伴空洞并反复咯血;肺结核合并多脏器并发症;结核性脑膜炎。

2. 急性、亚急性或慢性重型病毒性肝炎。

3. 艾滋病病毒感染者和病人伴有需要住院治疗的机会性感染。

4. 其他传染病,如Ⅲ期梅毒并发主要脏器病变的,流行性出血热,狂犬病,流行性脑脊髓膜炎及新发传染病等监狱医院不具备治疗条件的。

二、反复发作的,无服刑能力的各种精神病,如脑器质性精神障碍、精神分裂症、心境障碍、偏执性精神障碍等,但有严重暴力行为或倾向,对社会安全构成潜在威胁的除外。

三、严重器质性心血管疾病

1. 心脏功能不全:心脏功能在NYHA三级以上,经规范治疗未见好转。(可由冠状动脉粥样硬化性心脏病、高血压性心脏病、风湿性心脏病、肺源性心脏病、先天性心脏病、心肌病、重度心肌炎、心包炎等引起。)

2. 严重心律失常:如频发多源室性期前收缩或有R on T表现、导致血流动力学改变的心房纤颤、二度以上房室传导阻滞、阵发性室性心动过速、病态窦房结综合征等。

3. 急性冠状动脉综合征(急性心肌梗死及重度不稳定型心绞痛),冠状动脉粥样硬化性心脏病有严重心绞痛反复发作,经规范治疗仍有严重冠状动脉供血不足表现。

4. 高血压病达到很高危程度的,合并靶器官受损。具体参见注释中靶器官受损相应条款。

5. 主动脉瘤、主动脉夹层动脉瘤等需要手术的心血管动脉瘤和粘液瘤等需要手术的心脏肿瘤；或者不需要、难以手术治疗，但病情严重危及生命或者存在严重并发症，且监狱医院不具备治疗条件的心血管疾病。

6. 急性肺栓塞。

四、严重呼吸系统疾病

1. 严重呼吸功能障碍：由支气管、肺、胸膜疾病引起的中度以上呼吸功能障碍，经规范治疗未见好转。

2. 支气管扩张反复咯血，经规范治疗未见好转。

3. 支气管哮喘持续状态，反复发作，动脉血氧分压低于60mmHg，经规范治疗未见好转。

五、严重消化系统疾病

1. 肝硬化失代偿期（肝硬化合并上消化道出血、腹水、肝性脑病、肝肾综合征等）。

2. 急性出血性坏死性胰腺炎。

3. 急性及亚急性肝衰竭、慢性肝衰竭加急性发作或慢性肝衰竭。

4. 消化道反复出血，经规范治疗未见好转且持续重度贫血。

5. 急性梗阻性化脓性胆管炎，经规范治疗未见好转。

6. 肠道疾病：如克隆病、肠伤寒合并肠穿孔、出血坏死性小肠炎、全结肠切除、小肠切除四分之三等危及生命的。

六、各种急、慢性肾脏疾病引起的肾功能不全失代偿期，如急性肾衰竭、慢性肾小球肾炎、慢性肾盂肾炎、肾结核、肾小动脉硬化、免疫性肾病等。

七、严重神经系统疾病及损伤

1. 严重脑血管疾病、颅内器质性疾病并有昏睡以上意识障碍、肢体瘫痪、视力障碍等经规范治疗未见好转。如脑出血、蛛网膜下腔出血、脑血栓形成、脑栓塞、脑脓肿、乙型脑炎、结核性脑膜炎、化脓性脑膜炎及严重的脑外伤等。

2. 各种脊髓疾病及周围神经疾病与损伤所致的肢体瘫痪、大小便失禁经规范治疗未见好转，生活难以自理。如脊髓炎、高位脊髓空洞症、脊髓压迫症、运动神经元疾病（包括肌萎缩侧索硬化、进行性脊肌萎缩症、原发性侧索硬化和进行性延髓麻痹)等;周围神经疾病,如多发性神经炎、周围神经损伤等;急性炎症性脱髓鞘性多发性神经病;慢性炎症性脱髓鞘性多发性神经病。

3. 癫痫大发作,经规范治疗未见好转,每月发作仍多于两次。

4. 重症肌无力或进行性肌营养不良等疾病,严重影响呼吸和吞咽功能。

5. 锥体外系疾病所致的肌张力障碍(肌张力过高或过低)和运动障碍(包括震颤、手足徐动、舞蹈样动作、扭转痉挛等出现生活难以自理)。如帕金森病及各类帕金森综合症、小舞蹈病、慢性进行性舞蹈病、肌紧张异常、秽语抽动综合症、迟发性运动障碍、投掷样舞动、阵发性手足徐动症、阵发性运动源性舞蹈手足徐动症、扭转痉挛等。

八、严重内分泌代谢性疾病合并重要脏器功能障碍,经规范治疗未见好转。如脑垂体瘤需要手术治疗、肢端肥大症、尿崩症、柯兴氏综合征、原发性醛固酮增多症、嗜铬细胞瘤、甲状腺机能亢进危象、甲状腺机能减退症出现严重心脏损害或出现粘液性水肿昏迷,甲状旁腺机能亢进及甲状旁腺机能减退症出现高钙危象或低钙血症。

糖尿病合并严重并发症:糖尿病并发心、脑、肾、眼等严重并发症或伴发症,或合并难以控制的严重继发感染、严重酮症酸中毒或高渗性昏迷,经规范治疗未见好转。

心:诊断明确的冠状动脉粥样硬化性心脏,并出现以下情形之一的:1. 有心绞痛反复发作,经规范治疗未见好转仍有明显的冠状动脉供血不足的表现;2. 心功能三级;3. 心律失常(频发或多型性室早、新发束支传导阻滞、交界性心动过速、心房纤颤、心房扑动、二度及以上房室传导阻滞、阵发性室性心动过速、窦性停搏等)。

脑:诊断明确的脑血管疾病,出现痴呆、失语、肢体肌力达Ⅳ级以下。

肾:诊断明确的糖尿病肾病,肌酐达到177mmol/L以上水平。

眼:诊断明确的糖尿病视网膜病变,达到增殖以上。

九、严重血液系统疾病

1. 再生障碍性贫血。

2. 严重贫血并有贫血性心脏病、溶血危象、脾功能亢进其中一项,经规范治疗未见好转。

3. 白血病、骨髓增生异常综合征。

4. 恶性组织细胞病、嗜血细胞综合征。

5. 淋巴瘤、多发性骨髓瘤。

6. 严重出血性疾病，有重要器官、体腔出血的，如原发性血小板减少性紫癜、血友病等，经规范治疗未见好转。

十、严重脏器损伤和术后并发症，遗有严重功能障碍，经规范治疗未见好转

1. 脑、脊髓损伤治疗后遗有中度以上智能障碍，截瘫或偏瘫，大小便失禁，功能难以恢复。

2. 胸、腹腔重要脏器及气管损伤或手术后，遗有严重功能障碍，胸腹腔内慢性感染、重度粘连性梗阻，肠瘘、胰瘘、胆瘘、肛瘘等内外瘘形成反复发作；严重循环或呼吸功能障碍，如外伤性湿肺不易控制。

3. 肺、肾、肾上腺等器官一侧切除，对侧仍有病变或有明显功能障碍。

十一、各种严重骨、关节疾病及损伤

1. 双上肢，双下肢，一侧上肢和一侧下肢因伤、病在腕或踝关节以上截肢或失去功能不能恢复。双手完全失去功能或伤、病致手指缺损6个以上，且6个缺损的手指中有半数以上在掌指关节处离断，且必须包括两个拇指缺失。

2. 脊柱并一个主要关节或两个以上主要关节（肩、膝、髋、肘）因伤、病发生强直畸形，经规范治疗未见好转，脊柱伸屈功能完全丧失。

3. 严重骨盆骨折合并尿道损伤，经治疗后遗有运动功能障碍或遗有尿道狭窄、闭塞或感染，经规范治疗未见好转。

4. 主要长骨的慢性化脓性骨髓炎，反复急性发作，病灶内出现大块死骨或合并病理性骨折，经规范治疗未见好转。

十二、五官伤、病后，出现严重的功能障碍，经规范治疗未见好转

1. 伤、病后双眼矫正视力<0.1，经影像检查证实患有白内障、眼外伤、视网膜剥离等需要手术治疗。内耳伤、病所致的严重前庭功能障碍、平衡失调，经规范治疗未见好转。

2. 咽、喉损伤后遗有严重疤痕挛缩，造成呼吸道梗阻受阻，严重影响呼吸功能和吞咽功能。

3. 上下颌伤、病经治疗后二度张口困难、严重咀嚼功能障碍。

十三、周围血管病经规范治疗未见好转，患肢有严重肌肉萎缩或干、湿性坏疽，如进展性脉管炎，高位深静脉栓塞等。

十四、非临床治愈期的各种恶性肿瘤。

十五、暂时难以确定性质的肿瘤，有下列情形之一的：

1. 严重影响机体功能而不能进行彻底治疗。

2. 身体状况进行性恶化。

3. 有严重后遗症，如偏瘫、截瘫、胃瘘、支气管食管瘘等。

十六、结缔组织疾病及其他风湿性疾病造成两个以上脏器严重功能障碍或单个脏器功能障碍失代偿，经规范治疗未见好转，如系统性红斑狼疮、硬皮病、皮肌炎、结节性多动脉炎等。

十七、寄生虫侵犯脑、肝、肺等重要器官或组织，造成继发性损害，伴有严重功能障碍者，经规范治疗未见好转。

十八、经职业病诊断机构确诊的以下职业病：

1. 尘肺病伴严重呼吸功能障碍，经规范治疗未见好转。

2. 职业中毒，伴有重要脏器功能障碍，经规范治疗未见好转。

3. 其他职业病并有瘫痪、中度智能障碍、双眼矫正视力 <0.1、严重血液系统疾病、严重精神障碍等其中一项，经规范治疗未见好转。

十九、年龄在六十五周岁以上同时患有两种以上严重疾病，其中一种病情必须接近上述一项或几项疾病程度。

注释：

1. 本范围所列严重疾病诊断标准应符合省级以上卫生行政部门、中华医学会制定并下发的医学诊疗常规、诊断标准、规范和指南。

2. 凡是确定诊断和确定脏器、肢体功能障碍必须具有诊疗常规所明确规定的相应临床症状、体征和客观医技检查依据。

3. 本范围所称“经规范治疗未见好转”，是指临床上经常规治疗至少半年后病情恶化或未见好转。

4. 本范围所称“反复发作”，是指发作间隔时间小于一个月，且至少发作三次及以上。

5. 本范围所称“严重心律失常”,是指临床上可引起严重血流动力学障碍,预示危及生命的心律失常。一般出现成对室性期前收缩、多形性室性期前收缩、阵发性室性心动过速、室性期前收缩有 R on T 现象、病态窦房结综合征、心室扑动或心室颤动等。

6. 本范围所称“意识障碍”,是指各种原因导致的迁延性昏迷 1 个月以上和植物人状态。

7. 本范围所称“视力障碍”,是指各种原因导致的患眼低视力 2 级。

8. 艾滋病和艾滋病机会性感染诊断依据应符合《艾滋病和艾滋病病毒感染诊断标准》(WS293—2008)、《艾滋病诊疗指南》(中华医学会感染病分会,2011 年)等技术规范。其中,艾滋病合并肺孢子菌肺炎、活动性结核病、巨细胞病毒视网膜炎、马尼菲青霉菌病、细菌性肺炎、新型隐球菌脑膜炎等六种艾滋病机会性感染的住院标准应符合《卫生部办公厅关于印发艾滋病合并肺孢子菌肺炎等六个艾滋病机会感染病种临床路径的通知》(卫办医政发〔2012〕107 号)。上述六种以外的艾滋病机会性感染住院标准可参考《艾滋病诊疗指南》(中华医学会感染病分会,2011 年)及《实用内科学》(第 13 版)等。

9. 精神病的危险性按照《卫生部关于印发〈重性精神疾病管理治疗工作规范(2012 年版)〉的通知》(卫疾控发〔2012〕20 号)进行评估。

10. 心功能判定:心功能不全,表现出心悸、心律失常、低血压、休克,甚至发生心搏骤停。按发生部位和发病过程分为左侧心功能不全(急性、慢性)、右侧心功能不全(急性、慢性)和全心功能不全(急性、慢性)。出现心功能不全症状后,其心功能可分为四级。

Ⅰ级:体力活动不受限制。

Ⅱ级:静息时无不适,但稍重于日常生活活动量即致乏力、心悸、气促或者心绞痛。

Ⅲ级:体力活动明显受限,静息时无不适,但低于日常活动量即致乏力、心悸、气促或心绞痛。

Ⅳ级:任何体力活动均引起症状,静息时亦可有心力衰竭或者心绞痛。

11. 高血压判定:按照《中国高血压防治指南 2010》执行。

血压水平分类和定义(mmHg)

分级	收缩压(SBP)		舒张压(DBP)
正常血压	<120	和	<80
正常高值血压	120 ~139	和/或	80 ~89
高血压1级(轻度)	140 ~159	和/或	90 ~99
高血压2级(中度)	160 ~179	和/或	100 ~109
高血压3级(重度)	≥180	和/或	≥110
单纯性收缩期高血压	≥140	和	<90

高血压危险分层

其他危险因素和病史	血压(mmHg)		
	1级 SBP140－159 或 DBP90－99	2级 SBP160－179 或 DBP100－109	3级 SBP≥180 或 DBP≥110
无其他 CVD 危险因素	低危	中危	高危
1—2个 CVD 危险因素	中危	中危	很高危
≥3个 CVD 危险因素或靶器官损伤	高危	高危	很高危
临床并发症或合并糖尿病	很高危	很高危	很高危

注：* CVD 为心血管危险因素

影响高血压患者心血管预后的重要因素

心血管危险因素	靶器官损害	伴临床疾患
·高血压(1—3 级) ·男性＞55 岁;女性＞65 岁 ·吸烟 ·糖耐量受损(餐后 2h 血糖 7.8—11.0mmol/L)和(或)空腹血糖受损(6.1—6.9mmol/L) ·血脂异常 TC≥5.7mmol/L(220mg/dl)或 LDL_C＞3.3mmol/L(130mg/dl)或 HDL_C＜1.0mmol/L(4.mg/dl) ·早发心血管病家族史(一般亲属发病年龄男性＜55 岁;女性＜65 岁) ·腹型肥胖(腰围:男性≥90cm,女性≥85cm)或肥胖(BMI≥28kg/m^2) ·血同型半胱氨酸升高(≥10μmol/L)	·左心室肥厚 心电图:Sokolow _ Lyon ＞38mm 或 Cornell＞2440mm·ms;超声心动图 LVMI:男≥125g/m^2,女≥120 g/m^2 ·颈动脉超声 IMT≥0.9mm 或动脉粥样斑块 ·颈－股动脉脉搏波速度≥12m/s ·踝/臂血压指数＜0.9 ·eGFR 降低(eGFR＜60ml·min^{-1}·1.73 m^{-2})或血清肌酐轻度升高:男性 115—133μmol/L(1.3—1.5 mg/dl),女性 107—124μmol/L(1.2—1.4mg/dl) ·微量白蛋白尿:30—300 mg/24h 或白蛋白/肌酐比:≥30mg/g(3.5 mg/mmol)	·脑血管病:脑出血,缺血性脑卒中短暂性脑缺血发作 ·心脏疾病:心肌梗死史,心绞痛,冠状动脉血动重建史,慢性心力衰竭 ·肾脏疾病:糖尿病肾病,肾功能受损,血肌酐:男性≥133μmol/L(1.5 mg/dl),女性≥124μmol/L(1.4mg/dl),蛋白尿(≥300mg/24h) ·外周血管疾病 ·视网膜病变:出血或渗出,视乳头水肿 ·糖尿病:空腹血糖≥7.0mmol/L(126mg/dl),餐后 2h 血糖≥11.1mmol/L(200mg/dl),糖化血红蛋白≥6.5%

注:TC:总胆固醇;LDL_C:低密度脂蛋白胆固醇;HDL_C:高密度脂蛋白胆固醇;BMI:体质指数;LVMI:左心室质量指数;IMT:颈动脉内中膜厚度;eGFR:估算的肾小球滤过率

12. 呼吸功能障碍判定:参照《道路交通事故受伤人员伤残评定》(GB 18667—2002)和《劳动能力鉴定——职工工伤与职业病致残程度鉴定标准》(GBT16180—2006),结合医学实践执行。症状:自觉气短、胸闷不适、呼吸费力。体征:呼吸频率增快,幅度加深或者变浅,或者伴周期节律异常,鼻翼扇动,紫绀等。实验室检查提示肺功能损害。在保外就医诊断实践中,判定呼吸功能障碍必须综合产生呼吸功能障碍的病理基础、临床表现和相关医技检查结果如血气分析,全面分析。

呼吸困难分级

Ⅰ级(轻度):平路快步行走、登山或上楼梯时气短明显。

Ⅱ级(中度):一般速度平路步行 100 米即有气短,体力活动大部分受限。

Ⅲ级(重度):稍活动如穿衣、谈话即有气短,体力活动完全受限。

Ⅳ级(极重度):静息时亦有气短。

肺功能损伤分级

	FVC	FEV1	MVV	FEV1/FVC	RV/TLC	DLco
正常	>80	>80	>80	>70	<35	>80%
轻度损伤	60—79	60—79	60—79	55—69	36—45	60—79
中度损伤	40—59	40—59	40—59	35—54	46—55	45—59
重度损伤	<40	<40	<40	<35	>55	<45

注:FVC、FEV1、MVV、DLco 均为占预计值百分数,单位为%。

FVC:用力肺活量;FEV1:1 秒钟用力呼气容积;MVV:分钟最大通气量;RV/TLC:残气量/肺总量;DLco:一氧化碳弥散量。

低氧血症分级

正常:Po2 为 13.3kPa ~ 10.6kPa(100 mmHg ~ 80 mmHg);

轻度:Po2 为 10.5kPa ~ 8.0kPa(79 mmHg ~ 60 mmHg);

中度:Po2 为 7.9kPa ~ 5.3kPa(59 mmHg ~ 40 mmHg);

重度:Po2 < 5.3kPa(< 40 mmHg)。

13. 肝功能损害程度判定

A. 肝功能损害分度

分度	中毒症状	血浆白蛋白	血内胆红质	腹水	脑症	凝血酶原时间	谷丙转氨酶
重度	重度	<2.5g%	>10mg%	顽固性	明显	明显延长	供参考
中度	中度	2.5—3.0g%	5—10mg%	无或者少量,治疗后消失	无或者轻度	延长	供参考
轻度	轻度	3.0—3.5g%	1.5—5mg%	无	无	稍延长(较对照组 >3s)	供参考

B. 肝衰竭:肝衰竭的临床诊断需要依据病史、临床表现和辅助检查等综合分析而确定,参照中华医学会《肝衰竭诊治指南(2012 年版)》执行。

(1)急性肝衰竭(急性重型肝炎):急性起病,2 周内出现Ⅱ度及以上肝性脑病并有以下表现:①极度乏力,并有明显厌食、腹胀、恶心、呕吐等严重消化道症状。②短期内黄疸进行性加深。③出血倾向明显,PTA≤40%,且排除其他原因。④肝脏进行性缩小。

(2)亚急性肝衰竭(亚急性重型肝炎):起病较急,15 天—26 周出现以下表现者:①极度乏力,有明显的消化道症状。②黄疸迅速加深,血清总胆红素大于正常值上限 10 倍或每日上升≥17.1μmol/L。③凝血酶原时间明显延长,PTA≤40%并排除其他原因者。

(3)慢加急性(亚急性)肝衰竭(慢性重型肝炎):在慢性肝病基础上,短期内发生急性肝功能失代偿的主要临床表现。

(4)慢性肝衰竭:在肝硬化基础上,肝功能进行性减退和失代偿。诊断要点为:①有腹水或其他门静脉高压表现。②可有肝性脑病。③血清总胆红素升高,白蛋白明显降低。④有凝血功能障碍,PTA≤40%。

C. 肝性脑病

肝性脑病 West-Haven 分级标准

肝性脑病分级	临床要点
0 级	没有能觉察的人格或行为变化 无扑翼样震颤
1 级	轻度认知障碍 欣快或抑郁 注意时间缩短 加法计算能力降低 可引出扑翼样震颤
2 级	倦怠或淡漠 轻度定向异常(时间和空间定向) 轻微人格改变 行为错乱,语言不清 减法计算能力异常 容易引出扑翼样震颤
3 级	嗜睡到半昏迷*,但是对语言刺激有反应 意识模糊 明显的定向障碍 扑翼样震颤可能无法引出
4 级	昏迷**(对语言和强刺激无反应)

注:1-4 级即Ⅰ-Ⅳ度。

按照意识障碍以觉醒度改变为主分类,* 半昏迷即中度昏迷,** 昏迷即深昏迷。

14. 急、慢性肾功能损害程度判定:参照《实用内科学》(第十三版)和《内科学》(第七版)进行综合判定。急性肾损伤的原因有肾前性、肾实质性及肾后性三类。每类又有少尿型和非少尿型两种。慢性肾脏病患者肾功能损害分期与病因、病变进展程度、部位、转归以及诊断时间有关。分期:

慢性肾脏病肾功能损害程度分期

CKD 分期	肾小球滤过率(GFR)或 eGFR	主要临床症状
Ⅰ期	≥90 毫升/分	无症状
Ⅱ期	60—89 毫升/分	基本无症状
Ⅲ期	30—59 毫升/分	乏力;轻度贫血;食欲减退
Ⅳ期	15—29 毫升/分	贫血;代谢性酸中毒;水电解质紊乱
Ⅴ期	<15 毫升/分	严重酸中毒和全身各系统症状

注:eGFR:基于血肌酐估计的肾小球滤过率。

15. 肢体瘫痪的判定:参照《神经病学》(第2版)判定。肢体瘫,以肌力测定判断肢体瘫痪程度。在保外就医诊断实践中,判定肢体瘫痪须具备疾病的解剖(病理)基础,0级、1级、2级肌力可认定为肢体瘫痪。

0%;0级:肌肉完全瘫痪,毫无收缩。

10%;1级:可看到或者触及肌肉轻微收缩,但不能产生动作。

25%;2级:肌肉在不受重力影响下,可进行运动,即肢体能在床面上移动,但不能抬高。

50%;3级:在和地心引力相反的方向中尚能完成其动作,但不能对抗外加的阻力。

75%;4级:能对抗一定的阻力,但较正常人为低。

100%;5级:正常肌力。

16. 生活难以自理的判定:参照《劳动能力鉴定——职工工伤与职业病致残程度鉴定标准》(GBT 16180-2006),结合医学实践执行。

17. 视力障碍判定:眼伤残鉴定依据为眼球或视神经器质性损伤所致的视力、视野、立体视功能障碍及其他解剖结构和功能的损伤或破坏。

(1)主观检查:凡损伤眼裸视或者加用矫正镜片(包括接触镜、针孔镜等）远视力 <0.3 为视力障碍。

（2）客观检查：眼底照相、视觉电生理、眼底血管造影，眼科影像学检查如相干光断层成像（OCT）等以明确视力残疾实际情况，并确定对应的具体疾病状态。

视力障碍标准：

低视力：1 级：矫正视力 <0.3；2 级：矫正视力 <0.1。

盲：矫正视力 <0.05。

最高人民法院　公安部
关于刑事被告人或上诉人出庭受审时着装问题的通知

（法〔2015〕45号）

各省、自治区、直辖市高级人民法院、公安厅（局），解放军军事法院，新疆维吾尔自治区高级人民法院生产建设兵团分院、公安局：

为进一步加强刑事被告人人权保障，彰显现代司法文明，人民法院开庭时，刑事被告人或上诉人不再穿着看守所的识别服出庭受审。人民法院到看守所提解在押刑事被告人或上诉人的，看守所应当将穿着正装或便装的在押刑事被告人或上诉人移交人民法院。

特此通知，请遵照执行。

最高人民法院

公安部

2015年2月10日

《关于刑事被告人或上诉人出庭受审时着装问题的通知》的理解与适用

贺小荣　刘树德　罗　灿

为深入贯彻落实党的十八届四中全会关于全面推进依法治国的重大部署，加强人权司法保障，最高人民法院、公安部于2015年2月13日联合制定了《关于刑事被告人或上诉人出庭受审时着装问题的通知》（法〔2015〕45号）（以下简称《通知》）。为便于司法实践中正确理解与适用，现就《通知》的相关情况介绍如下。

一、《通知》的制定背景

关于在押刑事被告人或上诉人出庭受审时如何着装，刑事诉讼法及司法解释没有专门规定，最高人民法院也没有另行制定非司法解释性文件来加以规定。司法实践中存在多种不同做法：一是穿识别服。一直以来，大多数在押刑事被告人或上诉人出庭受审都穿着看守所的识别服，衣服的前面或后面一般有“某某看守所”等字样。二是穿马甲。夏天出庭受审的在押刑事被告人或上诉人往往只穿马甲，或者在识别服或便装外面再穿马甲。三是穿便装。早在2006年，厦门市中级人民法院就允许被告人穿着自己的便装出庭受审，近年来，更是能不时见到被告人或上诉人穿便装出庭受审。四是穿正装。个别被告人或上诉人出庭受审穿着正式的西装。五是穿“对比服”。在一案众多被告人的情形中，有些在押刑事被告人或上诉人自己提出穿着便装出庭受审的申请并得到允许，此时可能出现同庭受审的不同被告人穿着不同服装的“对比”情形。六是穿“特殊服”。有的在押刑事被告人或上诉人因疾病等原因对着装有戴帽子等特殊需要，其法庭着装呈现出“特殊性”。这些不同做法已经引起社会各界的广泛关注,甚至被有的媒体认为存在“区别性”待遇。

在押刑事被告人或上诉人出庭受审时的着装问题确实有必要予以规范。一些地方先后进行探索并出台了文件,例如,河南省高级人民法院于2014年3月22日出台的《关于在刑事审判工作中加强人权保障的规定》规定:“在法庭审判活动中,不得要求被告人着囚服参加诉讼,被告人着囚服的,进入审判庭前,应当为其更换便装。”深圳市中级人民法院、深圳市公安局于2014年12月2日联合制定了《关于规范刑事案件被告人出庭受审着装的通知》。但是,上述文件并未完全解决更换衣服地点等问题。鉴于此,最高人民法院司法改革办公室先后在北京市第一看守所、北京市第一监狱等地进行调研,在中西部地区召开数次调研座谈会,并与公安部监所管理局反复沟通协商,又经反复修改论证,最终形成了《通知》。

二、《通知》的指导原则

为确保《通知》贯彻落实党的十八届三中、四中全会精神,坚持正确的价值取向,适应形势发展、解决现实问题,在起草过程中,主要考虑了以下主要原则:

(一)加强被告人人权保障

宪法第三十三条明确规定“国家尊重和保障人权”,修正后的刑事诉讼法将“尊重和保障人权”规定为刑事诉讼的重要任务,《中共中央关于全面深化改革若干重大问题的决定》继续把“完善人权司法保障制度”作为推进法治中国建设的重要内容。刑事诉讼法第十二条规定:“未经人民法院依法判决,对任何人都不得确定有罪。”该规定在相当程度上体现了无罪推定精神。在押刑事被告人或上诉人尚未被确定有罪,出庭受审时穿着识别服,就被贴上了具有“坏人”符号意义的“犯罪化标签”。毋庸置疑,这种做法属于有罪推定的残余和表现。同时,宪法第三十三条规定:“中华人民共和国公民在法律面前一律平等。”实践中,刑事被告人或上诉人中少数人出庭受审时穿着便装或正装,多数人穿着识别服出庭受审,此种做法难免被人认为是搞区别性待遇和“特权”,违背了法律面前人人平等原则。

就《通知》而言,在形式方面,出庭受审不穿识别服是对在押刑事被告人或上诉人人格尊严的尊重。人民法院做出的这一细小调整,能更好地体现刑事诉讼法作为“小宪法”的人权保障功能。在实质方面,出庭受审者均不穿识别服是对在押刑事被告人或上诉人公平受审的保障。

(二)彰显现代司法文明

法庭服饰从侧面反映了司法文明的进展程度和发展水平。出庭受审被告人或上诉人的着装深刻反映出国家对被告人的态度。在押刑事被告人或上诉人出庭受审时穿着识别服,不符合世界主要国家的做法和相关国际文件的精神。

首先,在国际审判实践中,在押刑事被告人或上诉人一般都穿正装或便装。例如,“二战”审判中,远东国际军事法庭审判日本战犯,包括甲级战犯东条英机在内的所有被告人出庭受审均未穿“囚服”;联合国前南斯拉夫问题国际刑事法庭审判米洛舍维奇时,米洛舍维奇穿西装打领带出庭。其次,无论是德国、法国等大陆法系国家,还是英国、美国等英美法系国家,以及我国港澳台地区,在押刑事被告人或上诉人出庭受审都穿着便装,有的甚至西装革履,从外表上根本无法看出其是被告人。美国司法历史上还出现过因穿着识别服受审而上诉的案例。

此外,有些国际文件对此作了相关规定,例如,《联合国囚犯待遇最低限度标准规则》规定:“17.(3)在特殊情况下,经准许将囚犯移至监所之外时,应当准许穿着自己的衣服或其他不惹人注目的衣服。88.(1)未经审讯的囚犯如果服装清洁适宜,应准穿着自己的服装。(2)上项囚犯如穿着监狱服装,则应与发给已经判罪的囚犯的服装不同。”《欧洲监狱规则》规定:“22.(3) 罪犯经批准离开监狱外出时,可以穿自己的服装或其他不引人注意的服装。”

总之,为了契合现代司法文明理念的要求,在押刑事被告人或上诉人应该体面地接受审判,不宜穿着识别服受审。

三、《通知》的主要内容

《通知》包括两个方面:一是在押刑事被告人或上诉人不再穿着看守所

识别服出庭受审的明确要求;二是在押刑事被告人或上诉人出庭受审前更换识别服的具体安排。

(一)《通知》对不再穿着识别服出庭受审的明确要求

《通知》规定:"人民法院开庭时,刑事被告人或上诉人不再穿着看守所的识别服出庭受审。"

在押刑事被告人或上诉人的出庭着装不仅涉及人民法院,还涉及看守所。一般来说,在押刑事被告人或上诉人在看守所穿着自己的衣服,包括进入看守所时所穿衣服和家属所送衣服。《看守所条例》第二十四条规定:"人犯应当自备衣服、被褥。确实不能自备的,由看守所提供。"对于看守所提供的衣服,《最高人民法院、最高人民检察院、公安部关于依法文明管理看守所在押人犯的通知》(公通字〔1992〕139号)规定:"为了便于区别和管理,有条件的地方可以给人犯穿统一式样的服装,但禁止在服装上印制'囚'、'犯人'等字样,也不得印有侮辱性的图案。"在实践中,有的看守所出于管理需要,要求在押刑事被告人或上诉人在进入看守所后,将自己所穿衣服交给管教封存保管,换上其统一配备的识别服。

对于在押刑事被告人或上诉人在法庭的着装,《公安部关于被告人出庭时是否着马甲问题的批复》(公监管〔2006〕92号)(以下简称《批复》)规定:"在押犯罪嫌疑人、被告人在羁押期间,着识别服。被告人出庭时可穿着便装,但不得穿奇装异服。被告人穿便装出庭的,由本人申请并征得看守所同意。"根据该《批复》的规定,在押刑事被告人或上诉人出庭受审的,不但需要主动提出申请,还需要看守所同意。

在起草《通知》时注意到,如果在此开个口子,赋予被告人或上诉人自由选择着装的权利,那么不排除看守所或下级法院以此为托辞,都借口说是被告人或上诉人自己选择穿着识别服出庭受审的,这样实践中就仍然可能出现有的被告人"选择"穿着识别服的情况,不能排除穿着正装或便装出庭受审沦为少数人的待遇,从而导致《通知》的预期目标落空。为此,《通知》进行了统一的硬性规定,强调对所有案件的所有被告人或上诉人都同样适用,防止在实践落实中走样变形。相对于《联合国囚犯待遇最低限度标准规则》的标准,《通知》的要求实际上更高。

此外，在起草《通知》时还注意到，如果继续执行《批复》的规定，虽然看守所一般都会同意被告人所提穿正装或便装出庭的申请，但《通知》的实际执行效果可能会打折扣。为此，根据《通知》的精神，刑事被告人或上诉人穿着正装或便装出庭受审，既不需要其主动提出申请，也不需要任何机构或个人批准。《通知》下发后，《批复》不再执行。

（二）《通知》对更换识别服的具体规定

《通知》规定："人民法院到看守所提解在押刑事被告人或上诉人的，看守所应当将穿着正装或便装的在押刑事被告人或上诉人移交人民法院。"

1. 关于更换识别服的地点。对于穿着识别服的在押刑事被告人或上诉人，更换识别服的地点究竟应当在看守所还是在人民法院呢？《通知》明确规定在看守所，即看守所应当将更换识别服后穿着正装或便装的在押刑事被告人或上诉人移交给前去提解的人民法院法警。这样规定的主要原因在于：对于在押刑事被告人或上诉人在看守所没有穿着识别服的，不存在更换服装的问题。对于在押刑事被告人或上诉人在看守所因监管需要穿着识别服的，如果是在便装外面再套马甲的，直接脱去马甲即可；如果是要脱去识别服后再穿着正装或便装的，由于在押刑事被告人或上诉人一般有衣服存放在看守所，在看守所更换识别服更加方便。

2. 关于正装或便装的来源。实践中，有的在押刑事被告人或上诉人因家庭困难、无人照管、异地羁押、季节变化等原因，没有合适的正装或便装出庭受审。对于这些没有自己正装或便装的刑事被告人或上诉人，衣服究竟由谁提供？是在押刑事被告人或上诉人的家属，还是人民法院，抑或是看守所？在我国台湾地区，羁押的被告人出庭穿便服，包括他进入看守所时所穿的衣服、家人送进去的衣服。《通知》实际上是规定了由看守所为没有合适衣服的在押被告人或上诉人提供正装或便装。这样规定的主要原因在于：要求家属提供正装或便装既不妥当又不安全：一是可能有的无法及时通知到家属，或者家属不能提供合适的衣服；二是家属提供服装的，可能因为服装上有皮带、金属扣等而带来安全隐患。

3. 关于法庭着装的要求。刑事被告人或上诉人的法庭着装应该文明整洁，不得穿着奇装异服。值得注意的是，对于看守所提供的正装或便装，应该避免形成另类识别服,造成新的"犯罪标签"。这里可以参考我国台湾地区的经验。根据法矫字第0950900747文件的规定,自1995年4月16日起,"法务部"所属矫正机关收容人出庭时,被告人一律穿着制式便服及便鞋;制式便服及便鞋之型式,采由各机关自行设计与制作(或购置)方式办理,不统一规定,以防止其不至于发展成为另类囚服。具体提示为:便服式应注意符合简朴、整齐、清洁、大方等原则,便鞋则以不系鞋带之简便布鞋为优先考量……便服型式以男、女装夏、冬季各2~3款,其尺寸区分为2XL、XL、L、M、S等5种(如有特殊需求时,不在此限),便鞋之尺寸及数量则依实际需求决定。

4. 关于特殊着装的需要。为了维护法庭的严肃性,刑事被告人或上诉人在开庭时原则上不得戴有色眼镜、帽子等。不过,有的刑事被告人或上诉人因疾病等正当原因对着装有特殊需要,并向人民法院提出申请的,人民法院可以准许。

5. 关于穿着便装出庭的风险。在调研过程中,有的法院提出,在押刑事被告人或上诉人穿着便装出庭受审,一旦伺机逃跑,因没有明显的衣服标识会带来识别的困难。我们认为,这种风险在一定程度上的确存在,但是不能因噎废食,重点还在于加强提解警力,增强安全意识。

四、《通知》相关表述的说明

《通知》涉及若干用词表述的问题,具体包括:

1. 关于"识别服"、"囚服"的表述。在押刑事被告人或上诉人在看守所因监管需要所穿服装,现在有"识别服"、"马甲"、"囚服"等多种表述方法。"识别服"是未决被告人在看守所等因监管需要所穿衣服的正式称呼。例如,《批复》规定:"在押犯罪嫌疑人、被告人在羁押期间,着识别服。"在日常口语中,"识别服"一般被称为"号服"、"号坎儿"等。"马甲"是未决被告人在看守所等所穿不带袖的衣服,有的看守所将其套在识别服外面,用来识别需要重点看管的人,有的看守所将其作为衣服单独穿着。"囚服"是已决罪犯在监狱内所穿衣服,例如,《看守所留所执行刑罚罪犯管理办法》第六十一条规定:"罪犯应当着囚服。"《通知》使用了"识别服"的表述方式,更加规范、准确。

2. 关于"被告人或上诉人"的表述。刑事被告人在一审中称为被告人，在二审中称为上诉人(原审被告人)，在再审中按照一审程序或二审程序分别称为原审被告人或原审上诉人。《通知》使用了"被告人或上诉人"的表述方式，更加周延。

总之，《通知》使法庭上的识别服成为历史。这是落实无罪推定原则的重要体现，是推进以审判为中心的诉讼制度改革的具体成果，是加强人权司法保障的重大进步。

(作者单位:最高人民法院司法改革办公室)

最高人民法院
印发《〈关于案例指导工作的规定〉实施细则》的通知

（法〔2015〕130号）

本院各审判业务单位；各省、自治区、直辖市高级人民法院，解放军军事法院，新疆维吾尔自治区高级人民法院生产建设兵团分院：

《〈最高人民法院关于案例指导工作的规定〉实施细则》已于2015年4月27日由最高人民法院审判委员会第1649次会议讨论通过，现印发给你们，请认真遵照执行。执行中遇到问题，请及时报告我院。

最高人民法院

2015年5月13日

《最高人民法院关于案例指导工作的规定》实施细则

第一条 为了具体实施《最高人民法院关于案例指导工作的规定》，加强、规范和促进案例指导工作，充分发挥指导性案例对审判工作的指导作用，统一法律适用标准，维护司法公正，制定本实施细则。

第二条 指导性案例应当是裁判已经发生法律效力，认定事实清楚，适用法律正确，裁判说理充分，法律效果和社会效果良好，对审理类似案件具有普遍指导意义的案例。

第三条 指导性案例由标题、关键词、裁判要点、相关法条、基本案情、裁判结果、裁判理由以及包括生效裁判审判人员姓名的附注等组成。指导性案例体例的具体要求另行规定。

第四条 最高人民法院案例指导工作办公室(以下简称案例指导办公室)负责指导性案例的征集、遴选、审查、发布、研究和编纂,以及对全国法院案例指导工作的协调和指导等工作。

最高人民法院各审判业务单位负责指导性案例的推荐、审查等工作,并指定专人负责联络工作。

各高级人民法院负责辖区内指导性案例的推荐、调研、监督等工作。各高级人民法院向最高人民法院推荐的备选指导性案例,应当经审判委员会讨论决定或经审判委员会过半数委员审核同意。

中级人民法院、基层人民法院应当通过高级人民法院推荐备选指导性案例,并指定专人负责案例指导工作。

第五条 人大代表、政协委员、人民陪审员、专家学者、律师,以及其他关心人民法院审判、执行工作的社会各界人士,对于符合指导性案例条件的案例,可以向作出生效裁判的原审人民法院推荐,也可以向案例指导办公室提出推荐建议。

案例指导工作专家委员会委员对于符合指导性案例条件的案例,可以向案例指导办公室提出推荐建议。

第六条 最高人民法院各审判业务单位、高级人民法院向案例指导办公室推荐备选指导性案例,应当提交下列材料:

(一)《指导性案例推荐表》;

(二)按照规定体例编写的案例文本及其编选说明;

(三)相关裁判文书。

以上材料需要纸质版一式三份,并附电子版。

推荐法院可以提交案件审理报告、相关新闻报道及研究资料等。

第七条 案例指导办公室认为有必要进一步研究的备选指导性案例,可以征求相关国家机关、部门、社会组织以及案例指导工作专家委员会委员、专家学者的意见。

第八条 备选指导性案例由案例指导办公室按照程序报送审核。经最高人民法院审判委员会讨论通过的指导性案例，印发各高级人民法院，并在《最高人民法院公报》《人民法院报》和最高人民法院网站上公布。

第九条 各级人民法院正在审理的案件，在基本案情和法律适用方面，与最高人民法院发布的指导性案例相类似的，应当参照相关指导性案例的裁判要点作出裁判。

第十条 各级人民法院审理类似案件参照指导性案例的，应当将指导性案例作为裁判理由引述，但不作为裁判依据引用。

第十一条 在办理案件过程中，案件承办人员应当查询相关指导性案例。在裁判文书中引述相关指导性案例的，应在裁判理由部分引述指导性案例的编号和裁判要点。

公诉机关、案件当事人及其辩护人、诉讼代理人引述指导性案例作为控(诉)辩理由的，案件承办人员应当在裁判理由中回应是否参照了该指导性案例并说明理由。

第十二条 指导性案例有下列情形之一的，不再具有指导作用：

(一)与新的法律、行政法规或者司法解释相冲突的；

(二)为新的指导性案例所取代的。

第十三条 最高人民法院建立指导性案例纸质档案与电子信息库，为指导性案例的参照适用、查询、检索和编纂提供保障。

第十四条 各级人民法院对于案例指导工作中做出突出成绩的单位和个人，应当依照《中华人民共和国法官法》等规定给予奖励。

第十五条 本实施细则自印发之日起施行。

最高人民检察院
公　告

《最高人民检察院关于废止部分司法解释和司法解释性质文件的决定》已于2015年6月1日由最高人民检察院第十二届检察委员会第三十六次会议通过，现予公布，自2015年6月12日起施行。

最高人民检察院

2015年6月3日

最高人民检察院
关于废止部分司法解释和司法解释性质文件的决定

（2015年6月1日　最高人民检察院第十二届检察委员会第三十六次会议通过）

为适应形势发展变化，保证国家法律统一正确实施，最高人民检察院对2014年年底以前单独和联合其他单位制发的司法解释和司法解释性质文件进行了清理。现决定：

一、对最高人民检察院单独制发的12件司法解释和司法解释性质文件予以废止。

二、经征得有关单位同意，对最高人民检察院与有关单位联合制发的1件司法解释性质文件予以废止。

决定废止的单独制发的司法解释和司法解释性质文件目录(12件)

序号	司法解释和司法解释性质文件名称	发文日期及文号	废止理由
1	最高人民检察院关于受监管机关正式聘用或委托履行监管职务的人员能否成为体罚虐待人犯罪和私放罪犯罪主体的批复	1994年1月10日 高检发研字〔1994〕1号	1997年刑法第248条、第400条明确规定了虐待被监管人罪、私放在押人员罪；2002年12月全国人大常委会《关于〈中华人民共和国刑法〉第九章渎职罪主体适用问题的解释》对渎职罪主体有明确规定。
2	最高人民检察院关于认真做好贪污贿赂等大案要案犯潜逃、脱逃备案工作的通知	1994年5月11日 高检发贪检字〔1994〕37号	贪污贿赂等犯罪嫌疑人的情况已由检察机关专门部门负责统计，该文件不再适用。
3	最高人民检察院关于事先与犯罪分子有通谋，事后对赃物予以窝藏或者代为销售或者收买的，应如何适用法律的问题的批复	1995年2月13日 高检发研字〔1995〕2号	《刑法修正案(六)》已明确规定掩饰、隐瞒犯罪所得、犯罪所得收益罪。
4	最高人民检察院关于印发检察机关贯彻刑诉法若干问题的意见的通知	1996年12月31日 高检发研字〔1997〕1号	根据2012年修改后的刑事诉讼法修订的《人民检察院刑事诉讼规则(试行)》已有明确规定。
5	最高人民检察院关于如何适用刑事诉讼法第二百二十二条的批复	1998年11月26日 高检发释字〔1998〕7号	根据2012年修改后的刑事诉讼法修订的《人民检察院刑事诉讼规则(试行)》已有明确规定。
6	最高人民检察院关于修改《人民检察院刑事诉讼规则(试行)》第四百零五条和第四百零七条的通知	1999年9月21日 高检发研字〔1999〕9号	根据2012年修改后的刑事诉讼法修订的《人民检察院刑事诉讼规则(试行)》已有明确规定。
7	最高人民检察院关于印发《关于人民检察院保障律师在刑事诉讼中依法执业的规定》的通知	2004年2月10日 高检发〔2004〕3号	已被2014年12月《最高人民检察院关于依法保障律师执业权利的规定》废止。

续表

序号	司法解释和司法解释性质文件名称	发文日期及文号	废止理由
8	最高人民检察院关于人民检察院办理直接受理立案侦查案件实行内部制约的若干规定	2004 年 6 月 24 日 高检发〔2004〕12 号	根据 2012 年修改后的刑事诉讼法修订的《人民检察院刑事诉讼规则(试行)》已有明确规定。
9	最高人民检察院关于调整人民检察院直接受理案件侦查分工的通知	2004 年 9 月 23 日 高检发〔2004〕21 号	已被 2009 年 9 月《最高人民检察院关于完善抗诉工作与职务犯罪侦查工作内部监督制约机制的规定》代替。
10	最高人民检察院关于印发《关于省级以下人民检察院对直接受理侦查案件作撤销案件、不起诉决定报上一级人民检察院批准的规定(试行)》的通知	2005 年 9 月 29 日 高检发办字〔2005〕15 号	已被 2010 年 12 月《最高人民检察院关于实行人民监督员制度的规定》和 2012 年 11 月《人民检察院刑事诉讼规则(试行)》代替。
11	人民检察院直接受理侦查案件立案、逮捕实行备案审查的规定(试行)	2005 年 11 月 10 日 高检发办字〔2005〕23 号	根据 2012 年修改后的刑事诉讼法修订的《人民检察院刑事诉讼规则(试行)》已有明确规定。
12	最高人民检察院关于审查批准逮捕外国犯罪嫌疑人的规定	2007 年 1 月 31 日 高检发侦监字〔2007〕5 号	根据 2012 年修改后的刑事诉讼法修订的《人民检察院刑事诉讼规则(试行)》已有明确规定。

决定废止的与有关单位联合制发的司法解释性质文件目录(1 件)

序号	司法解释性质文件名称	发文日期及文号	废止理由
1	最高人民检察院、公安部关于印发《最高人民检察院、公安部关于审查逮捕阶段讯问犯罪嫌疑人的规定》的通知	2010 年 8 月 31 日 高检会〔2010〕6 号	2012 年修改后的刑事诉讼法已有明确规定。

最高人民检察院
关于检察机关贯彻执行《领导干部干预司法活动、插手具体案件处理的记录、通报和责任追究规定》和《司法机关内部人员过问案件的记录和责任追究规定》的实施办法(试行)

为认真贯彻执行《领导干部干预司法活动、插手具体案件处理的记录、通报和责任追究规定》(中办发〔2015〕23号)和《司法机关内部人员过问案件的记录和责任追究规定》(中政委〔2015〕10号)(以下简称"两个规定"),防止领导干部干预司法活动、插手具体案件处理,防止司法机关内部人员违反规定过问案件,确保检察机关依法独立公正行使检察权,结合检察机关实际,制定本实施办法。

一、深刻领会、准确把握贯彻落实"两个规定"的基本要求

1.充分认识重大意义。"两个规定"是落实党的十八届三中、四中全会精神,全面推进依法治国的重大举措,是防止干预、插手司法活动的"防火墙"和违反规定过问案件的"高压线",对于排除领导干部和司法机关内部人员对检察权行使的违法干预和影响,确保检察机关公正司法,维护检察机关司法公信力具有重大意义,各级检察机关和全体检察人员要切实抓好贯彻落实。

2.准确把握适用范围。各级党的机关、人大机关、行政机关、政协机关、审判机关、检察机关、军事机关以及公司、企业、事业单位、社会团体中具有国家工作人员身份的领导干部干预、插手检察机关办案活动的,适用领导干部干预司法办案活动规定。法院、检察院、公安机关、国家安全机关、司法行

政机关工作人员违反规定过问案件的，适用司法机关内部人员过问案件规定。司法机关离退休人员违反规定过问案件的，适用司法机关内部人员过问案件规定。检察机关领导干部干预、插手、违反规定过问司法办案活动的，同时适用“两个规定”。

3. 准确把握职责内容。检察机关遇有领导干部干预司法办案活动、插手具体案件处理的，应当做好记录和报告；遇有检察人员过问检察机关案件的，应当做好记录、报告、处置、通报和责任追究；遇有检察人员过问其他司法机关案件的，检察机关应当认真调查核实，做好通报、责任追究和结果反馈；遇有其他司法机关工作人员过问检察机关案件的，应当做好记录，并移送过问人所在单位的纪检监察机构。

4. 严格落实记录、通报与责任追究制度。所有领导干部干预检察机关司法办案活动、插手具体案件处理的行为，所有司法机关内部人员过问检察机关司法办案活动的行为，都应当记录并报告（告知）。属于违法干预、违反规定过问检察机关司法办案活动的，要进行通报。违法干预、违反规定过问检察机关司法办案活动造成后果的，要进行责任追究。

5. 严格规范司法行为。检察人员应当严格遵守办案规矩、纪律和法律，不得利用上下级领导、同事、熟人等关系，过问和干预其他人员正在办理的案件，不得违反规定为案件当事人打探案情、转递涉案材料、说情、施加压力，非法干预、阻碍办案，或者提出不符合办案规定的其他行为。检察人员对个人收到的举报、控告、申诉等来信来件，应当严格按照有关规定和程序转交职能部门办理，不得在来信来件上提出倾向性意见。

6. 依法履行诉讼监督职责。检察人员应当严格依照刑事诉讼法、民事诉讼法、行政诉讼法以及刑事诉讼规则、民事诉讼监督规则等法律和规定，依法履行诉讼监督职责，严禁借诉讼监督之名，过问、干预其他司法机关刑事立案、侦查、审判、刑罚执行和民事、行政诉讼等司法办案活动。

7. 强化责任担当。检察人员应当恪守法律，坚持原则，公正司法，不徇私情，不得执行任何领导干部违反法定职责或法定程序、有碍司法公正的要求；对检察机关内部人员干预、说情或者打探案情，应当予以拒绝；对于不依正当程序转递涉案材料或者提出其他要求的，应当告知依照程序办理。

二、认真做好干预、过问检察机关司法办案活动记录

8. 坚持全面、如实记录。对领导干部干预检察机关司法办案活动、插手具体案件处理，以及司法机关内部人员过问检察机关办理案件的，检察人员应当全面、如实记录，做到全程留痕，有据可查。

9. 明确记录事项。检察人员遇有干预、插手、过问司法办案情形的，应当依照规定及时记录。记录应当包括以下事项：干预、过问人姓名，所在单位与职务，干预、过问的时间与地点、方式与内容，记录人姓名，以及其他相关材料。记录内容应当实事求是。

10. 如实记录领导干部干预司法办案活动情况。对领导干部以组织名义向检察机关发文发函，对案件处理提出要求，或者领导干部身边工作人员、亲属干预司法活动、插手具体案件处理的，检察人员应当如实记录并留存相关材料。

11. 如实记录检察机关领导干部和上级检察机关过问案件情况。检察机关领导干部和上级检察机关检察人员因履行领导、监督职责，需要对正在办理的案件提出指导性意见的，应当依据程序以书面形式提出，口头提出的，检察人员应当记录在案。

12. 规范领导干部干预司法活动线索的报告程序。检察人员对所记录的领导干部干预、插手司法办案活动的线索，应当及时向部门负责人报告，部门负责人应当及时向分管院领导和所在单位纪检监察机构报告。纪检监察机构应当定期对领导干部干预、插手司法办案活动线索进行梳理、汇总，经单位主要负责人审定后，按季度分别报送同级党委政法委和上级检察机关。对于情节严重，或者重大干预、插手线索，可能影响案件公正办理的，坚持一事一报。

13. 规范检察人员过问案件线索的报告程序。检察人员对所记录的检察系统内部人员过问案件线索，应当及时向部门负责人报告，部门负责人应当及时向分管院领导和所在单位纪检监察机构报告。部门负责人或者院领导对所记录的检察系统内部人员过问案件线索，应当及时移交所在单位纪检监察机构。所在单位纪检监察机构应当按照干部管理权限，及时处理，或者

向有处理权限的纪检监察机构层报。

14. 规范其他司法机关工作人员过问案件线索的告知程序。检察人员对所记录的其他司法机关工作人员过问案件线索,应当及时向部门负责人报告,部门负责人应当及时向分管院领导和所在单位纪检监察机构报告。所在单位纪检监察机构应当及时将过问案件线索告知过问人所在单位的纪检监察机构,同时移交相应记录材料,并积极协助调查。

15. 加强对记录人员的保护。检察人员如实记录领导干部干预司法活动、插手具体案件处理情况的,如实记录司法机关内部人员过问案件情况的,受法律和组织保护。任何人不得对记录人员进行打击报复。检察人员非因法定事由,非经法定程序,不得被免职、调离、辞退或者给予降级、撤职、开除等处分。健全检察人员合法权益因履行职务受到侵害的保障救济机制。

三、及时对干预、过问检察机关司法办案活动线索处置

16. 严格检察人员过问本系统案件线索的处置。检察机关纪检监察机构收到检察人员违反规定过问检察机关案件线索的,应当按照干部管理权限,及时调查处理,并将调查处理结果分别向记录人和过问人所在单位或部门反馈,同时报上一级检察机关纪检监察机构。

17. 严格检察人员过问其他司法机关案件线索的处置。检察机关各级纪检监察机构收到检察人员违反规定过问其他司法机关案件线索的,应当按照干部管理权限,及时调查核实,并将结果及时反馈相应司法机关的纪检监察机构。

18、澄清对检察人员过问案件的不实记录。准确把握和区分检察人员依法正常履行职责和违反规定过问案件行为的界限。检察机关纪检监察机构应当及时调查核实或配合调查核实收到的反映检察人员违反规定过问案件的报告(告知),属于不实记录或虚假记录的,应当纠正并及时为被记录人澄清事实。

四、严格规范干预、过问检察机关司法办案活动的通报

19. 明确通报情形。检察人员有下列违反规定过问案件情形的应当通

报:在线索核查、立案、侦查、审查起诉、审判、执行等环节为案件当事人请托说情的;邀请办案人员私下会见案件当事人或其辩护人、诉讼代理人、近亲属以及其他与案件有利害关系人的;违反规定为案件当事人或其辩护人、诉讼代理人、亲属转递涉案材料的;违反规定为案件当事人或其辩护人、诉讼代理人、亲属打探案情、通风报信的;其他影响司法人员依法公正处理案件的行为。

20. 规范通报程序。检察机关纪检监察机构应当按照调查处理权限,对属于本级纪检监察机构处理的过问案件,经调查核实,属于违反规定过问案件的,应当按照程序报经批准后,予以通报,并将结果报上一级检察机关纪检监察机构。上级检察机关纪检监察机构对下级检察机关纪检监察机构应当通报而未通报的,应当监督纠正。对检察人员违反规定过问其他司法机关案件的,应当将通报结果反馈所过问案件办理单位的纪检监察机构。

21. 规范通报方式。检察机关各级纪检监察机构应当定期对检察人员违反规定过问案件情况进行通报,对情节严重,影响恶劣的,坚持一案一通报。

五、严肃追究干预、过问检察机关司法办案活动相关人员责任

22. 对违反规定过问人的责任追究。检察人员违反规定过问案件,情节较轻的,给予提醒或者诫勉谈话;有本办法第19条所列情形之一,构成违纪的,依照《中国共产党纪律处分条例》、《检察人员纪律处分条例(试行)》等规定,给予纪律处分;造成严重后果,构成犯罪的,依法追究刑事责任。

23. 对不如实记录人的责任追究。检察人员对领导干部干预、插手办案,司法机关内部人员过问案件,不记录或者不如实记录的,予以警告、通报批评;两次以上不记录或者不如实记录的,依据《中国共产党纪律处分条例》、《检察人员纪律处分条例(试行)》等规定给予纪律处分。主管领导授意不记录或者不如实记录的,依法依纪追究主管领导责任。

24. 对打击报复人的责任追究。检察人员对如实记录过问案件情况的办案人员进行打击报复的,依照《中国共产党纪律处分条例》、《检察人员纪律处分条例(试行)》等规定,给予纪律处分;构成犯罪的,依法追究刑事责任。

六、健全落实“两个规定”的工作机制

25. 加强组织领导与协作配合。各级检察机关要把落实“两个规定”纳入重要议事日程，加强领导，强化措施，抓好落实。检察机关各司法办案部门、办公厅(室)、政工部门、案件管理部门、纪检监察机构要加强沟通联系和工作衔接，健全干预、插手、过问案件的记录、通报和责任追究的协作配合机制，切实推动“两个规定”落实。

26. 加强指导和监督检查。上级检察机关应当通过调研、巡视、检务督察、执法监察和案件查办等多种方式，加强对落实“两个规定”的指导和监督检查，及时发现和解决工作中存在的问题，提出指导性意见。要注重总结各地好的经验做法，并加以推广。

27. 与落实“两个责任”相衔接。把检察人员违反规定过问司法办案活动纳入党风廉政建设责任制考核评价体系，作为检察人员是否遵守法律、依法办事、廉洁自律的重要依据。对检察人员违反规定过问案件，情节严重的，既要追究过问人的责任，又要倒查追究相关人员的领导责任和监督责任。

28. 注重宣传和舆论引导。充分发挥主流媒体主力军和新媒体生力军作用，运用报刊、门户网站、微博、微信等媒体，及时宣传检察机关在落实“两个规定”方面的思路、举措和成效。加强舆论引导，及时回应社会各界对落实“两个规定”的关切，及时稳妥应对处置相关负面舆情。

本办法自发布之日起施行。最高人民检察院此前印发的有关规定与本办法不一致的，适用本办法。本办法由最高人民检察院负责解释，各省、自治区、直辖市人民检察院可以结合实际，制定实施细则。

关于危害食品药品安全犯罪案件审理情况的调研报告

广东省广州市中级人民法院刑二庭课题组*

近年来,我国食品、药品安全问题层出不穷,从甲醇制酒事件、福尔马林浸泡海产品问题、苏丹红事件、三聚氰胺事件到地沟油、食用明胶、药物胶囊有毒等问题,极大地刺激着国人的神经,挑战国人容忍的底线。食品、药品安全直接关系到人民群众生命健康安全,已经引起立法者、司法者的高度重视:刑法修正案(八)对危害食品、药品安全犯罪的相关规定作了较大修改;最高人民法院和最高人民检察院联合出台了《关于办理危害食品安全刑事案件适用法律若干问题的解释》。上述立法和司法活动彰显了我国现阶段打击危害食品、药品犯罪的决心和力度。正是在这样的背景下,广州市中级人民法院刑二庭成立课题组,拟通过对2009~2014年广州市两级法院危害食品、药品安全犯罪案件的审理情况进行实证分析,在总结6年来此类案件特点的基础上,从法律规定、量刑情节的认定等方面分析当前审理此类犯罪案件中存在的问题和困难,并在现行法律、司法解释规定的框架下,结合实践提出完善对此类犯罪案件定性、量刑的意见,以及综合治理此类犯罪行为的对策建议。

一、广州市危害食品、药品安全犯罪案件审理的概况及特点

2009年至2014年,全市两级法院共审结危害食品、药品案件犯罪一审

* 课题组成员:郑允展、李穗辉、梁敏、张春节、许媛媛。

案件 503 件 864 人，案件数量整体呈上升趋势，年审结案件数量由 2009 年的 17 件，迅猛增加至 2012 年的 112 件，增幅接近 6 倍；虽然 2013 年案件数回落至 61 件，仍比 2009 年增加 258%；2014 年审结的案件数再度猛增至 286 件，是过去 5 年案件总数的 1.3 倍（年结案数见图 1）。其中，涉食品案件 173 件，涉药品案件 330 件。

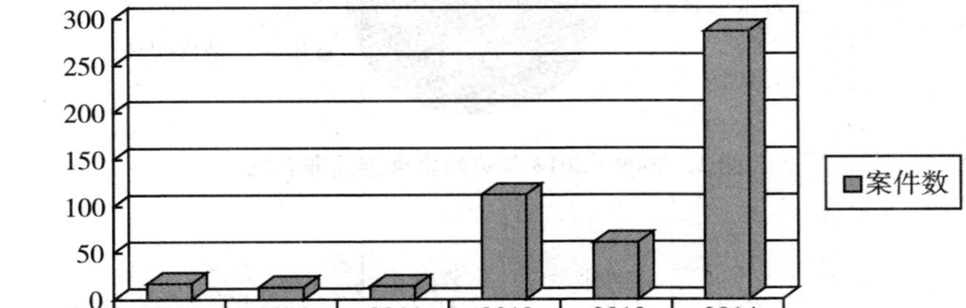

	2009	2010	2011	2012	2013	2014
■案件数	17	13	14	112	61	286

图 1　2009～2014 年危害食品、药品安全犯罪一审案件审结数量

从案由来看，2009 年至 2013 年审结的案件主要集中在生产、销售假药罪，生产、销售有毒、有害食品罪以及生产、销售不符合安全标准的食品罪①，但 2014 年则有 84.62% 的案件为生产、销售假药罪（具体罪名比例见图 2）。从发案区域来看，案件多发于农村或者城乡结合部，行为人多租用出租屋或者小作坊进行作业，生产规模小、地点隐蔽、分散程度高。广州市增城、黄埔、白云三个区的案件和涉案人数分别为 85 件 116 人、61 件 108 人、60 件 165 人，分别占全市案件数的 16.90%、12.13%、11.93%（各区案件数量分布比例见图 3）。从判处刑罚的情况来看，864 名被告人中被判处 3 年以上有期徒刑的有 54 人（占 6.25%），判处 3 年以下有期徒刑或者拘役的有 522 人（占 60.42%），判处缓、免刑的有 288 人（33.33%），其中判处最重的刑罚为有期徒刑 15 年；除免予刑事处罚外，所有被告人均并处财产刑，其中罚金最高的是人民币（以下币种同）350 万元。

① 原为生产、销售不符合卫生标准的食品罪，《最高人民法院、最高人民检察院关于执行〈中华人民共和国刑法〉确定罪名的补充规定（五）》将罪名改为生产、销售不符合安全标准的食品罪。

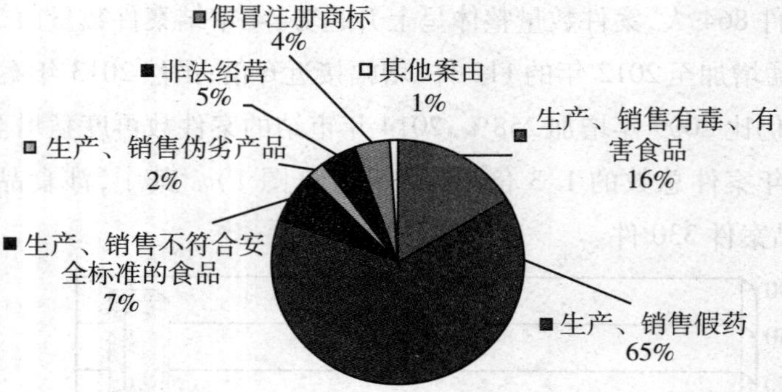

图2　2009～2014年审结案件涉及罪名比例

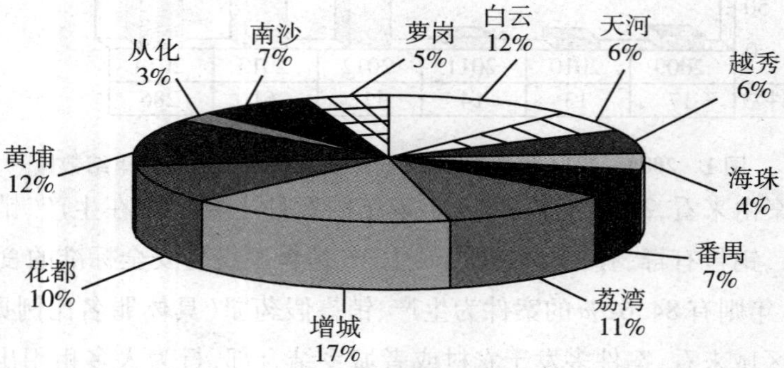

图3　2009～2014年各区案件数量分布比例

一是犯罪对象呈蔓延趋势。食品方面，以猪肉为主的肉类品是传统的“重灾区”，此类案件有87件，占食品类案件数的50.29%，常见的包括在饲料中加入“瘦肉精”、私屠病死猪出售、用非食品原料或者病死猪腌制腊肉等；销售含有“孔雀石绿”的鱼类产品案件逐渐多发。同时，犯罪对象也逐渐蔓延至酱油、味精、食盐等调味品，桶装水、白酒和饮料，保健胶囊等保健产品。此外，其他涉案的食品还包括腐竹、咸鱼、牛百叶、鱼蛋等市民日常消费较多的食品，其中2014年出现了多宗毒豆芽案件（具体比例见图4）。药品方面，由于制假成本低、技术含量不高，涉及各类贴剂、膏、霜、油等外用产品的案件高发、频发。同时，一些具有特殊功效的药品（如“万艾可”）、处方药以及进口药品逐渐成为犯罪分子制假售假的重要对象之一。

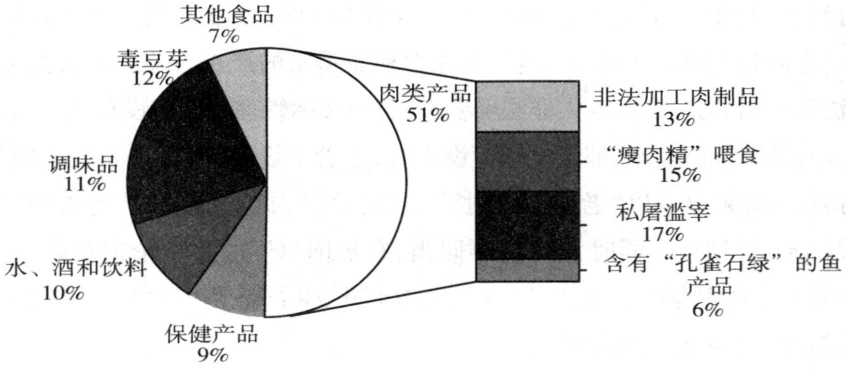

图4　危害食品安全案件涉案犯罪对象比例

二是犯罪手段日趋多样化，隐蔽性增强。(1)利用物流公司、快递等渠道进行快速销售，作案手段具有发散性、快捷性。(2)通过向医院工作人员收购已使用过的药品包装盒等非法渠道获得正规药品的包装、说明书等用于制售假药，或者回收名酒空酒瓶制作假酒，作案手段具有隐蔽性；利用工业或者化工材料、有毒有害添加物对食品进行保鲜、调味，犯罪活动具有较大的欺骗性。(3)除了上门推销以及电话联系等方式外，出现利用电视和广播购物广告、互联网平台实施销售行为，淘宝店、QQ 等网络销售渠道逐渐成为犯罪分子扩大假冒伪劣产品销售范围和途径、逃避执法部门查处的新方式。(4)出现以虚假宣传、非法诊疗的新型犯罪手段，常见的有以“健康讲座”方式推销药品，或者以免费检测身体为名，冒充专家医生推销等。如天河区人民法院审结的张某等 26 人非法经营案，被告人张某等以电视购物广告、网络推广等方式虚假宣传推销伪劣保健食品，并在对客户的照片“检测”后谎称客户存在“病症”，诱使客户高价购买公司其他食品，涉案金额超过 1 200万元。此种犯罪手段损害的对象具有不特定性，且更容易逃避执法部门查处。

三是犯罪组织化特征明显，三人以上的共同犯罪案件占 12.72%。不少案件中犯罪分子形成较为稳定的犯罪团伙：一方面是“横向”的分工明确，专人专门负责生产过程中的某一个环节，生产、仓储、营销、运输等各环节互相配合。如花都区人民法院审结的韦某等 15 人生产假药案，各被告人分工完成操控机器加工药品,登记验收、记录包装(出货)数量,包装假药等环节。另一方面是“纵向”的等级分明,表现为利益关系的严密有序。如天河区人民法院审结的张某等26人非法经营案,公司实际管理者下面设总经理,总经理分管数个部门经理,部门经理下设主管,主管下设主任,主任下设销售员,并按照这样的级别以“老师”、“科长”、“部长”、“总监”、“导师”等虚构身份逐级“抬单”销售。同时,在“有难同当、有福同享”的家族伦理观影响下,12.52%案件中存在家族式、同乡式组织制售,共同经营家庭作坊,一条产、供、销链条上都是沾亲带故的。

四是被告人“两低”特征明显:年龄低、文化水平低。超过六成的被告人为外来务工人员,“80后”、“90后”被告人占29.63%,一般只有高中以下文化水平。此类被告人主要是因自我约束能力较差、法律意识淡薄而被雇用参与生产、销售的某一环节,如包装、看管、运输等,赚取微薄的劳务费,大多数系从犯,他们对于造假工场是谁的、假冒伪劣产品如何而来等情况均不知情。

五是社会危害较一般的制假售假犯罪案件大。不少案件在查获时已有部分涉案食品、药品流入市场,对消费者的身体健康造成直接影响。如番禺区人民法院审结的刘某生产、销售不符合安全标准的食品案,被害人周某某(5岁)在食用了刘某生产的卤豆腐皮后身体严重不适送至医院ICU抢救。又如,部分猪肉摊主唯利是图,私自购进私宰的病死猪肉夹杂在放心猪肉中销售,卖给个体经营的快餐店、早餐店,甚至流入学校、酒楼等场所。

二、危害食品药品安全犯罪案件审理中的突出问题

(一)在既涉及侵犯知识产权,又涉及危害食品安全犯罪的案件中,执法机关往往不对查获的食品进行鉴定

按照刑法规定,行为人制售的食品是否“足以造成严重食物中毒事故或者其他严重食源性疾患的”[刑法修正案(八)生效前],或者是否“掺入有毒、有害的非食品原料”,是判断其是否构成生产、销售不符合安全标准的食品罪或者生产、销售有毒、有害食品罪的客观标准,法院需要根据鉴定机构出具的检验报告等相关材料进行认定。但在不少行为人既涉嫌侵犯知识产

权犯罪、又涉嫌危害食品安全犯罪的案件中，执法机关没有对查获的假冒伪劣食品进行上述鉴定，仅有被侵权单位出具的相关鉴定材料，并以侵犯知识产权或者非法经营等罪名移交审理。例如，苏某升、彭某连非法经营一案中，二被告人将购买的工业盐假冒广东省盐业总公司专营的“粤盐”、“岭海”等品牌食盐进行分装销售。执法机关对当场查获的假盐进行了两种鉴定：一是检验涉案的假盐碘含量是否符合 GB5461—2000《食用盐国家标准》要求；二是检验涉案的食盐、包装袋、包装箱是否标明“粤盐”牌产品，并没有检验是否“掺入有毒、有害的非食品原料”，最后法院根据相关证据认定二被告人违反国家有关盐业管理规定，在无食盐专营许可证等许可证明的情况下生产、销售假盐，分别以非法经营罪判处有期徒刑一年八个月、一年三个月。在本案中，若检验出涉案食盐中掺入了有毒、有害的非食品原料，对二被告人的量刑可能会更重，打击力度也会更大。

类似的案件还有王某某假冒注册商标一案，王某某用低档酒灌装进回收的各类高档白酒、洋酒空酒瓶中，制作假酒，执法机关同样没有对涉案产品是否“足以造成严重食物中毒事故或者其他严重食源性疾患”，或者是否“掺入有毒、有害的非食品原料”进行鉴定，而是由各酒业公司出具鉴定证明书等材料，证明涉案的假酒属于假冒该公司产品，并以假冒注册商标罪移送审理，最后法院以该罪判处王某某有期徒刑一年六个月。

（二）检测结论不规范

审理危害食品药品安全犯罪专业性强，在案件诉讼过程中往往需要专门机构进行检验、鉴定，由此形成的检验鉴定意见成为定罪量刑的关键证据。在此类案件审理过程中，被告人及辩护人经常就检测报告或者意见的形式是否规范、是否具备相应资质、检验方法是否科学等提出质疑。在此环节主要存在以下问题：

一是检测机构不一。检测机构既包括行政执法机关，如各级食品药品监督管理局、质量技术监督局、疾病预防控制中心、动物防疫监督所、动物卫生监督所、畜牧兽医局等；也包括专门的检验检测机构，如各级药品检验所、质量技术监督检测研究所、广州市农业标准与检测中心、华南绿色产品认证检测中心、广东省保化检测中心、广东省质量监督盐业产品检验站、中国食品药品检定研究院、中国广州分析测试中心、广东出入境检验检疫局检验检疫技术中心食品实验室等。在上述机构中,并非全部机构均具有司法鉴定的资质,而且只有部分案件中检测机构具备相关检验资质的证明。

二是检测结论形式各异。第一类是函件,如函、复函、鉴定函、鉴定回函、鉴定复函、告知函、认定函;第二类是报告,如案件调查终结报告、案件调查报告、检验报告(书)、检疫报告(书)、检测报告、认定报告、鉴定报告、报告书;第三类是说明或者证明,如认定说明、情况说明、证明、说明、补充说明、鉴别证明;第四类是意见,如认定意见书、鉴定意见书、意见书;还有其他形式,如批复、鉴定结论书、认定书、初步鉴定等。不仅不同检测机构出具的结论形式各不相同,同一检测机构对于结论的出具也没有统一形式,随意性较大。例如,某区食品药品监督管理局先后在不同案件中出具过以下几种形式的结论:案件调查终结报告,关于认定"VIAGRA"为假药的认定报告,关于某药房销售的黄道益活络油等产品为假药的鉴定报告,关于某地销售的"保婴丹"等产品为假药的认定意见书;且后三种是针对同一类型情况出具的检测结论。另外,"函"作为机关之间行文的公文文种之一,并非专家意见,能否作为检测结论的载体也值得商榷。

三是对什么案件情况下需要由什么检测机构出具结论没有统一标准。例如,在同为生产、销售假药的案件中,部分案件仅有区食品药品监督管理局出具的检测结论,部分案件除此以外还有专业检测机构出具的检测报告;在同为检测胶囊成分的案件中,部分案件采纳了广东省保化检测中心出具的检验报告,部分案件则使用了广州市药品检验所保健食品检验报告书和广州市食品药品监督管理局稽查分局出具的认定函。此外,不同的质量检测机构的判定依据相同,但由于检测方法不同,甚至导致检测结果出现截然相反的情况。如在涉腌制类食品案中,检测样品的判定依据为《食品中污染物限量》(GB2762—2005)、《食品中可能违法添加的非食用物质和易滥用的食品添加剂名单》,但不同检测方法中所检测的物质元素有区别,导致检测结果出现不合格项目。

(三)药品安全犯罪具体犯罪构成的科学性有待提高

由于我国药品管理法对假药的认定过于宽泛,分假药和按假药论处两种情形,[①]一方面,按假药论处的"变质的"、"被污染的"等药品并不是真正意义上的"假药",而实际上也属于"劣药"的范畴;[②]另一方面,对未经批准进口的药品一律认定为假药,无须对药品本身的成分或者药效进行检测。刑法采用空白罪状直接援引了药品管理法对假药的认定,导致司法实践中既容易出现假药和劣药表现形式的竞合,也容易扩大打击面,对本质上不属于制售假药的行为按生产、销售假药罪惩处,显失公平。

2009年至2013年,广州市两级法院共审结涉及未经批准进口的药品案件17件,占药品安全犯罪案件的19.76%,案件均集中在2012年、2013年;2014年更是猛增至101件。其中,不少案件中行为人利用经常往返内地和港澳的机会,将港澳市面上销售的药品运回内地销售。例如,刘某某销售假药一案中,刘某某通过"水客"从香港购买药品后,在自己经营的食品店销售。对于该行为的定性,刘某某辩称其销售的药品是在香港公开销售的药品,并非刑法意义上的假药,故其行为不构成销售假药罪,对其违法销售未经批准进口的香港药品的行为认定为超经营范围或者非法经营更为妥当;而食品药品监督管理局出具的《关于对销售未经批准进口药品行为定性的意见书》认为,本案中查获的药品,标示为国外、中国香港生产,且未取得国家食品药品监督管理局核发的《进口药品注册证》或者《医药产品注册证》,应当按假药论处。最终法院以销售假药罪对刘某某定罪量刑。

(四)从犯入罪及量刑的把握

如前所述,由于危害食品药品安全犯罪行为往往呈现集团化、组织化的特点,且生产、销售环节众多,犯罪分子之间分工明确、密切配合,甚至形成"流水线式"作业,生产出大量食品药品,在这种情况下需要较多的人员参与。在广州市两级法院审理的危害食品药品安全犯罪案件中,超过五成被

① 药品管理法第四十八条规定:"有下列情形之一的,为假药:(一)药品所含成份与国家药品标准规定的成份不符的;(二)以非药品冒充药品或者以他种药品冒充此种药品的。有下列情形之一的药品,按假药论处:(一)国务院药品监督管理部门规定禁止使用的;(二)依照本法必须批准而未经批准生产、进口,或者依照本法必须检验而未经检验即销售的;(三)变质的;(四)被污染的;(五)使用依照本法必须取得批准文号而未取得批准文号的原料药生产的;(六)所标明的适应症或者功能主治超出规定范围的。"

② 参见丁锦希等:《中美假劣药品监管制度比较分析》,载《中国新药杂志》2009年第1期;秦玲等:《对完善〈药品管理法〉中假劣药相关内容的探讨》,载《中国药房》2012年第45期。

告人被认定为从犯。这些被告人往往是文化水平较低或者年纪较小的待业人员,他们参与到犯罪的方式主要有两种:一是受雇用参与;二是因帮助同乡或者亲戚朋友而参与。他们往往只负责生产、销售中某个小环节,如打码、包装、运输、装卸等,有的甚至不直接从事实际的制售活动;部分被告人参与制售的时间不长便被抓获,而且作为"打工者"酬劳很少甚至没有酬劳。虽然他们都在一定程度上参与了危害食品药品安全犯罪行为,但由于每个人直接负责的事项不同,与制售行为联系的密切程度不同,需要根据具体情况区别对待。

而执法实践中,由于种种原因,侦查机关往往忽略了对参与危害食品药品安全共同犯罪人员进行区分,将在生产、销售窝点中抓获的全部行为人均移送起诉、移交法院审理(多数情况下还对行为人一律采取强制措施),而其中部分行为人是属于情节显著轻微危害不大,可以不追究刑事责任的。例如,行为人没有直接从事生产、销售伪劣产品,而是负责买菜做饭、打扫卫生这些无关紧要的事情的;又如,在家族式制假售假犯罪中,出于人道主义的立场,无必要将家族中的所有行为人均移交法院审理。尽管法院在审理过程中可以通过认定其为从犯进行减轻或者从轻处罚,但由于受某一特定时期刑事案件审理环境所限,往往难以判处免予刑事处罚;或者在行为人已经被先行羁押一段时间的情况下,影响对其量刑。基于上述各种因素,这些从犯在被法院判处刑罚后往往感觉"委屈",认为自己在犯罪过程中的作用很小且地位次要,法院的量刑因没有充分考虑自己的情节而过重,因而对判决的认同感较低。同时,由于"80后"、"90后"被告人在危害食品药品安全犯罪案件从犯中占有相当的比例,这些被告人在被判处刑罚后将面临更为严峻的就业、生活压力。这些隐性的不安因素均是在执法、司法过程中应当考虑的。

三、预防和惩治危害食品药品安全犯罪的对策建议

针对广州市危害食品药品安全犯罪案件的主要特点以及审理过程中发现的问题,我们提出如下相应的对策和建议:

(一)逐步完善科学的食品药品管理制度

科学的食品药品管理制度是一个庞大且互相衔接的整体,从审结的案

件暴露出来的问题来看，需要着重加强的方面包括：一是建立食品药品可追溯机制。利用条码、ID 标签、互联网等 IT 技术搭建产品可追溯系统，对食品、药品的生产、加工、配送等环节进行记录，实现全过程、全方位的追踪溯源。建议可采取先试验示范后逐步推广的方式，促使不同种类食品药品建立适合自身特点的可追溯系统。二是建立健全食品入市备案制度。对流通领域内的生产者和食品信息进行备案，对食品生产经营者按信誉度实施分级分类管理，实现监管关口前移，最大限度地掌控食品质量安全源头。三是建立和落实登记备案制度，落实专门单位指定专人负责医疗废弃物品的处理和监督检查工作，加强医疗废弃物品回收处理贮存设施的配备和保障，设置相应的物品贮存间和处置间，对医疗废弃物品进行分类分袋收集处理，能回收的及时回收，该销毁的尽快销毁。

（二）着重加强日常监管，正确处理日常监管执法与重点集中整治的关系，从源头上压缩违法犯罪的存在空间

从已审结的案件来看，超过六成的案件是工商、质监等行政部门在日常检查或者多部门联合执法、专项行动中查处的（这个情况在 2012 年“三打两建”期间尤为突出）。因此，相关行政部门在食品药品质量安全问题上是有作为的，并应当多作为、主动作为，在不定期开展联合执法和综合执法的同时，更要落实监管常规化、日常化，坚持日常监督与重点管理相结合、日常执法与集中打击相结合、生产与流通领域抽查相结合，逐步形成长效体制。尤其要加强对宾馆、饭店、集体食堂等场所和个体摊店、小作坊等重点对象的抽查。

（三）规范检测主体，提高检测能力

食品药品监管部门、公安机关、检察机关等应当共同研究明确危害食品药品安全犯罪中需要移送检测的案件范围，避免应检测而没有检测的情况出现，从而影响案件的定性及责任的追究。食品药品监管部门应当鼓励优秀、专业的食品药品检验机构申请从事司法鉴定工作，积极引导支持已取得食品药品检验机构资质认定的检验机构进行司法鉴定登记，实现食品、药品检验机构与司法鉴定机构的对接，公安机关应当委托登记在册的检验机构对涉案物进行检测、鉴定；同时，鼓励具有食品药品安全专业知识的专家申

请司法鉴定人登记。相关政府部门应当积极协调确定一批食品药品安全专家,条件成熟时可建立专家辅助人制度,通过专家对涉案食品药品检验意见中理化指标的分析,出具明确具体的鉴定意见,公诉机关还可以通过申请专家出庭对检验机构的检验报告进行专业解读,作出涉案食品、药品安全风险评估的判断,以保障案件的顺利审理。

建议对检验结论的载体(形式)予以统一,“函”可以作为食品药品监督管理部门等行政执法部门出具的对案件的参考意见,但不宜作为结论载体。同时,检测报告的格式和内容应当符合刑事证据的要求。例如,涉案食品鉴定意见应当明确送检食品是否“足以造成严重食物中毒事故或者其他严重食源性疾患”,以便法院对案件性质的准确判定。

另外,目前我国食品检测中还存在国家标准、行业标准、地方标准之间交叉重叠、存在空白或者彼此矛盾的尴尬局面,尤其是在保健品领域很多情况下既无国家标准也无行业标准,仅有企业标准。建议加大食品检测工作的资金投入、加强检测人员的培训,保障食品安全中的各类样品能够得到快速准确的分析监测。

(四)充分发挥基层社区组织作用,进一步加强对重点场所的规范管理

一方面,工商、质监、出租屋管理等职能部门可与基层街道办事处、社区居民委员会、村民委员会等组织之间建立打击危害食品药品安全违法犯罪行为的工作网络体系,充分发挥社区组织贴近群众、反应快速的优势,加强对个体摊位、小作坊等重点对象的巡查,加强对无名平房、废弃加工厂等重点场所的管理;重点加强对城乡结合部社区、城中村出租屋的管理工作,及时了解动态,掌握上述重点场所的使用情况,一发现疑似制假售假的异常情况及时处理,对明知从事违法行为依旧提供场所便利或帮助的出租人给予处罚,从源头彻底铲除危害食品药品安全违法犯罪活动的土壤。

另一方面,创新小作坊服务方式,建立小作坊集中加工场,引导地下小作坊走上地面。适当调整准入门槛,放宽登记条件,简化登记手续,促使有条件的黑作坊由非法经营转化为合法经营,遏制无证照经营户数的增长。

(五)贯彻宽严相济,区别对待共同犯罪人员

宽严相济的刑事政策要求在法律规定的范围内,适时调整从宽和从严

处理的对象、范围和力度，强调突出打击重点的同时，最大限度地减少社会对立面，防止打击面过宽。具体到危害食品药品安全犯罪案件中，将犯罪中的组织者、领导者、主犯或骨干分子作为打击重点，依法予以从严惩处；在巩固已有战果的基础上顺线深挖幕后首犯、主犯，力争将犯罪歼灭在源头环节。同时，对于参与犯罪的时间较短、从事工作与制售犯罪关系不大，在共同犯罪中所起的作用以及主观恶性均不大的行为人，可视其情节考虑通过行政处罚予以处理，无须移交法院起诉；在“家族式”犯罪案件中，由于夫妻两人或者家族中两人以上同时触犯法律，法院出于人道主义的立场，对共同犯罪中作用相对较小的被告人，依法酌情从轻处罚。这样最大限度地增加和谐因素，减少对抗及其他不和谐因素，切实维护社会稳定。针对在运输、装卸、搬运等中间环节被查获案件增多的情况，加大对仓储、运输等中间环节人员的法制宣传力度，着重强调该类行为的违法性，促使该类人员降低参与作案的可能性。由于此类人员并没有实际从事生产、销售，故对他们的处罚也应有别于一般从犯。

（六）提升生产经营者的道德底线，引导企业树立品牌观念

借助行业协会、地方商会等社会组织的力量，并充分发挥媒体的舆论宣传作用，加大力度对“百年老店”、“老字号”、“信得过产品”等进行正面宣传，引导生产经营者注重产品的品牌建设，以高质、安全的产品建立并获得消费者的信任与认可，形成自觉维护商品质量的良好生产经营环境。同时，建立食品药品领域从业人员和企业诚信档案，对于信用差的个人和企业，要列入“黑名单”并限制其生产经营。例如，工商行政管理部门可通过建立食品生产企业诚信档案或“黑名单”的方式，对曾经出现食品安全事件的企业在项目申报和名优产品等评比中一票否决，深化生产经营者对食品安全社会责任重要性的认识。

（作者单位：广东省广州市中级人民法院）

关于刑事二审裁判文书事实部分写作方法的探讨

蔡智玉

刑事裁判文书既是向当事人宣告判决结果，也是向社会宣告法律的执行情况，因此一份合格的判决书应当达到双重效果，既能向当事人充分说明裁决的依据和道理，努力使当事人服判息诉，也能向社会说明法院对法律的执行情况，展示法院的公正形象。刑事二审裁判文书是案件的生效文书，承担的责任更重，其制作更应受到审判人员的重视。判决认定事实是刑事判决的基础，全面准确地反映案件事实，是论证判决结果有理有据的重要前提，对于实现上述双重效果有重要意义。本文结合审判实践，从控辩主张及理由、审理查明事实、证据体系等三个方面，对二审裁判文书事实部分的写作做一简要分析，希冀与诸位实务界的同仁交流探讨。

一、关于控辩主张及理由部分的写作

在刑事二审裁判文书中，控辩双方的主张及理由主要表现为当事人的上诉主张、辩解及理由，辩护人及代理人的辩护、代理意见，检察机关的二审意见或者抗诉意见及理由。写作实践中，最常见的问题是对控辩双方的意见归纳不准确或者过于简单，不能准确、全面地反映控辩主张及理由。有的二审裁判文书在表达检察机关意见时尚能逐条分别列明，对于被告人上诉理由则简单表述为“被告人上诉称不构成犯罪或量刑过重”，对于被告人认为应当从轻处理或者不构成犯罪的具体理由则略过不写，或者寥寥数语一笔代过。这种写作习惯与现代法院建设理念相悖，主要体现在：一是从形式上没有体现出控辩双方的平等地位，有损于法院作为审判机关的中立形象；二是给当事人没有受到法院认真对待的感受，不利于取信于当事人；三是不利于在判决理由部分有针对性地进行分析评价。裁判文书是审判结果的直接反映，也是当事人向法院讨得的“说法”。如果在这种“说法”中，连当事人的诉讼主张及理由都不能得到准确反映，如何让当事人感受到法院认真审查了其意见？又如何取信于当事人？

本文认为，当事人及其律师的主张及理由应当在裁判文书中得到准确、全面的反映。在写作判决书时，应当结合上诉状、辩护词、代理词及当事人、律师在庭审（提审）中的意见表述等，对当事人及其律师的主张及理由进行总结、归纳，写作时，应当做到以下三个方面：

一是语言通畅，意思明确。当事人由于缺少法律专业知识或者表达能力欠佳，往往不能清晰、系统地表达其主张及理由，这就需要审判人员认真审查其表达载体，准确归纳其想表达的意思，并以通畅的语言表达出来。

二是详略得当，全面反映。对诉辩双方的主张及理由归纳时应当尽可能详细些，归纳过于简单，叙述过于抽象、笼统，就反映不出个案特点和特殊情节。

三是层次分明，焦点集中。这样才能为事实查明及证据分析确定重点，为在理由部分对控辩意见进行分析、评述确定目标，实现有的放矢，而不是乱放空炮。

二、关于审理查明事实部分的写作

刑事二审案件的裁判结果有的是维持原审判决，有的是改判，即便二审改判，二审经过审理所查明的事实与原判认定大多也是一致的。因此，写作二审裁判文书时一般参照原审判决书查明的事实即可。但有些情况下，为了将原审判决认定事实的审查情况有机地展现出来，二审裁判文书需要对原审判决认定的事实进行必要的修改和完善，具体言之：

1. 原判认定事实准确，相关证据也比较充分，但在文字表达上存在一些问题。二审在叙述“原审法院审理查明事实”时，可以在不改变原判认定基本事实的前提下，做进一步的加工。如原审判决叙述事实过于烦琐，对不属于构成要件的事实或者与定罪量刑关系不大的事实过分渲染，表述累赘，这种情况下，二审裁决应当进行一定提炼，使案情发展的脉络更加清晰，案件主要情节更加醒目；如果是原判决叙述事实表述不当的，应当更正，使文书表达的意思更加清晰、准确。

2. 原判认定的案件基本事实准确，但不够全面充分，比如缺少案发前因、被告人的犯罪手段、事后表现等情节的表述或者表述过于简单。按照最高人民法院印发的《法院刑事诉讼文书样式》（以下简称《文书样式》）要求，对审理查明事实的认定应当以犯罪构成要件为重点，兼叙影响定性处理的各种情节。二审可以采用两种方法处理上述问题：（1）如果相关情节恰恰是诉辩双方有争议的情节，因为相关证据已经在一审庭审中举证质证，并在判决书中引用，二审可以在对上诉理由和辩护意见的评判中，引用相关证据，将相关事实表述出来；（2）如果相关情节诉辩双方均没有注意到，但对定罪、量刑确实有重要意义的，可以采用“经二审审理，除查明与一审认定一致事实外，另查明”的方式，将相关事实表述出来，并指出相关证据已经一审庭审举证、质证，予以采信。

3. 犯罪事实的要素没有叙述完整或表达不清，但根据一审查明的相关证据能够表述清楚的，二审应予以补充完善。一般而言，叙述一件具体事实，应当写明行为的时间、地点，被告人的犯罪动机、目的，具体作案手段，实施行为的过程，危害后果等。这里面最常被忽视的有两个情节：一是犯罪地点，尤其是犯罪发生在被告人家或被害人家中，一些裁决文书就直接写在被告人家或被害人家发生了什么事，但被告人家或被害人家在什么地方则没有写清楚。对此，应当按照现场勘查笔录中对现场位置的表述，写明某年某月某日，因何故被告人或被害人来至某市某区某路某院某楼的家中或租住房中，再叙述后来发生什么事情。二是被告人实施重复犯罪行为的，没有全面、准确表述，例如被告人先后捅刺十余刀或更多的，表述为连捅数刀，或者被告人在中断一段时间后，又实施二次伤害的，没有分开表述，等等。这些情节是评价被告人主观恶性的重要依据，应当叙述清楚。

4. 被告人实施多起犯罪事实，原判认定事实本身没有问题，如果存在以下两方面问题的，二审应予修正：（1）原判认定犯罪事实顺序比较混乱，不利于把握案件主要问题的,可以在叙述原判认定事实时,按照先主要被告人后次要被告人,先主罪后次罪,先重要犯罪事实后次要犯罪事实,最后考虑时间顺序的原则重新叙述,以更为直观全面地把握被告人的犯罪事实;(2)原判对犯罪事实总结不够的,如没有总结被告人的犯罪次数、犯罪全部后果、犯罪情节,没有分别归纳各被告人的具体犯罪情况的,二审可以在叙述原判认定事实后,以“综上,被告人某某共实施(参与)抢劫(或其他犯罪)多少次,致死(伤)多少人,抢劫财物价值共计多少等”的形式,进行必要的总结和归纳,以利于把握犯罪团伙及个别被告人的整体犯罪情况。

5. 原审判决书事实部分忽略自首或立功事实,只在“本院认为”部分一笔带过。自首或立功是重要的法定量刑情节,对被告人的量刑有重要影响,无论是被告人还是被害人家属都比较关注,按照《文书样式》要求,对自首、立功等情节的认定应当写在事实部分,并写明认定自首、立功等情节成立的证据。因此,如果原审判决事实部分没有叙述相关事实的,二审应当予以补充完善。具体写法上可以采用两种方式:(1)在“二审查明被告人的犯罪事实与一审一致”之后,以“二审另查明”的方式,认定自首的,写明被告人归案或交代司法机关未掌握犯罪事实的经过;认定立功的,写明被告人揭发他人犯罪事实的查证情况或其他立功表现情况,为论理部分阐述法院的量刑理由提供一个事实基础。(2)在认定被告人不构成自首或立功的情况下,事实部分一般不再叙述相关事实,但如果诉辩双方对被告人是否构成自首、立功存有争议的,可以在评判诉辩主张时,采用夹叙夹议的方法,既引用证据叙述被告人的客观表现事实,又引用法律文件规定,论证其客观表现与自首立功的构成要件是否相符。需要注意的是,关于被告人的归案经过,应当按照时间顺序,重点写明嫌疑人的身份确定及归案过程;关于被告人的立功表现,应当写明线索来源、揭发时间、查证情况、被揭发人处理情况等要素。

三、关于证据部分的写作

在二审裁判文书中,多数情况下要叙述原判采信的证据。在证据体系的写作中,有两种方法:第一种是原封不动复制一审文书中的证据部分,不管是顺序还是内容都不作改动,力求原汁原味,理由是文书中的表述方式就是原判“认定上述事实的证据有……”第二种是对一审判决书中列举的证据,根据证明案件事实以及评判诉辩意见的需要,进行一定的归纳、整理和调整。笔者认为,后一种写法比较好,因为我们通过二审审理,对全案的证据体系有一定的整理和认识,进而得出原判认定证据是否确实、充分的结论,如果原判列举证据主题不清或者逻辑混乱,二审仍照抄照搬,不但体现不出二审对案件证据体系的审查情况,而且当事人或公众读后,也难以得出原判证据确实、充分的结论,法律效果和社会效果都不好。实践中,二审裁判文书证据部分的写作,主要有两个问题:

(一)证据列举的顺序

《文书样式》对证据的列举顺序没有统一要求,根据笔者总结,实践中有以下几种写法:其一,按照刑事诉讼法第四十八条关于“证据种类”的表述顺序,即(1)物证;(2)书证;(3)证人证言;(4)被害人陈述;(5)犯罪嫌疑人、被告人供述和辩解;(6)鉴定意见;(7)现场勘验、检查、辨认、侦查实验等笔录;(8)视听资料、电子数据。其二,按案件侦破经过写,或者说按照公安机关侦查卷宗中证据的顺序,即报案登记表、立案决定书,现场勘查笔录、尸体检验鉴定意见、其他鉴定意见,证人证言及被害人陈述,被告人供述等。其三,还有一些人的习惯是先写被告人的供述和辩解,再写其他证据。笔者认为,证明案件事实所依据的既不是某一个证据,也不是多个证据的简单堆集,而是由各个证据相互关联、印证等作用下形成的系统性的证据体系。在证据体系的写作中,应当根据案件侦破方式不同,证据之间相互关联、印证的具体关系,并结合证据的证明效力大小来确定引用证据的顺序。具体来说:

1. 先发现尸体,或者根据现场发现的关键物证确定嫌疑人,进而破案的。可以按照“报案人证言—现场勘查笔录—尸体鉴定意见—尸体身份的确认证据—现场提取物证的鉴定、辨认情况—证人证明被害人或被告人的活动情况—被告人供述”的顺序引用证据。需要说明的是:(1)把报案人证言写在前面,是为了和现场勘查笔录相印证,证明现场的真实性以及现场勘查笔录所记载情况的真实性,写作中应注意现场勘查笔录内容要相对详细一些,要写明在现场发现的关键物证;(2)尸体鉴定意见和确认尸体身份的证据先后叙述,是为了说明被害人的身份和死因,把尸体身份确认证据放在后面,是因为实践中往往是根据尸体检验中提取血样的鉴定来确定死者身份,如果发现尸体后通过亲友和其他认识人的辨认确认了身份,也可以写在前面,即先写身份确定的证据,再写死因的证据;(3)先写现场提取物证的鉴定、辨认,再写证人证明被害人或被告人的活动情况,是因为物证作为客观证据,证明效力客观、稳定,而证人证言作为主观证据,可能会发生变化,二者相互协作,相互印证,能更有力地证明被告人的作案事实;(4)将被告人供述放在最后写,可以使读者通过对证据体系内其他证据的认知和解读,即得出案件证据充分的结论,也使得刑事审判中所遵循的"重证据而不轻信口供"这一法律原则在裁判文书中得到充分体现。

以"程某某故意杀人案"为例。首先在某县城的一条河里发现尸体,在岸边发现一辆摩托车,根据摩托车登记查找到被害人亲属,经亲属辨认尸体确认身份;根据被害人的手机通话记录查找到最后联系人是被告人,确定嫌疑人后抓捕归案,供述因矛盾杀人。该裁判文书采用三条线来组织证据:第一条线先写报案人发现尸体后报案,再写现场勘查发现岸边有一辆摩托车,尸体检验鉴定意见,然后写被害人亲属对摩托车及尸体的辨认情况,证明被害人身份及死因;第二条线写被害人手机通话情况,证人证明被害人的最后活动情况,从而确定被告人程某某是最后和被害人在一起的人;第三条线先写程某某对现场提取作案凶器的辨认情况,再写根据程某某供述对凶器来源的查证情况,最后是程某某的供述,这三项证据又相互印证。上述证据组织体系展现了"发现案件—发现嫌疑人—发现嫌疑人作案的证据"这一过程,层层递进,发现案件真相,符合认识规律。

2. 被害人或现场目击证人报案证明案发经过,据此破案的。以故意伤害案件为例。可以按照"被害人陈述、现场目击证人证言—对被告人的辨认笔录—现场勘查笔录—尸体或伤情鉴定意见—现场提取物证的鉴定意见—被告人供述"的顺序来叙述证据。按这种顺序组织证据,应注意以下几点:(1)被害人陈述和现场目击证人的证言要详细一点,因为证明全案的主要证据就是证言及证人的辨认笔录,这两项本身即足以证明案件主要事实,其他证据只是起到补充证明作用;(2)现场勘查笔录如果没有发现有价值的物证,则可以简单介绍现场地点、尸体在现场的位置等,主要是印证被害人陈述或目击证人证言的真实性。

以“刘某某故意杀人案”为例。被告人到其岳父家实施杀人行为,致两死一伤,在证据顺序上,先写受伤被害人陈述的案发经过,尤其是其证明被告人是翻墙入院并用刀拨门入室;再写现场勘查情况,重点表述了其他被害人的被害情况及被告人进入现场留下的痕迹,与受伤被害人的陈述相印证,从而证明案件发生的真实性;再写有多名证人证明到达现场后听到被害人讲述案发经过及作案人身份;最后再写被告人供述。

3. 被告人自首从而得以破案的,又分为两种情况:(1)司法机关先发现有案件发生,但不知道嫌疑人是谁,此时被告人自首的。可以按照“现场勘查笔录—尸体鉴定意见—现场提取物证的鉴定意见—其他证人证言—被告人供述”顺序来写,与第一种写法大致相同,不再赘述。(2)案件的发生并不为司法机关所掌握,根据被告人供述发现尸体、赃物等相关物证,从而确认相关案件的发生。可以先写被告人供述,再写根据被告人供述、指认开展的现场勘查情况,取得的相关证据,对尸体的鉴定情况等证据。因为这类案件中,被告人的供述具有主动、自愿、先供后证等特性,客观可信、证明力强,可以放在前面写。

4. 先写证明效力强的证据,再写效力弱的证据,能够形成证据锁链的证据应形成证据组合,更为直观反映证据情况,加强证明效果;孤证、只能起印证作用的证据应单独写,起到补强证据体系的作用。例如,先写证明被告人作案的客观证据,后写证人对被告人的辨认情况,原因是客观证据证明力强、稳定性强,而辨认往往掺杂有证人主观认识因素,证明力弱于客观证据。再如,将作案工具、作案工具的提取经过及扣押情况、作案工具上所附血迹、指纹的鉴定情况,被告人、被害人及其他证人对该物证的辨认情况等,作为一组证据来叙述,将现场目击证人证明案件发生经过的证言及该证人对被告人或被害人的辨认作为一组证据来表述。

(二)证据内容的引述方式

关于对证据内容的引述,有两种比较极端的做法:一种是原文引述证据的大部分内容,不管是现场勘查笔录、尸体鉴定意见还是证人证言或被告人供述,都大段引述,长篇累牍,这种写法的优点是内容全面,缺点是重点不清;另一种是简单列举证据,比如对于现场勘查笔录证明的现场情况或证人证明看到案发经过都一笔带过,优点是简便易写,缺点是证据的主要证明方向不清,证明效果差。笔者认为,裁判文书中证据体系的主要功能有二:一是证明本案事实清楚,证据确实、充分;二是为后面的评判诉辩理由和案件处理意见的说理提供基础。因此,引述证据也应服从和服务于以上两项功能,这就要求在叙述证据内容时既不能照抄照搬,也不能过于简单,而要做到既简明扼要,又能反映证明重点和证明方向。具体到二审裁判文书,引述证据时应注重三个方面:一是对证明案件基本事实有证明力的部分,应明确叙述;二是对证明当事人相关上诉理由能否成立有重要关系的部分,应重点、准确反映证据原意;三是对于案件定性量刑有重要意义的部分,应重点表述。具体写法上应注意以下几点:

1. 对证明案件事实有实质作用的证据重点列举,对证明案件事实无用或意义极小的证据,可以不列。在案件侦查过程中,公安机关不可能在取证前就对每项证据的证明力做出准确判断,因此有一些证据取得后,在审判中发现并不能证明案件事实,对这一类证据可以不写。例如,在犯罪现场提取一枚烟头,经 DNA 鉴定系被害人所留,如果犯罪现场是被告人家,被害人在此被害,这个鉴定就有很强的证明力,应当写;如果犯罪现场是被害人家,这个鉴定与案件事实缺少关联性,没什么证明力,就没有必要再写出来。

2. 根据证据的具体证明内容和证明效力来引述证据。现场勘验笔录,要写明现场的具体地点、方位,在现场勘查中发现的重要物证等;物证、书证,要写明来源,包括提取人,发现途径(是群众发现报警还是被告人指认),提取物证的地点,物证的特征(书证的内容),鉴定情况等;辨认笔录,应写明实物辨认还是照片辨认,是否混杂辨认,辨认的效果等;尸检意见,不但要写明死因,还要写明主要伤情分布、受伤部位及数量等,为在裁判理由部分评判上诉理由、在量刑理由部分论证被告人作案手段是否残忍等打下基础;证人证言,重点写证人看到了什么,尤其是其他证据证明不了的、被告人没有供述的情节,如果对证明案件有重要关系,要重点引述,其他内容可不写或简写,如果是多名证人证明内容相同,可以归纳到一起综合表述,避免重复。

3. 二审裁判的证据详细写,复核裁判的证据简写。二审案件往往是被告人对案件事实、关键情节或证据提出异议而提起上诉，在裁判文书中，需要运用相关证据评判，驳回或支持被告人的上诉理由，因此对证据体系要详写，为裁判结论服务。复核案件的被告人对案件事实、证据和处理均无异议，复核也只是对相关内容再核实一下，证据部分主要是列举一下有哪些证明案件事实的证据，为案件裁判说理服务的作用较小，就可以简写，可以采用列举式的写法。例如表述为"认定上述事实的证据有：现场目击证人某某等人的证言、从犯罪现场提取并检出被告人 DNA 物质的某某物证、从被告人家中或身上提取并检出被害人 DNA 物质的某某物证等证据证实，并有现场勘验笔录、尸体检验鉴定意见、辨认笔录等证据在案证实，被告人某某对其作案事实也供述不讳"。这样写，既点明了证明案件事实的主要证据，也重点说明了这些证据的证明方向，足以完成证明任务。

（作者单位：河南省高级人民法院）

利用手机卡存储功能复制、贩卖淫秽物品牟利犯罪中的几个法律适用问题

肖江峰

为依法惩处制作、贩卖、传播淫秽物品的犯罪，最高人民法院曾先后出台了多个司法解释。在淫秽物品以光盘、书刊、画册等为主要载体的时期，最高人民法院1998年出台的《关于审理非法出版物刑事案件具体应用法律若干问题的解释》（以下简称《非法出版物解释》）是此类犯罪定罪量刑的主要依据。随着信息技术的高速发展，淫秽物品开始电子信息化，传播渠道转向互联网、移动通讯终端、声讯台等途径。为应对新的情况，最高人民法院于2004年又出台了《关于办理利用互联网、移动通讯终端、声讯台制作、复制、出版、贩卖、传播淫秽电子信息刑事案件具体应用法律若干问题的解释》（以下简称《淫秽电子信息解释》），明确了利用互联网、移动通讯终端、声讯台实施相关犯罪行为的定罪量刑标准。但近年来，实践中出现了一批用手机卡复制、贩卖淫秽物品牟利的案件。这类案件具有一些新的特点。这些案件的事实基本相同：手机销售、维修经营者在自己的电脑、硬盘中存储有大量淫秽视频。在开展手机销售、维修业务过程中，应顾客要求或者主动通过读卡器挑选部分淫秽视频（几十段至数百段视频不等）复制到顾客手机卡中，并收取少量费用（少则人民币几元，多则数十元，以下币种同）。一方面，手机卡是移动通讯终端最重要的组成部分，其可以存储大量内容不同的淫秽电子信息，有别于光盘、书刊、画册等传统载体；另一方面，通过读卡器向手机卡中复制、贩卖淫秽视频是一种“手对手”传播淫秽物品的行为，又不同于利用互联网等途径传播淫秽物品。这种介于二者之间的行为，导致在法律适用上产生了诸多分歧，案件处理结果迥异。主要争议包括以下三个方面：罪名是确定为复制淫

秽物品牟利罪,或是贩卖淫秽物品牟利罪,还是复制、贩卖淫秽物品牟利罪;是应当适用《非法出版物解释》的定罪量刑标准还是《淫秽电子信息解释》的定罪量刑标准;对行为人电脑、硬盘中查获的其他淫秽视频是否应当计入犯罪数量。下文就这几个方面的问题逐一进行分析。

一、利用手机卡复制、贩卖淫秽物品牟利案件的罪名应当如何确定

刑法第三百六十三条规定的制作、复制、贩卖、传播淫秽物品牟利罪是典型的选择性罪名。所谓选择性罪名,是指由于犯罪构成的具体内容复杂,导致一个法律条文规定有两个以上具有密切联系的犯罪行为或者犯罪对象,既可以概括使用,也可分解拆开使用的罪名。选择性罪名必须根据具体的犯罪构成事实来确定罪名的内容,又可分为行为选择、对象选择、行为与对象同时选择。制作、复制、贩卖、传播淫秽物品牟利罪属于需要进行行为选择的罪名。一般而言,选择性罪名列举的各种具体行为界限比较明显,不存在选择困难。但在利用手机卡复制、贩卖淫秽物品牟利这类案件中,行为却出现了模糊与重合。在以光盘、书刊、画册等为载体的复制、贩卖淫秽物品牟利案中,行为人的复制行为与贩卖行为存在一定的独立性。例如,行为人用1张VCD淫秽光盘作为母盘,复制出1 000张子盘,复制行为即实施完毕。如需将子盘销售出去,还需要单独实施贩卖行为,复制行为与贩卖行为相对分离。但在利用手机卡复制、贩卖淫秽物品牟利案件中,行为人用读卡器将电脑、硬盘上的淫秽视频拷贝存储到手机卡中,无疑是一种复制行为。但复制结束后,支付费用者即得到了淫秽物品,贩卖行为同时完成,复制行为与贩卖行为界线不清。因此,有观点认为,这里的复制行为只是贩卖淫秽视频的手段。它既不是单纯的复制行为,也不是复制和贩卖两个独立的行为,而是属于贩卖行为不可分割的组成部分,应当认定为构成贩卖淫秽物品牟利罪。也有观点认为,行为人仅实施了复制行为即已实现牟利,则认定为复制淫秽物品牟利即可。我们认为,确定选择性罪名时,应当做到罪名能够尽量涵盖行为人的具体犯罪构成事实,即行为人确已实施的刑法分则规定的行为,选择性罪名的内容都应当予以体现。行为人实施了复制行为没有争议,但同时与顾客之间还必然会有关于淫秽视频交易的合意过程,包括价

格商讨、视频选择等,这些内容则属于贩卖行为。可见,不论是贩卖淫秽物品牟利罪,还是复制淫秽物品牟利罪,都没有全面、准确地涵盖行为人的所有行为。所以,对此类案件认定为复制、贩卖淫秽物品牟利罪更为妥当。

二、利用手机卡复制、贩卖淫秽物品牟利案件应当适用哪个司法解释的定罪量刑标准

涉及此类案件的司法解释主要有《非法出版物解释》和《淫秽电子信息解释》。根据《非法出版物解释》确定的数量幅度及北京地区确定的具体标准,以牟利为目的,复制、贩卖淫秽影碟、软件、录像带100张以上应当追究刑事责任,处3年以下有期徒刑、拘役或者管制;数量达到500张以上的为情节严重,处3年以上10年以下有期徒刑;数量达到2 500张以上的为情节特别严重,处10年以上有期徒刑或者无期徒刑。而根据《淫秽电子信息解释》,以牟利为目的,利用互联网、移动通讯终端复制、贩卖淫秽视频等20个以上即可追究刑事责任,情节严重和情节特别严重的数量标准则分别为100个和500个。两个司法解释规定的数量标准相差悬殊。有观点认为,《非法出版物解释》对淫秽物品的列举很明确,只有影碟、录像带、书刊等,当时并未对淫秽电子信息作出规定。《淫秽电子信息解释》才是针对新情况专门作出的调整。利用移动通讯终端复制、贩卖淫秽电子信息,不可能脱离手机卡进行,所以应当按《淫秽电子信息解释》定罪量刑。

我们认为,对利用手机卡复制、贩卖淫秽物品牟利案件应当适用《非法出版物解释》规定的定罪量刑标准。主要理由是:

1. 应当从本质含义准确理解和把握《淫秽电子信息解释》的相关规定。《淫秽电子信息解释》适用于通过特定途径,即互联网、移动通讯终端、声讯台传播淫秽物品犯罪。之所以相对《非法出版物解释》大大降低定罪量刑数额标准,是因为通过互联网、电信网络等公共网络传播淫秽信息,传播速度快、影响面广、对象不特定、查处难,危害性远大于传统犯罪手段,需要增加打击力度。因此,该解释规定的"利用移动通讯终端",应当理解为是指通过移动通讯终端的通讯功能,即通过电信网络实施相关犯罪的情形。本类案件中的行为,从形式上看涉及移动通讯终端、淫秽电子信息,似乎应当适用

《淫秽电子信息解释》,然而从实质上分析,行为人利用的只是手机卡的存储功能,并未利用手机的通讯功能及电信网络,属于传统的"手对手"贩卖淫秽物品的范畴,更贴近于《非法出版物解释》规定的情形,故应当适用《非法出版物解释》规定的定罪量刑标准为宜。

2. 虽然《非法出版物解释》规定的是影碟等淫秽物品(单位按"张"计),未涉及淫秽视频(单位按"个"计),但并不影响其适用。贩卖淫秽影碟与利用手机卡复制、贩卖淫秽物品牟利案件本质上近似,区别只是载体不同。淫秽影碟的载体虽是光盘,但在使用过程中设备读取播放的其实是刻录于光盘上的淫秽视频。作为外在形式的光盘数量按"张"为单位计,但作为光盘内容的淫秽视频亦可以按"个"为单位计。实践中,认定作为载体的光盘的数量,其实就是在计算淫秽视频的数量。所以,对利用手机卡复制、贩卖淫秽物品牟利案件适用《非法出版物解释》不存在实践障碍,在道理上也经得住推敲。

3. 适用《淫秽电子信息解释》容易导致罪责刑失衡。从近年来发生的利用手机卡复制、贩卖淫秽物品牟利案件看,行为人复制、贩卖的淫秽视频小的只有十几兆或者几十兆,很多只是视频片断,数量很容易突破100个,而行为人获利通常只有几十元甚至几元。对这样的案件动辄判处3年以上甚至10年以上有期徒刑,容易导致罪责刑不相适应。另外,此类犯罪的行为人,主要是经营个体维修店的外来务工人员,凭借维修手机、电脑的一技之长在城市立足,通常还是其所在家庭的主要经济来源。这类群体多是因为法律意识淡薄而贪图小利,主观恶性不深、人身危险性不大。因此,处罚时应当深入贯彻宽严相济的刑事政策精神,以教育为主,尽可能适用非监禁刑,不宜判处重刑。

三、在行为人电脑、硬盘中查获的其他淫秽视频是否应计入犯罪数量

在利用手机卡复制、贩卖淫秽物品牟利案件中,通常行为人只向他人手机卡中复制了一部分淫秽视频,在其电脑、硬盘中还可查获大量其他淫秽视频,数量最多的达到几千个。查获的这些视频是否计入犯罪数量对定罪量刑结果可能产生决定性影响。有观点认为,行为人复制、贩卖的淫秽视频,是根据顾客要求在其储存的所有淫秽视频中挑选或者随机选取的,说明所有的视频都是准备用于复制、贩卖牟利的,故都应当计入犯罪数量。只以抓获时复制到顾客手机卡中的视频数量来量刑,会放纵犯罪。而且在处理贩卖淫秽光盘及贩卖毒品案件时,对于行为人住所等地查获的其他淫秽光盘、毒品,也是计入犯罪数量的,应当保持执法的统一性。

我们认为,这种意见并不妥当。查获的视频数量一般都远远超过行为人复制、贩卖的视频数量,计入犯罪数量会出现量刑跨越式升级,导致罪刑严重失衡。即使不考虑罪刑相适应的问题,上述意见也忽视了这类案件与贩卖淫秽光盘、贩卖毒品等犯罪之间的重要区别。首先,毒品犯罪是必须从严惩处的严重犯罪,非法持有毒品本身就可构成犯罪。对于有证据证明可能用于贩卖的毒品,计入贩卖毒品的数量并无不当。而个人在电脑、硬盘中存储淫秽视频用于本人观看并不违法,不论其数量多少都不构成犯罪。其次,在复制、贩卖淫秽光盘的案件中,行为人住所等地查获的通常是大量内容相同的光盘。行为人若以用于本人观看作为辩解,明显有违常理。在这种情况下推定查获的光盘是用于贩卖的,有推定的基础事实,也符合常理。而在利用手机卡复制、贩卖淫秽物品牟利案件中,行为人电脑中查获的视频内容都不重复,行为人可以以用于本人观看作为合理解释。在没有证据证明的情况下,推定这些视频是用于复制、贩卖牟利的,缺乏推定的基础事实。审判实践中,有的法院将查获的视频按犯罪未遂处理,虽然可以在一定程度上解决量刑失衡的问题,但还是解决不了推定的依据问题。况且存储淫秽视频并不是刑法分则规定的实行行为,只有着手实施复制、贩卖淫秽视频的行为,才存在既未遂的问题。将存储淫秽视频的行为视为已经着手实施犯罪,不符合未遂犯的刑法原理。因此,对于查获的其他淫秽视频不应计入犯罪数量。但鉴于行为人存储的淫秽视频越多,对复制、贩卖淫秽视频的推动作用越大,可在量刑时作为一个酌定从重因素加以考虑。

(作者单位:北京市高级人民法院)

【编者按】

对于侵入网络系统盗窃虚拟财产(如游戏币、游戏点数)的行为如何定性,在当前司法实践中存在较大争议,部分案件按照盗窃罪予以追究刑事责任。本刊近年来也曾刊登过此类案例。但据了解,在2013年制定《最高人民法院、最高人民检察院关于办理盗窃刑事案件适用法律若干问题的解释》过程中曾研究该问题,起草者认为对此类行为不宜认定为盗窃罪,符合条件的,可以按照非法获取计算机信息系统数据等计算机犯罪定罪处罚(参见有关该司法解释的解读性文章,载《人民司法》2014年第15期)。这一研究意见需要高度重视。为加强对国外处理此类案件情况的了解,本期特刊登正在意大利攻读博士学位的耿佳宁撰写的《意大利刑法对于窃取虚拟财产行为的评价》一文。该文较为详细地介绍了意大利刑法理论界和实务界对盗窃虚拟财产行为的定性问题,对于我们更好认定此类行为性质及把握盗窃罪的规制范围,具有一定参考价值。

意大利刑法对于窃取虚拟财产行为的评价

耿佳宁*

意大利理论界和判例均不承认窃取虚拟财产的行为构成《意大利刑法典》(以下简称《刑法典》)第六百二十四条盗窃罪,而是主张应当根据行为人在将虚拟财产据为己有的过程中所采用的技术手段,适用相应信息类犯罪的规定。

一、理论界基本观点

意大利理论界通说认为,《刑法典》第六百二十四条盗窃罪的传统犯罪对

---

* 耿佳宁,罗马第一大学法学院刑法学博士研究生。

本论文得到教育部国家留学基金资助(留金发〔2013〕3009号)。

象仅限于那些可用于满足人类需求,并且能够为人所实际取得、占有或者窃取的实体,但根据第六百二十四条第二款的规定,电能和其他具有经济价值的能源也被纳入其中。不过无论如何,不应涵盖权利或者信息、数据、程序等计算机环境中的“存在”,即使可以肯定它们的经济价值。① 理论界的此种立场取向与意大利刑法对涉及网络信息、数据或者虚拟财产的行为的规范路径密切相关,立法者在将上述行为纳入刑法的调整范畴时基本采取以下两种模式:

大多数情况是将行为类型化为新的、独立的构成要件规定于刑事法律(包括《刑法典》和单行刑法)中,作为分条添加于传统犯罪之后。例如,立法者通过1993年12月23日第547号法律(以下简称“第547号法律”)第九条在《刑法典》第六百三十五条毁坏罪之后新增一条作为第六百三十五条第二分条,即毁坏信息、数据和程序罪。随后通过2008年3月18日第48号法律第五条第二款在其后又增加三条作为第六百三十五条第三分条(毁坏由国家或者其他公共职能团体使用的信息、数据和程序罪)、第四分条(毁坏信息或者通讯系统罪)和第五分条(毁坏具有公共用途的信息或者通讯系统罪)。据此,意大利学界遵循体系解释原则的观点认为,既然第六百三十五条毁坏罪中的“cosa”(直译为“物、东西”)不能被扩张解释为包括信息、数据、程序等虚拟物,而盗窃罪又与之同属《刑法典》第二章第十三节侵犯财产犯罪,《刑法典》在描述此二罪的构成要件时,对于犯罪对象使用的都是同一个名词“cosa”,那么,第六百二十四条盗窃罪的对象就不应当被过分地扩张解释为信息、数据、程序等虚拟物。这种解释是一种类推,与现代刑法精神相违背。②

少数情况是在《刑法典》中直接对原条文已经规定的客观构成要件要素作扩张解释。例如,立法者通过第547号法律第三条在《刑法典》第四百九十一条“在处罚的意义上等同于公文书的文件”之后新增一条作为第四百九十一条第二分条,规定:“如果本节规定的某一虚假行为涉及公共的或者私人的信息文件,分别适用本节关于公文书和私文书的规定。”通过这种立法上的扩张解

① Cfr. Giovanni Fiandaca, Enzo Musco, *Diritto penale. Parte speciale*, II, Bologna, 2008, 28; Ercole Aprile et al. (a cura di), *Codice penale: rassegna di giurisprudenza e di dottrina*, XII, *I delitti contro il patrimonio* (*artt.* 624–649), Milano, 2010, 7.

② Cfr. Lucia Scopinaro, *Internet e reati contro il patrimonio*, Torino, 2007, 29–31; Sola, *Tutela dei beni immateriali e reati contro il patrimonio*, in *Ind. pen.*, 1990, 782.

释,本节伪造文书犯罪中的"文书"可以突破传统有体物的界限,将数字化的信息文件也纳入其中。但立法者在使用这种解释方法的同时,一般会在条文中明确限定该解释的适用范围。例如,经由第547号法律第七条增加的《刑法典》第六百二十一条第二款就规定,只有"在第一款的意义上",即在泄露秘密文件内容罪的范围内,"包含数据、信息或者程序的信息载体也被视为文件"。换言之,从消极层面来看,这种对扩张解释明文规定的限制意味着在泄露秘密文件内容罪之外,不能一概认为包含数据、信息或者程序的信息载体属于刑法意义上的"文件"。有鉴于此,意大利理论界主张,既然第六百二十四条盗窃罪第二款已经对第一款中的"动产"作了扩张解释,将电能和其他具有经济价值的能源也明确包括在内,同时该款还特别将此扩张解释的适用范围限定于"在刑事法律的意义上",那么基本表明立法者在整个刑事法律的效力范围内对"动产"概念作出的扩张到此为止。因此,不宜将刑法意义上的"动产"进一步延展到能源以外的其他无体物或者虚拟物。[①]

二、判例处理意见

与理论界的看法基本一致,意大利判例对于窃取虚拟财产的行为构成《刑法典》第六百二十四条盗窃罪也持否定意见。[②] 都灵(Torino)地方法院1997年12月4日的判决即认为,[③]窃取具有经济价值的数据、信息资料或者程序的行为不构成第六百二十四条盗窃罪,因为"如果立法者想要以盗窃罪来处罚这种行为,法典中就会有明确规定。"热那亚(Genova)上诉法院曾试图通过肯定其经济价值以判决被告人窃取自己所在公司发行的电子抵扣券

---

① Cfr. Lucia Scopinaro, *Internet e reati contro il patrimonio*, Torino, 2007, 120; Ferrando Mantovani, *Diritto penale. Parte speciale. II. Delitti contro il patrimonio*, Padova, 2012, 24; Francesco Antolisei, *Manuale di diritto penale. Parte speciale*, II, Milano, 2008, 279-280.

② 《意大利刑法典》第六百二十四条盗窃罪规定:

"以为自己或他人取得利益为目的,使他人的动产脱离持有人的控制,将其据为已有的,处六个月至三年有期徒刑,并处一百五十四至五百一十六欧元罚金。

"在刑事法律的意义上,电能和其他具有经济价值的能源也被视为动产。

"犯罪经被害人告诉才处罚,除非出现第六十一条第七项和第六百二十五条中的一项或数项情节。"

③ Trib. Torino, 4 dicembre 1997, in *Giur. merito*, 1998, 708 ss.

的行为成立第六百二十四条盗窃罪。但意大利最高法院2010年10月26日第44840号判决撤销了热那亚上诉法院的裁定,[1]最高法院的判决援引《关于1993年12月23日第547号法律草案的报告》(意大利正是通过第547号法律将欧盟委员会1989年9月13日第R(89)9号建议所附的“最低要求清单”和“任择性清单”中列出的各种信息犯罪行为引入《刑法典》),认为:“对于窃取具有经济价值的数据、信息、程序等的行为,第六百二十四条的可适用性严重存疑,尤其是考虑到该条第二款对‘动产’所做的特别扩张解释——在刑事法律的意义上,电能和其他具有经济价值的能源也被视为动产——应当认为对盗窃罪中‘动产’概念的扩张不能够超出‘能源’的范畴,而电子抵扣券显然属于信息数据,而非能源,因此不能被视作‘动产’。”

在意大利,对于窃取虚拟财产的行为,判例一般将之与刑法中现有的构成要件一一对应,以确定其成立哪种信息犯罪。即使网络信息类的犯罪对行为评价不足,也不能认为其构成第六百二十四条盗窃罪。在《刑法典》既未将盗窃罪中的“动产”扩张适用于信息数据,又未将窃取虚拟财产的行为单独类型化之前,只能根据窃取虚拟财产时所用技术手段的不同,或评价为第六百一十五条第三分条非法进入信息或者通讯系统罪[2](较多情况,具体

---

① Cass., Sez. IV, 26 ottobre 2010 (dep. 21 dicembre 2010), n. 44840, in *Stu. iur.*, 2011, 873 ss.

② 《刑法典》第六百一十五条第三分条非法进入信息或通讯系统罪规定:

“非法进入受到安全措施保护的信息或通讯系统的,或者违反有权拒绝其进入者明示或默示的意志继续停留在该系统之中的,处三年以下有期徒刑。

“有下列情形之一者,处一年至五年有期徒刑:

“(1)如果行为是由公务员或受委托从事公共服务的人员滥用权力或违反与其职责或服务相关的义务而实施的,或者是由从事包括非法从事私人侦探职业的人实施的,或者是在滥用系统操作者身份的情况下实施的;

“(2)如果犯罪人为实施行为而对物或对人使用暴力,或者明显地带有武器;

“(3)如果行为造成系统的毁坏或损坏、系统功能的部分或完全中断或者系统所储存的数据、信息或软件的毁坏或损坏。

“如果第一款和第二款所列行为涉及军事信息或通讯系统,或者有关系统与公共安全、保健、民事保护或其他公共利益相关,分别处一年至五年有期徒刑和三年至八年有期徒刑。

“在第一款规定的情况下,犯罪经被害人告诉才处罚;在其他情况下,实施公诉。”

见下引判例),或评价为第四百九十四条人身顶替罪[①],或评价为第六百三十五条第二分条毁坏信息、数据和程序罪[②],或评价为第六百四十条第三分条信息欺诈罪[③](很少情况[④])。

(一)构成第六百一十五条第三分条非法进入信息或者通讯系统罪的典型判例

意大利最高法院2000年11月7日第12732号判决[⑤]认定窃取其他用户密码,并转移可用于兑换物品的积分至自己名下的行为构成第六百一十五条第三分条非法进入信息或者通讯系统罪。该案被告人侵入游戏公司网站,盗取其他用户的登录密码等资料,随后用所盗取的密码登录其他用户账号,将积分转移至自己名下,之前该游戏公司为吸引客户在广告中提到达到相应积分可以换购一定物品。该判决认为:"由于缺少用以调整非法取得数据、信息资料的行为的刑罚规范(即构成要件后附带相应刑罚的刑法分则条文),只有通过《刑法典》第六百一十五条第三分条这种行为才是可罚的。"意大利最高法院2008年7月8日第37322号判决[⑥]、2009年12月10日第

① 《刑法典》第四百九十四条人身顶替罪规定:

"以为自己或他人取得好处或者使他人遭受损害为目的,非法以自己顶替他人,赋予自己或他人以假姓名、假身份或者具有法律后果的资格,以至于使某人陷于错误的,如果行为不构成其他侵犯公共信义的犯罪,处一年以下有期徒刑。"

② 《刑法典》第六百三十五条第二分条毁坏信息、数据和程序罪规定:

"毁坏、破坏、删除、更改或去除他人的信息、数据或程序的,除非行为构成更为严重的犯罪,经被害人告诉,处六个月至三年有期徒刑。

"如果出现第六百三十五条第二款第一项中的情节,或者行为是滥用系统操作者身份的情况下实施的,处一年至四年有期徒刑,并公诉。"

③ 《刑法典》第六百四十条第三分条信息欺诈罪规定:

"以任何方式改变自动信息系统的功能,或者以任何方式非法干预包含在信息或通讯系统中的或与上述系统有关的数据、信息或程序,为自己或他人带来不正当利益并使他人遭受损害的,处六个月至三年有期徒刑,并处五十一至一千零三十二欧元罚金。

"如果出现第六百四十条第二款第一项规定的情节之一,或者行为是滥用系统操作者身份的情况下实施的,处一年至五年有期徒刑,并处三百零九至一千五百四十九欧元罚金。"

④ "从总体上看,适用第六百四十条第三分条信息欺诈罪的判例还是很少的。"Ercole Aprile et al. (a cura di), *Codice penale: rassegna di giurisprudenza e di dottrina*, XII, *I delitti contro il patrimonio* (*artt.* 624 - 649), Milano, 2010, 566.

⑤ Cass., Sez. V, 7 novembre 2000, n. 12732, in *Cass. pen.*, 2002, 1015 ss.

⑥ Cass., Sez. V, 8 luglio 2008, n. 37322, in *Cass. pen.*, 2009, 3454 ss.

2987 号判决[①]以及米兰(Milano)地方法院2007 年9 月28 日的判决[②]都认同了这种意见。罗维来度(Rovereto)地方法院2003 年12 月2 日的判决[③]认为,如果行为人窃取的积分、密码等不具有经济价值,一般认为不构成第六百一十五条第三分条非法进入信息或者通讯系统罪。最高法院2006 年12 月4 日第6459 号判决[④]随后肯定了这种意见。

(二)构成第四百九十四条人身顶替罪的典型判例

意大利最高法院2011 年12 月15 日第12479 号判决[⑤]认定盗用他人电子邮箱账号,并使用账户内部分积分的行为构成第四百九十四条人身顶替罪。该案被告人盗用他人邮箱账号,登录后使用了部分积分。经查,该账户内存有高额积分,部分为免费获得,部分为用户付费购买,使用积分可以参与网上优惠拍卖活动,并能够抵扣所买物品的部分价款。

(三)构成毁坏信息、数据和程序罪的典型判例

意大利最高法院2011 年11 月18 日第8555 号判决[⑥]认定大量删除付费视频网站上的重要资源代码,并将之转移于硬盘中的行为构成第六百三十五条第二分条毁坏信息、数据和程序罪。该案被告人为某视频网站的管理员,该网站实行全面会员制,只有付费注册才能登录观影,被告人进入该网站主服务器并复制其中的重要资源代码信息于自己准备的硬盘之中,随后将这些数据全部删除,造成该网站瞬间部分无法运行。最高法院认为:“被告人使得用以维持信息系统运行的特定数据脱离特定环境,致使网站部分瘫痪…… 该行为对网站信息系统的损害尽管可以事后修复,但毕竟不能完全回到服务器原来的工作状态……应当依照《刑法典》第六百三十五条第二分条毁坏信息、数据和程序罪承担责任。”

---

① Cass., Sez. V, 10 dicembre 2009, n. 2987, in *C. E. D. Cass.*, n. 245842.

② Trib. Milano, 28 settembre 2007, in *Foro ambr.*, 2007, III, 325 ss.

③ Trib. Rovereto, 2 dicembre 2003, in *Dir. pen. e proc.*, 2005, 81 ss.

④ Cass., Sez. V, 4 dicembre 2006, n. 6459, in *Cass. pen.*, 2008, 180 ss.

⑤ Cass., Sez. III, 15 dicembre 2011, n. 12479, in *C. E. D. Cass.*, n. 252227.

⑥ Cass., Sez. V, 18 novembre 2011 (dep. 5 marzo 2012), n. 8555, sul sito http://www.iusexplorer.it/Giurisprudenza/Sentenze?idDocMaster=3121416&idDataBanks=3&idUnitaDoc=0&nVigUnitaDoc=1&pagina=1&NavId=1484720467&pid=19,最后访问时间:2014 年12 月1 日。

(四)认为构成信息欺诈罪的典型判例

意大利最高法院2003年11月24日第4576号判决①认定冒用他人账号和密码登录某付费数据库,并使用该账户的可用下载量大量下载文献的行为构成第六百四十条第三分条信息欺诈罪。该案被告人无意中得知他人在某电子数据库中的用户名和密码,使用该数据库下载文献须事先注册账户,并向账户内充值以换取下载量,被告人冒用他人用户名和密码登录后,大量下载文献,最终耗尽该账户的全部可用下载量。最高法院判决认为:"信息欺诈罪所保护的法益既包括财产,也包括信息系统的安定性和规则性,使他人遭受损害是该罪的构成要件要素。"同时该判决还援引了最高法院1999年12月14日第3065号判决的观点,特别说明本罪与第六百四十条诈骗罪的不同之处即在于本罪诈欺性活动触及的是信息系统,而不要求使被害人陷入错误认识。

三、学理及判例检视

(一)构成要件层面的检视

根据《意大利民法典》(以下简称《民法典》)第八百一十条的规定:"能够成为权利客体之物为财产。"第八百一十二条随后区分了不动产与动产:"土地、泉水、河流、树木、房屋和其他建筑物,即使是临时附着于土地的建筑物以及在一般情况下那些或是自然或是人为地与土地结为一体的物品是不动产。所有其他的财产是动产。"亦即,所有除了不动产之外的其他能够成为权利客体之物为民法意义上的动产。对于能源的属性第八百一十四条也给出了明确答案:"具有经济价值的自然能源被视为动产。"但这里值得关注的是《民法典》在第八百一十条和第八百一十二条第三款分别定义"财产"和"动产"时,使用的均是"sono"(原形为"essere",译为"是"),而在第八百一十四条赋予具有经济价值的能源以民法上的动产属性时则使用了"si considerano"(原形为"considerare",译为"视为、当作")。这种语词上的细微差别表明第八百一十四条的规定是法律拟制。换言之,"具有经济价值的自

① Cass., Sez. V, 24 novembre 2003, n. 4576, in *Giur. it.*, 2004, 2363 ss.

然能源"这种被《民法典》拟制出来的动产属性仅在民法的意义上被承认。也正因如此,《刑法典》第六百二十四条没有想当然地直接援用《民法典》第八百一十四条的解释,而是在本条第二款中特别规定:"在刑事法律的意义上,电能和其他具有经济价值的能源也被视为动产。"但和《民法典》一样,这里使用的仍旧是"considerare",而非"essere"。

从前两部分的综述不难看出,意大利理论界和判例基本肯定《刑法典》第六百二十四条第2款是法律拟制而非提示性规定。法律拟制可以被视为立法者在法典中直接作出的扩张解释,这种扩张解释不具有普适性,其适用范围在法条中有明确限定。试图在此种扩张解释的基础上提炼所谓的"立法者原意",进而在学理上作进一步"扩张"解释是不被接受的。例如,有观点认为,既然《刑法典》第六百二十四条第二款认为具有经济价值的能源也被视为动产,那么在立法者看来,盗窃罪中的"动产"概念更注重"存在"的经济价值而非有体性。因此,信息、数据、程序或者其他具有经济价值的虚拟物也可以被视为"动产",成为盗窃罪的对象。这种观点,根据前述意大利理论界和判例的观点,违反合法性原则,不能成立。而且,意大利理论界通说和前引最高法院2010年10月26日第44840号判决都采纳了对《刑法典》第六百二十四条第二款的反向观察结论:该条文使用的语词是"agli effetti della legge penale",而非"agli effetti del codice penale",即表明不仅在《刑法典》的效力范围内,而是在所有刑事法律的意义上,可将盗窃罪中的传统"动产"概念扩展到电能和其他具有经济价值的能源,那么这也从反面在一定程度上印证了在所有刑事法律的范围内,对"动产"概念的解释都不宜超越"具有经济价值的能源"这样已经确定了的边界。正如最高法院1974年2月12日的判决所言,在意大利,民法上动产的概念和刑法上动产的概念并不能严格对应。[1] 一方面,刑法意义上的动产范围较民法更窄,因为前者不包括无形财产和权利这些被《民法典》第八百一十三条准用动产规则的存在;另一方面,刑法意义上的动产范围又较民法更宽,因为其中包括了那些可从不动产中

① Cass., Sez., I, 12 febbraio 1974, in *Cass. pen.*, 1975, 1083.

分离之物，而《民法典》第八百一十八条规定这些物受不动产制度调整。[①] 总之，意大利民法理论和判例对虚拟财产属性的讨论于刑法学研究此问题而言，只能作为一种参考，在逻辑论证的层面既不具有充分性效力，也不具有必要性效力。

在多种多样的信息犯罪行为之中，意大利的刑事立法者选择了一部分，或将之类型化为新的、独立的构成要件，或将之解释为传统犯罪的构成要件要素所能涵盖的范畴。如前所述，这种选择的主要依据是欧盟委员会1989年第R(89)9号建议中所附的"最低要求清单"和"任择性清单"，第547号法律将"最低要求清单"中的全部构成要件和"任择性清单"中的重要犯罪形式纳入《刑法典》，其中包括非法进入信息、通讯系统，信息欺诈，伪造信息文件，毁坏信息、数据和程序等行为。但由于两个清单中均未提及非法取得计算机信息数据的行为，意大利刑法（包括《刑法典》和单行刑法）中自然也就没有与我国刑法第二百八十五条第二款非法获取计算机信息系统数据罪相类似的罪名。因此，意大利的法官在适用刑法评价窃取虚拟财产的行为时，事实上较之于我国缺少一项可供援引的罪名。

一方面，由于意大利刑法并未将非法取得信息、数据或程序的行为类型化为构成要件，又考虑到游戏积分、网络资源代码、数据库下载量等虚拟财产不属于第六百二十四条盗窃罪的犯罪对象的基本立场，所以，仅仅是将他人的虚拟财产据为己有的行为本身并不构成犯罪；但另一方面，即使在网络中，行为人也不可能凭空得到他人的虚拟财产，必须要借助一定的技术手段，第六百一十五条第三分条非法进入信息或者通讯系统罪和第六百三十五条第二分条毁坏信息、数据和程序罪评价的正是整个窃取虚拟财产行为中的手段行为。换言之，行为人通过上述技术方式在计算机环境中将他人的虚拟财产据为己有，而这些技术方式符合《刑法典》已经规定的构成要件。事实上，无论是适用非法进入信息或者通讯系统罪，还是适用毁坏信息、数据和程序罪，抑或援用信息欺诈罪和人身顶替罪，都不能实现对窃取虚拟财产行为的充分评价。从应然的角度出发，能够最为完整地囊括该行为负价值的处

---

① Cfr. Ercole Aprile et al. (a cura di), *Codice penale*: *rassegna di giurisprudenza e di dottrina*, XII, *I delitti contro il patrimonio* (*artt.* 624 - 649), Milano, 2010, 8.

理方式要么是将之类型化为新的、独立的构成要件，要么是将之评价为盗窃罪和非法获取计算机信息数据类犯罪的想象竞合。但根据意大利刑法的现有规定，这些显然都不现实。不过我们也应当看到，在不突破合法性原则的前提下，意大利实务界正在努力使现有信息类犯罪的适用对该行为的评价更为充分：游戏积分、网站会员积分、数据库下载量等虚拟财产就法律属性而言，无疑是计算机信息系统或者互联网中的数据、信息，按理来说在构成要件符合性的层面，本不需要再考虑其经济价值。但如前所述，罗维来度地方法院 2003 年 12 月 2 日的判决及意大利最高法院 2006 年 12 月 4 日第 6459 号判决均坚持，如果行为人所窃取的积分、密码等不具有经济价值，一般认为不构成第六百一十五条第三分条非法进入信息或者通讯系统罪。

（二）罪刑相当层面的检视

意大利最高法院 2006 年 5 月 4 日第 30663 号判决认为："对于以获利为目的窃取具有经济价值的计算机数据信息的行为，出于合法性原则的考虑，不能成立第六百二十四条盗窃罪，但是，对该行为的评价应当考虑那些能够与盗窃罪的刑罚相适应的信息类犯罪。例如，第六百一十五条第三分条的非法进入信息或者通讯系统罪。"[①]事实上，针对窃取虚拟财产的行为，意大利刑法判例援用最多的即是该罪名，除了构成要件符合性层面的要求，正如最高法院 2006 年第 30663 号判决所言，这里面可能也有罪刑相适应方面的考量。首先对于基本犯，盗窃罪处 6 个月至 3 年有期徒刑，而非法进入信息或者通讯系统罪处 3 年以下有期徒刑，此二罪基本犯的法定刑大体相当。更重要的是，此二罪升格后的法定刑幅度仍大体相当，并且能够引起它们法定刑幅度升高的因素尽管具体内容不同，但性质相似。在盗窃罪的范围内，无论是《刑法典》第六百二十四条第二分条的入室盗窃、抢夺罪，还是第六百二十五条的对物使用暴力或者使用欺诈手段等加重情节，能够引起法定刑升格（1 年至 6 年有期徒刑）的只有被《刑法典》类型化了的行为方式，所窃取之物的数额不是刑法所关心的问题；而在非法进入信息或者通讯系统罪之中，根据第六百一十五条第三分条第二款的规定，能够引起法定刑升格（1 年

① Cass., Sez. II, 4 maggio 2006, n. 30663, in *Dir. pen. e proc.*, 2007, 363.

至5年有期徒刑)的情节涉及的也均为诸如公务员或者受委托从事公共服务的人员滥用权力犯本罪或者行为人在犯本罪的过程中对物或者对人使用暴力等行为方式。此即存在于意大利刑法中的罪刑相适应的规范可能性或者曰文本保障。

反观我国,对于窃取虚拟财产的行为,应当被评价为我国刑法第二百八十五条第二款非法获取计算机信息系统数据罪,还是第二百六十四条盗窃罪,同样为问题焦点之所在。而这个问题之所以重要,除了因为它在理论上涉及对我国刑法盗窃罪中“公私财物”的解释之外,还因为定此罪还是彼罪,在最终的量刑上可能差异较大。尽管我国刑法对两罪的基本犯规定的法定刑上限均是3年有期徒刑,但由于此二罪中导致法定刑幅度升格的因素差别较大,定此罪还是彼罪最终判处的刑罚可能相去甚远。蚌埠市蚌山区人民法院2010年第3号判决认定被告人通过输入病毒的方式远程控制他人计算机,盗取他人网络游戏金币,并通过网络销售获利7万余元的行为构成盗窃罪,且属于数额特别巨大。这种案件定盗窃罪,一旦数额特别巨大,法定刑幅度即为10年以上有期徒刑或者无期徒刑。即使靠底线裁量,蚌山区人民法院仍判处被告人有期徒刑11年,并处罚金人民币1万元。而蚌埠市中级人民法院2010年第97号判决对原判作了改判,认为原判认定被告人的行为构成盗窃罪定性不准,导致量刑不当。被告人窃取的网络游戏金币属于计算机信息系统数据,且累计作案达200余次,情节严重,行为构成非法获取计算机信息系统数据罪,判处有期徒刑1年7个月,并处罚金1万元。有期徒刑11年和有期徒刑1年7个月的巨大差异,使得我们在评价窃取虚拟财产行为时不得不谨慎。尤其在现阶段,一方面,我国刑法对盗窃罪仍采取数额加重为主的立法模式;另一方面,对被窃取的虚拟财产数额,我国又缺乏能够被普遍接受的计算方式。[①] 若定盗窃罪,在数额认定上稍有不慎就可能违背罪刑相当原则,出现量刑畸重。

① 见胡云腾等:《〈关于办理盗窃刑事案件适用法律若干问题的解释〉的理解与适用》,载《人民司法》2014年第15期。

【编者按】

刑法修正案(八)第四十九条第二款将“特别残忍手段”作为对审判的时候已满七十五周岁的人是否适用死刑的必要条件,但何谓“特别残忍手段”,司法实践中的理解和适用并不统一。本文对此问题进行了分析探讨。文中观点具有一定参考意义,但不代表本编辑部观点。

关于刑法中“以特别残忍手段致人死亡”如何适用的探讨

——以刑法修正案(八)新增条款为分析视角

袁　博　聂慧苹

为了贯彻“少杀、慎杀”的死刑政策和体现“矜老恤幼”的人伦价值,刑法修正案(八)在刑法第四十九条中增加了第二款“审判的时候已满七十五周岁的人,不适用死刑,但以特别残忍手段致人死亡的除外”。该条文中,“特别残忍手段”的表述对于刑事司法工作者而言并不陌生:一方面,这一表述在1997年刑法中即已出现,第二百三十四条第二款将“以特别残忍手段致人重伤造成严重残疾”作为故意伤害罪的量刑情节;另一方面,“特别残忍手段”在涉及严重暴力刑事犯罪(如故意杀人罪)的裁判文书中高频出现,并逐渐固定为一种格式化的表述方式。典型的表述如“动机相当卑劣,手段特别残忍,情节十分恶劣,后果极其严重,社会危害极大”等。

在刑法修正案(八)颁布前,除故意伤害罪有明文规定外,“特别残忍手段”一般是作为严重暴力犯罪(如故意杀人罪、抢劫罪、绑架罪、强奸罪等)中从重情节所考量的一个客观行为因素。何谓“特别残忍手段”,刑法及相关司法解释尚未明确,实践中刑事法官一般是根据自己的法律直觉、道德情感和社会观念予以综合把握。因而,司法实践中适用标准不一,量刑不均衡问题普遍存在,但并未引起社会广泛关注。刑法修正案(八)颁布后,“特别残忍手段”已经由居于法官内心自由裁量的酌定量刑因素(除故意伤害罪外)上升为一个法律明文规定的已满七十五周岁的人适用死刑的必要条件。在此背景下,具体个案中如何认定“特别残忍手段”,已成为不容回避的问题。基于这一考虑,本文试图对此问题浅作探讨。

一、体系解释下的“特别残忍手段”

体系解释是刑法解释的重要方法之一,指的是将被解释的法律条文放在整部法律中乃至整个法律体系之中,联系此法条与其他法条的相互关系来解释法律。[①] 按照体系解释的基本原理,同一用语在刑法不同条文中除特殊情形外,一般具有相同的内涵和外延。因此,要解读“特别残忍手段”的内涵,就要重点参考包含同一用语的故意伤害罪法条中的“特别残忍手段”的含义。对此,全国人大常委会法制工作委员会刑法室有关同志曾作出过一个相对权威的阐释,认为故意伤害罪中的“特别残忍手段”是指故意要造成他人严重残疾而采用毁容、挖人眼睛、砍掉人双脚等特别残忍的手段伤害他人的行为。[②] 在多年的司法实践中,一些情形被公认为“特别残忍手段”,例如,伤害被害人后又故意砍下被害人手脚或者伤害脚筋的;挖人眼睛致人失明的;割人耳鼻的;持枪射击被害人生殖部位的;长时间暴力伤害折磨的;以爆炸、放火、驾驶机动车等危险方法或者冷冻、火烧方法实施伤害的事实等。[③]

从上述列举,我们可以归纳出在故意伤害罪中,人们普遍认同的“特别残忍手段”大致包括如下含义:第一,毁伤人体主要器官,使人体基本机能毁损或者完全丧失,并带来巨大的精神痛苦,如挖眼、毁容;第二,故意延长被害人的痛苦时间或者不必要地增加痛苦程度,如用钢锯将被害人的四肢锯断,将人推入冷库冻成重伤。参照以上理解,我们可以作如下推论,“特别残

① 曾粤兴:《死刑条款的体系解释》,载《法学家》2007年第6期。

② 胡康生、李福成主编:《中华人民共和国刑法释义》,法律出版社2007年版,第328页。

③ 聂昭伟、吴郁槐:《对并非以特别残忍手段致人死亡的满七十五周岁被告人不适用死刑》,载《人民司法·案例》2012年第20期。

忍手段”一般指的是与常规手段有显著区别、泯灭人性和恶意增加被害人痛苦程度的行为。例如,使用冷冻、烹煮、活埋、毒蛇猛兽撕咬等非常规方法缓慢杀死被害人。

二、司法实践中对“特别残忍手段”的理解与适用——以故意杀人罪为例

为进行实证研究,我们在“中国法律检索系统”的“中国法院裁判文书库”中查询了2013年含有“特别残忍”表述的涉及故意杀人罪罪名的部分生效裁判文书18份。相关内容列表如下:

图表

案　由	裁判文书描述	基本手段
李某故意杀人案	掏出弹簧刀向被害人背部、腹部、颈部连刺10余刀	刀捅
顾某故意杀人案	用黑色布条捆绑被害人手脚,用鞋带勒被害人脖子,勒断后用双手紧掐	掐颈
林某某故意杀人案	用电线勒被害人颈部	勒颈
洪某某等故意杀人案	用匕首捅刺被害人倒地后又朝其胸部连捅数刀	刀捅
张某某等抢劫、故意杀人案	用套管长刀在被害人胸部、腰背部乱捅20余刀	刀捅
符某某故意杀人案	刀砍、刺被害人	刀捅(砍)
钟某某等故意杀人案	开枪击中被害人胸部	枪击
李某故意杀人案	使用长条形钝器多次击打被害人头面部和全身多处,持续较长时间,造成颅内广泛出血,脑组织严重损伤	刀背击打
党某某故意杀人案	用尖刀连续捅刺被害人后,被害人躲避,继续持刀追砍被害人	刀捅
吴某某故意杀人案	持刀砍、刺被害人右腋,导致被害人死亡后肢解其尸体并将尸块弃置公厕内	刀捅(砍)
余某故意杀人案	持刀朝被害人头、颈等部位连砍数刀	刀砍
陈某某故意杀人案	用瓶子击打被害人头部致其倒地后,将其踢入化粪池,又用砖块封住化粪池口	溺杀
吕某某等故意杀人、包庇案	用镀锌管击打被害人头部致其倒地后用汽油泼向被害人头部和胸部,被害人欲爬起时用镀锌管击打其头部,然后放火焚烧被害人	火烧

续表

案　由	裁判文书描述	基本手段
简某某故意杀人案	持刀连刺被害人26刀	刀捅
吴某某故意杀人案	持刀对准被害人头部猛砍数次致使被害人不能动弹,被害人被砍时用双手护头,导致双手被砍断	刀砍
荆某故意杀人案	用匕首在被害人身上乱捅	刀捅
卫某等故意杀人案	拳打脚踢,反光镜乱打,工具刀乱戳背部,皮带抽打,砍刀乱砍	刀砍
刘某故意杀人案	钢钎击打5人数下,致使2人死亡,1人重伤,1人轻伤,1人轻微伤	钢钎击打

从上述列表中可以归纳出司法机关在故意杀人罪中对"手段特别残忍"的一般理解:第一,刀具捅刺虽为常见多发的杀人手段(占2/3),但只要具备某种情节,就基本被认为是"手段特别残忍",如存在反复性的动作(如砍杀20余刀)、打击部位集中在要害部位(如头部、颈部);第二,使用非常规杀人手段杀人的,被认为"手段特别残忍",如火烧、溺杀;第三,恶意延长被害人痛苦时间或者增加被害人痛苦程度的,被认为"手段特别残忍",如使用钝器多次击打被害人头面部和全身多处,折磨时间长;第四,施暴后扼杀被害人求生机会的,被认为"手段特别残忍",如将被害人推入化粪池后为防被害人获救将出口封死,又如在被害人受伤躲避后仍然持刀追杀;第五,具备其他恶劣情节的,被认为"手段特别残忍",如杀人后肢解尸体。可以看出,司法机关在实践中对"特别残忍手段"的理解与本文前述分析并不完全一致,具体而言,存在如下问题:

(一)径直套用,不作论证

以故意杀人罪为例,相当比例的刑事法官并未认真考察和论述具体犯罪手法是否"残忍",而是将"手段特别残忍"作为默认的杀人手段的公式化表达,动辄"手段残忍"、"特别残忍","极其残忍",过于简单的语言和空洞的表达(如图表中符某某故意杀人案中的"刀砍、刺被害人"表述),难以与"特别"、"残忍"的特定含义相匹配,显得语言苍白、论证牵强、结论武断,使人难以了解法官裁判的考量和思路。[①] “在审理案件时仅用一个‘查明’和‘根据’就将法律理由与判决结果之间的逻辑关系一笔带过,既不展示其‘查明’的证据,又不说明其‘根据’的理由,以简单的文字宣布法官的决定,一切都不动声色地隐藏在被法官省略的理由及证明之中。”[②]不少裁判文书因为对“特别残忍手段”的成立与否缺乏必要的事实分析和逻辑论证,使事实、法律和裁判结果之间发生脱节,难以令人信服。对于故意杀人罪的刑法评价,如果缺乏有力论证和必要交代,极易引发重大舆情而成为众矢之的。因此,时至今日,一份半神秘或者简单交代审理结论的裁判已经难以获取公众认同。

(二)将故意杀人罪的“残忍”等同于“故意杀人手段”的残忍

法的构成要件要素可以分为描述性的构成要件和规范的构成要件要素。后者指仅凭刑法条文不足以确定,需要法官根据一定的文化价值标准进行规范的评价判断才能确定的要素。[③] 如刑法中的“滥伐”、“数额较大”、“淫秽物品”等,“特别残忍手段”也属于此类要素。由于规范构成要素包含了法的价值判断,因此与民众对词义的日常理解存在一定差异。例如,有网友曾在网上发表言论:杀人都是残忍的,无论是枪弹杀人还是用锄头砸死。这种观点从字面意思上来说并没有问题,因为“残忍”在《现代汉语词典》上的词义就是“狠毒”,而杀人行为就是“狠毒”的。然而,故意杀人罪中的“残忍手段”,指的却不仅仅是“狠毒”,而是“在诸多狠毒的杀人行为中最狠毒的若干种手段”,是对同类行为的情节、程度进行横向比较后的进一步否定评价,而不仅仅是对故意杀人罪本身的否定评价。在语法结构上,“特别残忍”中的“特别”一词是修饰“残忍”的程度副词,以“特别”修饰“残忍”表明残忍程度非常之深。“残忍”一词在内涵上并不明晰,大体上看,与“残暴”、“凶狠”、“冷酷”之类的词相联系。换言之,“残忍”是指人们以大众的人性观念为标准考量他人的行为,当这种行为扭曲了普通人的人性观,达到一种令人无法容忍的程度时作出的评价。当“残忍”被冠以“特别”这一程度副词,就

① 王申:《法官的理性与说理的判决》,载《政治与法律》2011年第12期。

② 王涌:《被倒置和被省略的法律推理》,载《法制日报》2006年9月22日第8版。

③ 刘明祥:《论事实错误与法律错误的区别》,载《法学评论》1995年第4期。

表明其在程度上已经达到相当严重的地步。[①]

然而,实践中大量将"手段特别残忍"作为故意杀人罪的格式化情节的做法却与上述语义分析学的结论存在一定差异,原因在于部分刑事法官认为"凡杀人,即残忍"是"不言自明、不言而喻"的,反映出一种"结果导向"的思维。即只要是杀人罪,而且发生了被害人死亡的结果,那么必然是特别残忍的,从而使得即使是普通手段杀人导致了死亡结果,该行为也即变成"特别残忍手段"。在一些"民愤极大"的案件中,为迎合民意,司法机关往往将案件的"规范导向推理模式"变换为"结果导向推理模式"。在有的案件中,法官有时凭借审判经验和内心直觉形成一个先验的审判心证,然后再论证犯罪构成,往往把犯罪判断(包括情节判定)变成一个"有罪推定"、"重罪推定"的"目的导向式的论证",导致案件处理"必然诉诸法官个人道德直觉或者民众情绪"。[②] 在这种推理模式下,"手段特别残忍"也成为论证故意杀人严重社会危害性和主观恶性的一种先验的客观表现,"论而不证"的现象自然比较普遍。如图表中的林某某故意杀人案(勒死)、钟某某等故意杀人案(枪击)等。

然而,经由分析,这种"凡是杀死了人,手段必然是特别残忍的"的思维定式和由死亡结果反推"手段特别残忍"的逻辑方法,违背了刑法上的"禁止重复评价"原则。所谓"禁止重复评价原则",是指"在定罪量刑时禁止对同一犯罪构成事实予以两次或者两次以上的法律评价"。[③] 形象地说,就是禁止"一只羊被剥两次皮",因为羊被剥两次皮会被视为残忍,而双重评价也会导致对被告人的不当处罚。具体而言,禁止重复评价既包括禁止定罪上的重复评价,也包括禁止量刑上的重复评价。所谓禁止量刑上的重复评价,是指禁止在某种犯罪构成要素(如行为、结果)已经被评价为甲罪的构成要件时,不宜再将该要素作为甲罪量刑的情节进行考虑。以故意杀人罪为例,犯罪人使用某一手段导致被害人死亡,作为杀人行为本身当然是"残忍",因为

① 李金花、余地:《故意伤害罪中"特别残忍"情节探析》,载 http://xyzy.chinacourt.org/article/detail/2013/08/id/1050482.shtml,最后访问时间:2014年2月22日。

② 苏力:《法条主义、民意与难办案件》,载《中外法学》2009年第1期。

③ 陈兴良:《禁止重复评价研究》,载《法治论丛》1993年第6期。

故意杀人罪是刑事犯罪中最为“残忍”、最为严重的犯罪之一。但是，如前文所述，一般的杀人行为的“残忍”属性，已经被“故意杀人罪”本身所涵盖，并在量刑上已经得到了充分评价，因此不能既作为杀人的行为构成要件进行第一次评价，又作为犯罪情节进行第二次评价。事实上，行为人要完成故意杀人这一行为，必然在手段上要达到一定的强度和力度，不然不会发生导致被害人死亡的结果，而只会导致行为人受伤的结果。例如，被告人胡某某（犯罪时已满75周岁）因琐事预谋杀害被害人黄某某，乘其不备，将事先准备的尖刀从其左侧后背猛刺一刀，导致其经抢救无效死亡。一审法院经审理后认为被告人构成故意杀人罪且属“以特别残忍手段致人死亡”，因此判处死刑。[①] 从该案来看，无论是使用的工具、刺杀的部位、持续的时间，都只能认为是常见多发的故意杀人罪的手段。虽然这种手段相比其他犯罪是“残忍”的，但是在故意杀人罪中并不特殊，其“犯罪手段”在横向对比上难以认定为“特别残忍”。正是基于这一原因，二审法院予以改判，没有适用“以特别残忍手段致人死亡”的情节。类似地，用刀具砍杀、捅刺被害人致死的，因为要造成被害人死亡的结果，因此其侵害的部位必然是被害人的要害部位，或者手段上要达到一定的强度和力度。如果是非要害部位而又导致被害人死亡，就需多次捅刺，而这又会在实践中作为一种“特别残忍手段”认定，因而在某种程度上产生悖论：针对要害部位侵害被认为“特别残忍”，对非要害部位多次侵害同样被认为“特别残忍”。因此，不能仅仅从侵害部位系被害人要害部位或者侵害行为一定程度的重复性（如图表中的洪某某等故意杀人案），就一律认定为“特别残忍手段”。

（三）将“情节恶劣”等同于“手段特别残忍”

其一，将事后不可罚的恶劣情节看成“特别残忍手段”，如图表中具有肢解尸体情节的“吴某某故意杀人案”。该案中，就杀人行为本身而言，属于常见多发的刀具杀人，而且并无特别情节，认定其“手段特别残忍”显然是考虑了杀人后的分尸行为。这是一种在实践中得到广泛支持的观点，即认为“碎尸”属于特别残忍犯罪手段，一般作为适用死刑的积极情节。在司法实践

① 聂昭伟、吴郁槐：《对并非以特别残忍手段致人死亡的满七十五周岁被告人不适用死刑》，载《人民司法·案例》2012年第20期。

中,一些原本具有酌定从宽处罚情节的犯罪人,因为存在"碎尸"情节而被判处死刑立即执行。事实上,"碎尸"行为在刑法上属于典型的"事后不可罚"行为,不属于故意杀人本身的组成部分,因为故意杀人罪的犯罪对象是"人"而不是"尸体",因此认定"碎尸"为"手段特别残忍"虽然在情感上迎合了一般民众的直觉,但实为应当被刑法禁止的"间接处罚"。[①] 事实上,"碎尸"行为虽然不能为故意杀人罪的手段行为所吸纳,但可反映出行为人极其强烈的反社会性,完全可以用"情节特别恶劣"来加以评价。在一般主体的故意杀人罪中,区分"特别残忍手段"和"情节特别恶劣"在量刑结果上并无太大差别,但对于已满75周岁的人适用死刑时,这种区分就具有了决定生死的意义。

其二,将杀人数量众多作为"特别残忍手段",如图表中的刘某故意杀人案。该案从手段上来看属于并不罕见的"棒击",但是由于侵害人数众多而被评价为"手段特别残忍"。又如,在夏俊峰杀害城管案中,一审法院在判决书中这样描述夏俊峰的杀人过程,即"被告人夏俊峰因故与被害人申凯、张旭东等人发生争执,遂持随身携带的尖刀先后猛刺被害人胸部、背部,张旭东胸部、腹部及张伟腹部等处数刀",致被害人申凯"因左胸、背部刺创,特别是左胸部刺创刺破心脏而导致失血性休克死亡",被害人张旭东"因全身多处刺创,特别是左胸部上方刺创刺破左肺和心脏而导致失血性休克死亡"。从表述来看,被告人夏俊峰的杀人行为仍然没有明显超出杀人手段的常规范畴,因为实践中,如前文所述,除有明显虐杀故意(捅刺数十刀)外,非一刀致命的杀人行为普遍存在,将该种行为认定为"手段特别残忍",只能说明相关被害人数(3人)等情节对法官的判断产生了相当程度的影响。侵害人数众多的确反映了行为人的社会危害性和主观恶性,但与手段是否"特别残忍"的价值判断并不相同,更适合纳入"情节恶劣"的范畴加以考量。

三、"特别残忍手段"的伦理标准与规范含义

"特别残忍手段"是否就是相较同一罪名中的常规犯罪手段"恶意增加被害人的痛苦、延长被害人的痛苦时间"的虐杀行为,我们认为,两者不能画

① 张明楷:《刑法学》(第4版),法律出版社2011年版,第761页。

上等号。例如,某些犯罪人将被害人麻醉后剥皮,或者将人打晕后灌入混凝土,或者当着被害人的面将其小孩摔死,[①]这些行为,就被害人痛苦时间和程度上来说并未增加,然而却毫无疑问地都是显而易见的“残忍手段”。

那么,究竟什么是“残忍手段”?人类的刑罚史就是一部远离野蛮和残忍,走向人性和文明的历史。因此,考察人类的刑罚史尤其是死刑制度,可以大致探究“残忍”的含义。

古代的死刑执行方式包含三种基本类型:第一,分解犯罪人的肢体,如五马分尸、斩首;第二,延长犯罪人的痛苦时间,如腰斩、凌迟;第三,当众羞辱犯罪人,增加其精神痛苦,如弃市,绞刑。人类进入现代文明后,又出现了枪决、电椅、注射等更为文明的死刑执行方式。不难看出,凌迟等死刑方式在今天看来之所以非常“残忍”,就在于它们严重践踏了人类的尊严,违反了人性的底线,即把对同类的死刑执行作为羞辱、践踏自身的手段。人类的文明进程,就是一段不断摆脱野蛮、嗜血、暴力的历史,人类在漫长的文明修养中也慢慢积淀同情之心、恻隐之念和善良之风,正常人对于血腥的场景会有天然的厌恶和排斥。正如美国导演斯坦利·库布里克所执导的电影《发条橙》所描述的那样,即使是一个无恶不作的人,在每天强制他观看暴力、凶杀影像后,最后也会使得他对于暴力犯罪行为极度厌恶。因此,“残忍”的本质,就在于它挑战了人类的善良风尚和尊严底线。而“特别残忍手段”,就是那些严重违反人道、严重伤害正常人类感情、严重践踏人性尊严的行为。“手段残忍”强调的不是对法益侵害的程度或者后果,而是侧重对人性和伦理的伤害,手段残忍未必造成更大的危害后果,但是足以表现出一种较普通杀人手段更加泯灭人性和沦丧道德的反伦理性。[②] 刑法的使命乃是惩治侵害法益的行为,而人类与生俱来的天然情感也是生活法益的重要组成部分。“特别残忍”的犯罪手段对于被害人造成的不仅仅是肉体上的痛楚,对于其精神也是一种摧毁。“特别残忍”的犯罪手段对于社会整体秩序的危害也是不可容忍的。在一个缺乏秩序的社会中,人们对周围的环境无法形成理性

---

① 刘小生:《何谓“杀人手段特别残忍”——与陈兴良教授商榷》,载 http://www.aisixiang.com/data/66128.html,最后访问时间:2014 年 2 月 22 日。

② 车浩:《论被害人同意在故意伤害罪中的界限》,载《中外法学》2008 年第 5 期。

的预期,也就无法合理安排自己的生活,处于惶惶不可终日的状态,自由和人权也就无从谈起。例如,当某一地区有变态杀人狂后,当地民众就会因为畏惧而晚上不敢出门。而这种特别残忍的犯罪手段使社会陷于不安的气氛当中,甚至这一“极易吸引人眼球且令人难忘”的犯罪手段会被社会上潜在的犯罪者模仿。为了避免这一系列悲剧,刑法应当将“特别残忍”的犯罪手段作为加重处罚的构成要件要素,给民众以安抚,消除不安的气氛。同时,它也向社会潜在的犯罪者传递一种信息,即国家绝不容忍这一行为的出现,使其实施犯罪时有所顾忌。①

由此可以理解,无论是将被害人麻醉后剥皮,或者将被害人打晕后灌入混凝土,抑或是当着被害人的面将其小孩摔死,对于被害人本人的痛苦程度就横向比较而言并未显著增加,但是这种匪夷所思的反人类手段对被害人的亲属造成了巨大的精神创伤,对其他人造成了难以抑制的心灵震撼,对人类伦理造成了颠覆性的破坏,在这一层面上而言,判定其为“特别残忍手段”,是毫无争议的。实践中,还需要从以下三个方面对“特别残忍手段”进行把握:

第一,动态地理解“残忍”的含义。由于“残忍”是一个包含价值判断的词语,伦理色彩浓厚,其内涵和外延必然会受到社会时代的影响。例如,在古代,“杀人手段特别残忍”与“不道”之罪相近,规定在《北齐律》中的“重罪十条”,具体表述是“杀一家非死罪三人,及肢解人,造畜蛊毒厌魅”,即灭门、肢解和蛊毒。显然,按照今天的标准,除了肢解(活人)至今也被看成是“手段残忍”外,灭门如前文所述只能评价为情节恶劣(杀人数量多不等于手段残忍),蛊毒厌魅有很大一部分属于迷信犯(如针扎小人)。因此,“残忍”的内涵会随着时代的发展而不断流变,刑事法官需要根据时代观念不断修正、调整对“残忍手段”的归纳和抽象。例如,相对于注射执行死刑,枪决犯人可能被认为“残忍”;而随着人类文明的进步,不排除今后公众认为刀具砍刺这种手段是“特别残忍”的,但在今天,这种常见多发的杀人方式在没有其他情节存在的情况下不应被纳入“特别残忍手段”的范畴。

---

① 李金花、余地:《故意伤害罪中“特别残忍”情节探析》,载 http://xyzy.chinacourt.org/article/detail/2013/08/id/1050482.shtml,最后访问时间:2014 年 2 月 22 日。

第二，避免滥用"特别残忍"的评价。在西方国家，法官会慎重选择重刑，日本法官甚至通常在法定刑内选择最轻的刑罚，这是为了给未来可能发生的更严重的犯罪预留刑罚阶梯上的空间，以免前后刑罚比例不当，违反罪刑相当原则。① 因此，必须从严掌握"特别残忍"标准，并抵制舆论和民意的不当影响。事实上，从本质属性而言，独立的司法判断本来并不需要迎合民意，司法裁判是一项需要知识积累和专业训练的技术，一般民众仅有平均水平的普法知识和自然朴素的善恶二元价值观，习惯于未经深入思考就提出道德的主张或者宣泄朴素的义愤。② 在故意杀人等暴力犯罪案件中，由于案情往往并不复杂而且大多关涉伦理道德，民众受到媒体片面报道的影响往往会形成"舆论审判"。在此种背景下，刑事法官有必要克制"重刑主义"倾向，避免受到舆论影响的干扰。

第三，区分不同的对象，关注未成年、残疾人、老年人等受害群体。这些群体体质的特异性使得其承受的伤害程度较之普通成年人要低，同样程度的伤害对特殊群体而言，造成的身体和精神上的损害后果要更加严重。与普通成年人相比，这些群体脆弱无助的特点更容易激起人们的恻隐之心，对他们的杀害，更容易超出国民的道德容忍底线，在修辞上被称为"令人发指"，大多数情况下可评价为"特别残忍手段"。③ 同样地，对于伤害案件中的女性被害人或是其他在身体健康方面的弱势群体，法官应予特别关注。对于此类案件的被告人，可适当降低"特别残忍"情节的认定标准。例如，在李昌奎案中，根据法院判决书的描述，李昌奎"提起王家红的手脚将其头猛撞房间门框"，考虑到王家红是一个 3 岁的儿童，李昌奎的手段无疑是"特别残忍"的，因为这种行为严重伤害了传统社会矜老恤幼的善良风俗和道德观念。又如，据报载，一名 11 个月的女婴被查出体内被人为插入 4 根绣花针，4

---

① 张明楷：《改变重刑观念　做到量刑合理》，载《人民法院报》2013 年 1 月 30 日第 6 版。

② 例如，在李昌奎案中，面对裁判结果的反复，一个网民在网上留言表达了一种失望的困惑："该杀就杀，不该杀就不杀，有这么难吗？"这种质问带有典型的民意思维，即以简单的价值判断取代复杂的法律分析。问题的关键也正在于此——摆在刑事法官面前的首要问题正是舆论认为不证自明的前提：何谓"该杀"？何谓"不该杀"？参见黄琳娜：《全知视角下的脸谱化——中国传统公案剧与今日的涉诉舆论心理》，载《人民法院报》2013 年 1 月 11 日第 5 版。

③ 车浩：《从李昌奎案看"邻里纠纷"与"手段残忍"的涵义》，载《法学》2011 年第 8 期。

根绣花针分别位于孩子的双腰和臀部,而且细针在婴儿体内处于游走状态,针尖就有可能刺伤婴儿内脏器官。4根绣花针由于长时间在女婴体内,已经锈迹斑斑,其中1根绣花针断成两截。显然,对于一个完全没有正常人认知能力和感受能力的婴儿实施这种行为,是泯灭人性的。如果造成婴儿死亡,就可以考虑适用"特别残忍手段"条款追究行为人的刑事责任。

综上所述,结合体系解释和伦理考察,我们可以得出结论,所谓"以特别残忍手段致人死亡",是指一种不同于常规杀人手段,给被害人及其亲属带来巨大精神痛苦的、严重泯灭人性和伤害正常人类感情、践踏人性尊严的杀人手段。

(作者单位:上海市第二中级人民法院　西南政法大学)

张彦双、王常仲抢劫案*

——行为人不服派出所调解，强行拿回赔偿给他人的现金，如何定性

一、据以探讨的案例

2013 年 1 月 1 日凌晨 5 时许，被告人张某某、王某某在其朋友邵某某因经济纠纷在派出所调解下赔偿给被害人崔某某人民币 1 000 元后，跟车尾随被害人崔某某驾驶的出租车，在该车行至某路口遇到红灯停车时，被告人张某某、王某某打开崔某某的车门上车，从崔某某处强行拿回赔偿款 1 000 元。得手后两人下车离开。

二、分歧意见

本案在审理过程中，对于被告人张某某、王某某的行为如何定性形成了三种意见：

第一种意见认为，应以寻衅滋事罪定罪处罚。理由如下：

1. 二被告人非法占有的目的不典型。本案是一起由特定原因引发、针对特定对象实施的非法占有特定财物的案件。如果同样的行为发生在事前并无矛盾纠纷的陌生人之间，即突然上陌生人的车，要人交出钱物的，无疑应认定为抢劫罪。如果二被告人强行拿回的财物不限于赔偿款，也基本可以抢劫罪认定。但本案是因二被告人不满派出所的调解结果引发，强行拿回只是刚刚支付的 1 000 元调解款，其中有 500 元还是由被告人张某某替其

---

* 本文由广州市越秀区人民法院黄莹、邓凯供稿。

朋友代付的,因此,其非法占有目的与典型的抢劫有很大不同。最高人民法院2005年发布的《关于审理抢劫、抢夺刑事案件适用法律若干问题的意见》(以下简称为《意见》)第七条提出:“行为人仅以所输赌资或所赢赌债为抢劫对象,一般不以抢劫罪定罪处罚,构成其他犯罪的,依照刑法的相关规定处罚。”如单纯从法律层面看,抢所输赌资或者所赢赌债的,特别是抢所赢赌债的,显然也具有非法占有目的,而作出上述规定主要是因为从社会公众的角度看,行为人的非法占有目的不是很典型,基于类似考虑,本案也不宜以抢劫罪认定。

2. 二被告人对被害人的强制程度有限。首先,《意见》第九条关于“抢劫罪与寻衅滋事罪的界限”中规定“对于未成年人使用或者威胁使用轻微暴力强抢少量财物的行为,一般不宜以抢劫罪定罪处罚。其行为符合寻衅滋事罪特征的,可以寻衅滋事罪定罪处罚”。此规定明显反映出,不能将任何意义上的暴力或者威胁行为都评价为抢劫罪的手段行为。规定虽是针对未成年人作出的,但精神也可适用于成年人。其次,同样的行为在不同的背景下强制程度亦存在差异。例如,对一个熟人说“再不把钱给我,我就杀了你”与对一个陌生人说同样的话,含义、效果完全不同。本案并无证据证明二被告人实施了威胁、殴打被害人的行为,且二被告人强行上被害人的车是有前因的(尽管并不正当),该前因在客观上实际削弱了二被告人对被害人的强制程度。再次,从法律规定和司法实践看,使用轻微暴力(如打一耳光),特别是使用威胁手段“强拿硬要”的,被害人多是“敢怒不敢言”,实际也已达到了使人不敢反抗的程度,但不妨碍寻衅滋事罪的认定。故不能以被害人已处于不敢反抗的境地为由,认为本案应定抢劫罪。

3. 本案在性质上更符合寻衅滋事的特征,以寻衅滋事罪论处也更符合罪责刑相适应原则。《最高人民法院、最高人民检察院关于办理寻衅滋事刑事案件适用法律若干问题的解释》第一条第二款规定,“行为人因日常生活中的偶发矛盾纠纷,借故生非,实施刑法第二百九十三条规定的行为的,应当认定为‘寻衅滋事’”。考虑本案的前因后果,更符合上述规定所针对的情形。此外,若本案以抢劫罪定性,至少要判处3年以上有期徒刑,量刑也明显过重。

第二种意见认为，应以抢劫罪定罪处罚。理由如下：

1. 不能以强制手段程度的轻重来区分抢劫罪和寻衅滋事罪。抢劫罪的强制手段只要能够达到使被害人不能或不敢反抗即可，在麻醉抢劫等类型的抢劫犯罪中，行为人甚至不具备一般意义上的“暴力”行为。本案中，二被告人虽然只是针对被害人有辱骂、打耳光等较为轻缓的强制行为，但应注意到的是，本案的作案场所是在被害人所驾驶的车辆内，在如此狭小且相对封闭的空间内，被害人面对两位成年男性语言上的威胁（辱骂）和身体上的强制（打耳光），很难想象其还敢于或能够反抗，故本案二被告人实施的强制行为已经达到使被害人不敢、不能反抗的程度，能够认定为抢劫罪的手段行为。

2. 二被告人具有非法占有的目的。本案中，二被告人强行进入被害人驾驶的车辆，以强制手段向被害人索回赔偿款，虽然是为朋友索要该笔款项，但不能以此否认二被告人具有非法占有的目的。例如，张三经常被女友说没有男子气概，某晚二人在“轧马路”时，张三又被女友嘲讽，这时与二人产生过矛盾的李四经过，张三为表现自己的男子气概，走上前去持刀将李四的手机抢走并丢弃在河水中，张三虽然是为了显示其男子气概而持刀抢走他人手机，但其同时具有明显的非法占有的目的，不影响其行为构成抢劫罪。

3. 本案成立想象竞合犯，应择一重罪以抢劫罪论处。本案二被告人系以非法占有为目的，使用暴力手段强拿硬要他人财物，在这种情况下，形成了寻衅滋事罪与抢劫罪的想象竞合，按想象竞合犯的处断原则，应择一重罪论处。对此，最高人民法院、最高人民检察院 2013 年发布的《关于办理寻衅滋事刑事案件适用法律若干问题的解释》第七条明确规定，实施寻衅滋事行为，同时符合寻衅滋事罪和故意杀人罪、故意伤害罪、故意毁坏财物罪、敲诈勒索罪、抢夺罪、抢劫罪等罪的构成要件的，依照处罚较重的犯罪定罪处罚。

第三种意见认为,本案没有证据证实二被告人对被害人实施了暴力或者以当场实施暴力相威胁,不宜作为犯罪处理。

欢迎各位读者对此问题发表意见

来信地址:北京市东城区北花市大街9号

最高人民法院刑二庭

邮编:100062

E-mail:cankaoliping@163.com

收件人:《刑事审判参考》编辑部　李萍

内蒙古自治区高级人民法院
刑事判决书

（2014）内刑再终字第00005号

原公诉机关内蒙古自治区呼和浩特市人民检察院。

申诉人李三仁，男，1940年6月15日出生，蒙古族，系原内蒙古第一毛纺织厂退休工人，住呼和浩特市赛罕区诺和木勒大街山丹小区6号楼3单元2号。系原审被告人呼格吉勒图父亲。

申诉人尚爱云，女，1952年10月2日出生，汉族，系原内蒙古第一毛纺织厂退休工人，住呼和浩特市赛罕区诺和木勒大街山丹小区6号楼3单元2号。系原审被告人呼格吉勒图母亲。

原审被告人呼格吉勒图，男，1977年8月9日出生，蒙古族，系原呼和浩特市卷烟厂工人，捕前住呼和浩特市新城区内蒙古第一毛纺织厂宿舍65栋2号。因本案于1996年4月12日被收容审查，同年5月10日被逮捕，6月10日被执行死刑。

辩护人苗立，内蒙古河洋律师事务所律师。

辩护人王振宇，北京市义派律师事务所律师。

呼和浩特市人民检察院指控被告人呼格吉勒图犯故意杀人罪、流氓罪一案，呼和浩特市中级人民法院于1996年5月17日作出（1996）呼刑初字第37号刑事判决，认定呼格吉勒图犯故意杀人罪，判处死刑，剥夺政治权利终身；犯流氓罪，判处有期徒刑五年，决定执行死刑，剥夺政治权利终身。呼格吉勒图不服，提出上诉。本院于1996年6月5日作出（1996）内刑终字第

199号刑事裁定，驳回上诉，维持原判，并根据最高人民法院授权高级人民法院核准部分死刑案件的规定，核准以故意杀人罪判处呼格吉勒图死刑，剥夺政治权利终身。1996年6月10日呼格吉勒图被执行死刑。呼格吉勒图父亲李三仁、母亲尚爱云向本院提出申诉。本院于2014年11月19日作出(2014)内刑监字第00094号再审决定，对本案进行再审。本院依法另行组成合议庭审理了本案。经过阅卷，听取申诉人、辩护人、检察机关的意见，现已审理终结。

呼和浩特市中级人民法院一审判决认定，1996年4月9日晚20时40分许，被告人呼格吉勒图酒后到呼和浩特市新城区诺和木勒大街内蒙古第一毛纺织厂宿舍57栋平房西侧的公共厕所外窥视，当听到女厕所内有人解手，便进入女厕所内将正在解手的被害人杨某某脖子搂住，后采用捂嘴、扼颈等暴力手段强行将杨某某按倒在厕所便坑的隔墙上对杨某某进行流氓猥亵。当听到厕所外有动静，呼格吉勒图便逃离作案现场。杨某某因呼格吉勒图扼颈致窒息当场死亡。认定上述犯罪事实的证据，有证人证言、刑事科学技术鉴定书、物证检验报告、尸体检验报告、现场勘查笔录和呼格吉勒图的供述等。

一审判决对公诉机关提出的关于被告人呼格吉勒图在公共场所采取暴力手段猥亵妇女并扼颈致杨某某窒息死亡，应依法予以严惩的意见，予以支持；对呼格吉勒图辩护人提出的呼格吉勒图认罪态度好等辩护意见，不予采纳；以故意杀人罪、流氓罪对呼格吉勒图数罪并罚，判处死刑，剥夺政治权利终身。

宣判后，呼格吉勒图以没有杀人动机，请求从轻处理等为由，提出上诉。

本院二审认定的犯罪事实、证据与一审判决一致。对呼格吉勒图提出的上诉理由不予采纳，裁定驳回上诉，维持并核准原判。

再审中，申诉人李三仁、尚爱云请求尽快公平公正对本案作出判决。

辩护人提出原判事实不清，证据不足，应宣告呼格吉勒图无罪的辩护意见。主要理由：1. 杨某某去往案发现场的时间和呼格吉勒图具有的作案时间存在无法合理排除的矛盾，不符合逻辑。2. 呼格吉勒图对实施犯罪行为的手段、情节等有关供述，细节不断变化，难以确定，存在无法合理排除的矛盾。没有直接的书证、物证、检验鉴定等证据证实呼格吉勒图作案。认定杨某某因呼格吉勒图扼颈致窒息死亡的事实不清，证据不足。3. 呼格吉勒图关于杨某某衣着、体貌、口音特征的供述与客观事实存在矛盾,不符合常理。4. 杨某某血型与呼格吉勒图指甲缝中附着物血型鉴定一致,但血型鉴定不具有唯一性和科学性,呼格吉勒图指甲缝内附着物为O型人血,难以认定就是杨某某的血迹。

内蒙古自治区人民检察院认为,原判认定呼格吉勒图构成故意杀人罪、流氓罪的事实不清,证据不足,应通过再审程序,作出无罪判决。

经再审查明,1996年4月9日晚19时45分左右,被害人杨某某称要去厕所,从呼和浩特市锡林南路千里香饭店离开,当晚21时15分后被发现因被扼颈窒息死于内蒙古第一毛纺织厂宿舍57栋平房西侧的公共厕所女厕所内。原审被告人呼格吉勒图于当晚与其同事闫峰吃完晚饭分手后,到过该女厕所,此后返回工作单位叫上闫峰到案发女厕所内,看到杨某某担在隔墙上的状态后,呼格吉勒图与闫峰跑到附近治安岗亭报案。

上述事实,有证人闫峰、申凤兰等人证实呼格吉勒图当天晚上活动及报案情况的证言,证实案发现场情况的现场勘查笔录,证实杨某某系被扼颈致窒息死亡的尸体检验报告,原审被告人呼格吉勒图对当天晚上活动情况的供述和辩解等证据予以证实,本院予以确认。

原判认定原审被告人呼格吉勒图采用捂嘴、扼颈等暴力手段对被害人杨某某进行流氓猥亵,致杨某某窒息死亡的事实,没有确实、充分的证据予以证实。

1. 原审被告人呼格吉勒图供述的犯罪手段与尸体检验报告不符。呼格吉勒图供称从杨某某身后用右手捂杨某某嘴,左手卡其脖子同时向后拖动杨某某两三分钟到隔墙,与"死者后纵隔大面积出血"的尸体检验报告所述伤情不符;呼格吉勒图供称杨某某担在隔墙上,头部悬空的情况下,用左手卡住杨某某脖子十几秒钟,与"杨某某系被扼颈致窒息死亡"的尸体检验报告结论不符;呼格吉勒图供称杨某某担在隔墙上,对杨某某捂嘴时杨某某还有呼吸,也与"杨某某系被扼颈致窒息死亡"的尸体检验报告结论不符。

2. 血型鉴定结论不具有排他性。刑事科学技术鉴定证实呼格吉勒图左手拇指指甲缝内附着物检出O型人血,与杨某某的血型相同;物证检验报告证实呼格吉勒图本人血型为A型。但血型鉴定为种类物鉴定,不具有排他性、唯一性，不能证实呼格吉勒图实施了犯罪行为。

3. 呼格吉勒图的有罪供述不稳定，且与其他证据存在诸多不吻合之处。呼格吉勒图在公安机关侦查阶段、检察机关审查起诉阶段、法院审理阶段均供认采取了卡脖子、捂嘴等暴力方式强行猥亵杨某某，但又有翻供的情形，其有罪供述并不稳定。呼格吉勒图关于杨某某身高、发型、衣着、口音等内容的供述与其他证据不符，其供称杨某某身高1.60米、1.65米，尸体检验报告证实杨某某身高1.55米；其供称杨某某发型是长发、直发，尸体检验报告证实杨某某系短发、烫发；其供称杨某某未穿外套，尸体检验报告证实杨某某穿着外套；其供称杨某某讲普通话与杨某某讲方言的证人证言不吻合。原判认定的呼格吉勒图犯流氓罪除其供述外，没有其他证据予以证明。

本院认为，原判认定原审被告人呼格吉勒图犯故意杀人罪、流氓罪的事实不清，证据不足。对辩护人的辩护意见、检察机关的检察意见予以采纳。对申诉人的请求予以支持。经本院审判委员会讨论决定，依照《中华人民共和国刑事诉讼法》第二百四十五条、第二百二十五条第（三）项、第二百三十一条、第二百三十三条、第一百九十五条第（三）项及《最高人民法院关于适用〈中华人民共和国刑事诉讼法〉的解释》第三百八十四条第三款、第三百八十九条第二款的规定，判决如下：

一、撤销本院（1996）内刑终字第199号刑事裁定和内蒙古自治区呼和浩特市中级人民法院（1996）呼刑初字第37号刑事判决；

二、原审被告人呼格吉勒图无罪。

本判决为终审判决。

审判长　孙　炜

审判员　王学雷

审判员　图　雅

二〇一四年十二月十三日

书记员　邹慧敏

《刑事审判参考》第1～100集索引

一、刑事政策

二、审判长会议纪要

三、审判实务释疑

四、编辑部答疑

五、经验交流

六、专题论谈

七、实务探讨

八、问题探讨

九、热点问题

十、疑案争鸣

十一、司法理论前沿

十二、学 术 前 沿

十三、外 域 司 法

十四、裁判文书选登

十五、优秀裁判文书点评

十六、大案传真

REFERENCE TO CRIMINAL TRIAL

CONTENTS

ILLEGAL EVIDENCE

CASES

EXPERIENCE COMMUNICATION

CASES

LEGISLATIVE AND JUDICIAL DOCUMENTS

EXPERIENCE COMMUNICATION

PRACTICE DISCUSSION

DOUBTED CASE'S ANALYZING

VERDICT DOCUMENTS

INDEXES

图书在版编目(CIP)数据

刑事审判参考. 总第101集/最高人民法院刑事审判一至五庭主办. —北京:法律出版社,2015. 8(2021. 9重印)
ISBN 978-7-5118-8308-7

Ⅰ. ①刑… Ⅱ. ①最… Ⅲ. ①刑事诉讼—审判—中国—参考资料 Ⅳ. ①D925. 218. 2

中国版本图书馆CIP数据核字(2015)第186606号

刑事审判参考(总第101集)
XINGSHI SHENPAN CANKAO
(ZONG DI-101 JI)

最高人民法院刑事审判
一、二、三、四、五庭 主办

策划编辑 聂 颖
责任编辑 聂 颖
装帧设计 李 瞻

出版发行 法律出版社
编辑统筹 司法实务出版分社
责任校对 王 丰
责任印制 胡晓雅
经　　销 新华书店

开本 710毫米×1000毫米 1/16
印张 19　**字数** 273千
版本 2015年9月第1版
印次 2021年9月第11次印刷
印刷 固安华明印业有限公司

地址:北京市丰台区莲花池西里7号(100073)
网址:www. lawpress. com. cn
投稿邮箱:info@ lawpress. com. cn
举报盗版邮箱:jbwq@ lawpress. com. cn

销售电话:010-83938349
客服电话:010-83938350
咨询电话:010-63939796

书号:ISBN 978-7-5118-8308-7
定价:38. 00元

征稿启事

《刑事审判参考》是最高人民法院刑事审判第一、二、三、四、五庭共同主办、法律出版社出版、面向国内外公开发行的刑事司法业务指导和研究性刊物。2013 年出版六集。

为能够以最前沿的视野、最权威的高度和最贴近刑事司法实践的方式编辑本书,欢迎读者向本书以下栏目提供稿件:

(一)指导案例。在认定事实、采信证据和适用法律、司法解释定罪处刑问题上具有研究价值和指导意义的典型、疑难案件,并须附寄加盖人民法院院印的一审、二审裁判文书。

(二)经验交流。地方司法机关制定的刑事司法规范性文件及其背景说明;地方人民法院院长、副院长在刑事审判工作会议上的讲话,等等。

(三)实务探讨。对某一类实务问题提出的解决方案。

(四)裁判文书。具有较强说理性、体现法官适用普遍的法律规范解决具体的疑难、复杂案件的智慧的优秀裁判文书。

(五)编辑部答疑。读者在刑事司法实践中遇到法律适用方面的疑难、复杂问题。

(六)审判实务释疑。针对刑事审判实务中的争议问题进行分析、探讨。

(七)疑案争鸣。针对刊登的疑难案例争议问题进行分析,发表观点。

来稿请注明作者的联系方式(包括地址、邮编和电话)。除“编辑部答疑”、“疑案争鸣”外,来稿一经采用,按著作权法的规定支付稿酬。凡在本刊发表的文章,自发表之日起一年内,作者如在其他刊物发表,须经本刊同意。因一稿多投,给本刊造成损失的,本刊将依法追究责任。来稿一律不退,如需退稿,请声明并附足邮资。

来稿(案例须附裁判文书,裁判文书请书面邮寄正本)可向以下任何一位执行编辑投递:

北京市东城区北花市大街9号最高人民法院刑一庭 赵俊甫

zhaojunfu81@163.com

北京市东城区北花市大街9号最高人民法院刑二庭 李 萍

cankaoliping@163.com

北京市东城区北花市大街9号最高人民法院刑三庭 刘静坤

liujingkun2008@163.com

北京市东城区北花市大街9号最高人民法院刑四庭 陆建红

Lu_jianhong@126.com

北京市东城区北花市大街9号最高人民法院刑五庭 方文军

fwjzgf@sina.com

邮编:100062

特别提示:为避免各庭之间采稿重复,来稿不可同时多投。

最高人民法院刑事审判第一、二、三、四、五庭

2015年最高人民法院刑事审判指导系列丛书征订单

第一联：发书凭证　　　　　　　　　　　　　　　　年　　月　　日

订购单位		联系人		订购单位章
详细地址		邮编		
书名		邮购价	册（套）数	总金额
《刑事审判参考》全年共6集（第102~107集）		250.80		
《刑事审判参考百集纪念套装》		760.00		
总金额（大写）：				
汇款方式	邮局汇款：（　　）	银行汇款：（　　）		
汇款凭证号		★联系电话		

注：如果您通过邮局汇款，请准确详细填写汇款单并在汇款单附言注明书名、册数及联系电话。请务必将此联传真或邮寄给我们，以便我们能够及时为您发书。传真：010-63939782

2015年最高人民法院刑事审判指导系列丛书订户收据

第二联：订户收据（此联自留）　　　　　　　　　　　年　　月　　日

订购单位		联系人		收款单位章
详细地址		邮编		
书名		邮购价	册（套）数	总金额
《刑事审判参考》全年共6集（第102~107集）		250.80		
《刑事审判参考百集纪念套装》		760.00		
总金额（大写）：				
汇款方式	邮局汇款：（　　）	银行汇款：（　　）		
汇款凭证号		★联系电话		

中国法律图书有限公司 财务专用章

注：此联连同汇款回执一并作为报销凭证。如需正式发票另请注明。

汇款方法

银行汇款：

开户行：工商银行北京六里桥支行

户　名：中国法律图书有限公司

账　号：0200 2810 0902 0403 623

邮局汇款：

商务号：111330032

收款人：中国法律图书有限公司（请在附言栏内注明书名、册数）

《刑事审判参考》系列丛书问卷调查

《刑事审判参考》由最高人民法院刑事审判第一、二、三、四、五庭共同主办，是用以指导全国各级人民法院刑事审判工作的唯一连续出版物。自1999年4月创办以来，秉承立足实践、突出实用、重在指导、体现权威的编辑宗旨，至今已连续出版至第100集。16年来，在最高人民法院有关领导的悉心关怀和指导下，在广大读者的热情支持和呵护下，《刑事审判参考》系列丛书已经成为受到广大刑事法律实务工作者和刑事法律研究人员认可的权威业务指导资料。

为进一步提升《刑事审判参考》系列丛书的内容品质以及出版发行工作水平，为读者提供更便捷、更实用的阅读体验，特制作此调查问卷，希望得到您的宝贵意见和建议。

回寄读者反馈表并参与问卷调查，您将有机会获赠《刑事审判参考》及精美纪念品。您也可以通过关注法律出版社刑事法官方微信公众号“刑部尚书”参与问卷调查活动。“刑部尚书”公众号现正举办读者有奖互动活动，欢迎参与。

感谢您订阅《刑事审判参考》系列丛书，我们热切期待您提出宝贵意见和建议！

邮寄地址：北京市丰台区莲花池西里7号法律出版社

邮政编码：100073

联系人：聂颖

联系电话：010－63939630

电子邮箱：yingnie@126.com

读者反馈表

请您填写以下联系方式，以便于我们寄送礼品：

姓名：__________　　**性别：**__________

职业：□法官　□检察官　□警察　□律师　□科研人员　□学生

学历：__________　　**从事刑事法律相关工作时间：**__________

联系电话：__________　　**电子邮件：**__________

通信地址：______________________________

调 查 问 卷

1. 您通过什么途径购买、阅读《刑事审判参考》?

□从出版社邮购　□从书店购买　□从网上购买

□从图书馆或资料室借阅

2. 您是否持续购买、阅读《刑事审判参考》?

□一集不落　□看了大部分　□偶尔翻阅

3. 您通常以什么方式阅读《刑事审判参考》?

□全书阅读　□从目录找有兴趣的部分阅读　□工作需要的时候查阅

4. 您感兴趣的是《刑事审判参考》哪个部分的内容?(可多选)

□指导案例

□刑事立法、司法规范及其理解与适用文章

□刑事政策、审判实务释疑文章

□司法理论前沿、经验交流、实务探讨文章

□疑难争鸣探讨

□大案传真、刑事裁判文书

□建议新设其他版块

您的建议:＿＿＿＿＿＿＿＿＿＿＿＿＿＿＿＿＿＿＿＿

5. 您认为《刑事审判参考》需要在哪些方面改进?(可多选)

□指导案例及文章选取

□内容文字质量

□纸张及印刷质量

□装帧设计

□发行服务

□其他方面

您的建议:＿＿＿＿＿＿＿＿＿＿＿＿＿＿＿＿＿＿＿＿

6. 您是否愿意购买《刑事审判参考》的分类集成合订本?

□愿意,以类案分类便于工作中查阅通览

□愿意,但是以前购买过,只集成最近几年的就好了

□不愿意,单册已经购买,分类集成合订本没有必要再购买

□不愿意,其他原因

您的建议:＿＿＿＿＿＿＿＿＿＿＿＿＿＿＿＿＿＿＿＿

7. 您最希望以后通过什么载体阅读使用《刑事审判参考》及其系列产品?

□纸质图书

□个人计算机登录网页

□个人计算机安装数据库

□手机及其他移动通讯终端 APP

您的建议：________________________________

8. 如果《刑事审判参考》系列丛书以数字形式出版，您喜欢哪些附加功能？（可多选）

□文章标题检索　　　　□正文内容检索

□关键词检索　　　　　□关联法规提示

□关联案例提示　　　　□法规更新提示

□刑事法律法规查询

□公报案例、最高法院指导案例查询

□自定义标记批注

□自定义文章分类收藏

□在线复制打印

□其他功能

□附加功能无所谓，只要能浏览就可以了

您的建议：________________________________

9. 在价格合理的前提下，您希望通过何种方式购买《刑事审判参考》数字产品？（可多选）

□购买单篇文章

□购买单本书

□购买单个专题

□按年度购买

□购买整个资源库的全部功能（含升级资源更新服务）

□购买整个资源库的部分功能

□其他方式

您的建议：________________________________

10. 您认为比较方便的《刑事审判参考》数字产品用户授权方式是哪种？

□取得系统分配的数据库用户 ID

□通过用户个人身份注册

□单位购买，在指定 IP 段授权使用

□通过扫描支付二维码在线支付

您的建议：________________________________

11. 您获悉刑事法律实务类书讯的渠道是？（可多选）

□微博、微信　□逛书店　□朋友、同事推荐　□单位配发　□报纸杂志

12. 您对《刑事审判参考》还有哪些期望和建议：________________________

____